[李博 著]

体系积累周期视野下的
中国与世界：历史及其延续

TIXI JILEI ZHOUQI SHIYEXIA DE
ZHONGGUO YU SHIJIE：LISHI JIQI YANXU

图书在版编目（CIP）数据

体系积累周期视野下的中国与世界：历史及其延续／李博著.--北京：中央编译出版社，2016.6
ISBN 978-7-5117-3012-1

Ⅰ.①体… Ⅱ.①李… Ⅲ.①资本积累—经济周期理论—研究 Ⅳ.①F034②F037.1

中国版本图书馆CIP数据核字（2016）第106327号

体系积累周期视野下的中国与世界：历史及其延续

出 版 人：	葛海彦
出版统筹：	董　巍
责任编辑：	曲建文
责任印制：	尹　珺
出版发行：	中央编译出版社
地　　址：	北京市西城区车公庄大街乙5号鸿儒大厦B座（100044）
电　　话：	（010）52612345（总编室）　（010）52612363（编辑室）
	（010）52612316（发行部）　（010）52612315（网络销售）
	（010）52612346（馆配部）　（010）66509618（读者服务部）
传　　真：	（010）66515838
经　　销：	全国新华书店
印　　刷：	北京振兴源印务有限公司
开　　本：	710毫米×1000毫米　1/16
字　　数：	255千字
印　　张：	16
版　　次：	2016年6月第1版第1次印刷
定　　价：	48.00元
网　　址：	www.cctphome.com　　邮　箱：cctp@cctphome.com
新浪微博：	中央编译出版社　　微　信：中央编译出版社（ID：cctphome）
淘宝店铺：	中央编译出版社直销店（http://shop108367160.taobao.com）

本社常年法律顾问:北京市吴栾赵阎律师事务所律师　闫军　梁勤
凡有印装质量问题，本社负责调换。电话：010-66509618

摘　要

2007年因次贷危机而引发的全球经济、金融危机重新激活了学术界对经济危机理论的讨论。与以往不同的是，在此次的学术交锋中，新古典经济学由于在对危机根源解释上的闪烁其辞引发了自身的"理论危机"，马克思主义的危机和周期理论的价值得以再次彰显，国内外涌现出大量具有创新价值和理论意义的研究成果。这些研究大多具有一个共同的特点，即强调金融化在触发当前危机中的核心作用；部分学者甚至由此断定资本主义已经进入一个新的发展阶段——（国际）金融垄断资本主义阶段。现实地看，金融化的确构成了20世纪以来资本主义世界经济发展的显著特征，但从世界体系的马克思主义，特别是其代表人物之一——乔万尼·阿瑞吉（Giovanni Arrighi）对资本主义世界体系的发展和演变所做的详尽的历史梳理来看，金融扩张并不构成资本主义发展的新阶段，而是自世界资本主义在中世纪晚期的欧洲萌芽以来，不断地周期性重现的现象。阿瑞吉进一步地将这种周期性现象进行理论化的解读，构建起资本主义体系积累周期理论。该理论也构成了本文的理论基础。

体系积累周期理论以资本积累为中心，体系规模的资本积累进程则由处于资本主义世界体系核心地位的国家（政府）及企业所组成的综合体所推动。每一个周期按资本积累方式和积累来源的不同可划分为物质扩张和金融扩张两个阶段；并且在每一个阶段的结束阶段都将发生显著的危机。具体而言，在物质扩张的结束阶段，将发生一次"信号危机"。信号危机的爆发表明贸易和生产领域已经不能将资本积累进程继续向前推进，因而积累的主要方式从剥削式积累向剥夺式积累转化，资本活动的主要领域从物质扩张向金融扩张转化。这种转化，一方面使现有的积累中心能够把对自身霸权形成挑战的竞争加剧的负担，转嫁到国内外从属群体的身上，从而延续了当时的积累周期；另一方面，这种转化并不是对当时积累体系矛盾的解决，只是延缓和恶化，其结果就是在金融扩张的结束阶段爆发该周期的"临终危机"。这一危机与"信号危机"具有完全不同的性质，它将导致世界资本主义体系秩序的崩溃。体系秩序的重建要求体系结构和权力分配在世界范围内的重组，形成新的积累中心、体系秩序和积累机制。正是通过这种前后相继的体系积累周期，资本主义从中世纪末期在西欧萌芽以来，已经延续了5个多世纪。因此，要对作为资本主义世界体系基本矛盾总爆发的危机做出透彻的理解，就必须从历史和体系的层面来展开；并且分析的范围也将超越单纯的经济层面，涉及政治和经济及其他社会历史进程的互动。

因而，在本文的写作框架中，当前的危机，甚至危机本身就成为一个切入点，文章的主要内容也相应地转换为以体系积累周期为中心对资本主义世界体系发展历史进程及其未来发展趋势的分析。对当前危机根源的探讨则包含在周期分析之中。作者期待这样一种分析路径在揭示危机的动因和未来发展趋势方面，其收益能够更甚于对某一次危机单独展开的分析，也期望通过这种方法，能在马克思主义的危机和周期理论中增加一种新的视角。

围绕上述内容，本文主要按照以下两条逻辑线索展开：一是在资本主义体系积累各周期中，资本逻辑—领土逻辑（或者经济逻辑—政治逻辑）在不同阶段的融合、冲突与矛盾关系。通过这种辩证的互动，在每一个体系积累周期中都形成了特定的积累中心及其起主导作用的政府和企业的综合体。这种综合体而非单纯的资本主义企业推动着资本主义向全球的扩张，最终使之从西欧之一隅发展为一种全球性的存在。在论文的第3章中，我们对历史资本主义前三大体系积累周期中各自形成的这种综合体及其积累战略进行了简单的梳理，并对其演变的内在逻辑进行了揭示。通过这一过程，资本逻辑（资本权力）逐渐凌驾于政治逻辑（国家权力）之上，将国家的政治和军事力量转化为资本积累和资本主义扩张的工具。而在本书的最后两章中则将这种分析运用于对美国和中国积累体制的分析，并着重指出了中国积累体制的独特性。

另一条逻辑线索以资本积累为中心展开，也是本书对体系积累周期理论中缺失环节所做的理论补充。虽然阿瑞吉的资本积累理论具有深厚的马克思主义基础，但其理论体系却更多地受主要作为历史学家的布罗代尔的启发。因此，在阿瑞吉对资本积累的相关分析中，其深度和力度都出现了倒退。在涉及体系内跨国家的资本转移时，主要通过论证资本的"灵活性"和"兼容性"来解释，与沃勒斯坦的"中心—半边缘—边缘"三层次模型比较起来都显得薄弱。对于不同阶段资本积累机制、积累方式的变化和积累中心的转移如何实现等缺乏系统的分析。在本文的第4章中，我们以马克思的资本积累理论为基础，对体系积累周期各阶段占主导地位的积累方式、积累机制，以及从一种方式向另一种方式的转移逻辑，从马克思主义政治经济学的角度进行了理论上的补充和完善。

本书将资本积累划分为剥削式积累和剥夺式积累两大类，其中剥削式积累又分为建立在雇佣劳动基础上的国内剥削和主要通过不平等交换进行的国际剥削两种。它们构成了英国体系积累周期及之后物质扩张阶段最主要的积累方式。对于国内剥削，马克思在《资本论》中已经进行了详尽的分析。尤其是伊曼纽尔、阿明和弗兰克等学者则对国际剥削做出了开创性的贡献。本书在伊曼纽尔不平等交换理论的基础上，建立了一个新的不平等交换的数理模型，在更一般化的条件下讨论了外围国家通过不平等交换向中心国家进行的剩余转移。阿瑞吉的体系积累周期理论可以较好地解释体系积累周期从一个阶段向另一个阶段的过渡，但不能很好地解释体系向外部的扩张，我们的理论补充则较好地解释了这种扩张的机制。在第4章中，还通过对金融资本变化多端的行为的分析，实现了体系积累周期理论与新熊彼特长波理论的协调。一方面弥补了体系积累周期理论对技术进步的忽视，另一方面也增强了新熊彼特长波理论的适用范围。在该章的其余部分，则讨论了建立在武力和殖民主义基础上的剥夺式积累。在马克思的理论中，这类剥夺式积累被称为"原始积累"，具有资本主义"史前史"的性质，但从资本主义世界体系的历史发展进程来看，它是与资本主义相伴始终的。

第5章集中于对美国体系积累周期的考察，是前述两条逻辑线索的进一步展开。在分析当前经济、金融危机的根源时，着重强调了金融化剥夺机制在其中所起的作用。但与现有多数针对当前危机的研究成果不同，我们坚持在对当前危机的性质和根源及其未来发展趋势的分析中，必须从体系和历史的角度来展开，对金融化进行解读时也同样如此。在本章的最后，依据金融剥夺的不可持续性得出了当前危机很可能是美国体系积累周期"临终危机"的结论。

文章的最后一章则聚焦于对中国崛起以及世界体系未来发展趋势的分析上。它以中国为中心，但是将中国经济的发展放在资本主义世界体系的历史与现实背景之下而得以展开。一方面，我们希望从这种视角出发，能够更加全面而客观地审视这个国家，在以积极的姿态参与现代世界体系30多年后的成败得失中。既强调中国资本积累进程中有别于西方资本积累的内在特性，也分析了中国在与世界体系发生联系时其积累体制所经历的深刻变化，以及由之取得的巨大成就和产生的相关问题。在中华人民共和国成立60多年、改革开放30多年之后，中国已经成为世界第二大经济体，并在发展中坚持了社会主义制度。自20世纪90年代开始，以中国为中心的东亚地区日益成为全球经济最富活力的地区。阿瑞吉将中国的崛起视为改变当前不平等的资本主义世界体系积累机制而走向一个更加平等的世界格局的关键性力量。在文章的结束部分，我们将回到这一命题，但与阿瑞吉不同的是，本书提供了一种建立在区域化基础上的世界体系来作为对当前不平等的世界体系的替代，以响应其创建一个更加平等的世界体系的倡议。

目 录

第一章 导　论 ... 1
- 一、选题背景 ... 1
- 二、研究目的、内容 ... 4
- 三、文章结构 ... 10
- 四、研究方法 ... 12
- 五、本书的创新与不足之处 ... 12

第二章 危机、周期、资本积累与体系积累周期 ... 14
- 一、马克思的危机和周期理论及其遗产 ... 18
- 二、马克思主义危机和周期理论史 ... 24
- 三、世界体系理论概观 ... 29
- 四、沃勒斯坦的周期和趋势理论 ... 42
- 五、阿瑞吉——体系积累周期 ... 48

第三章 历史资本主义的三大体系积累周期 ... 62
- 一、资本的崛起与热那亚体系积累周期 ... 63
- 二、现代国际体系与荷兰体系积累周期 ... 78
- 三、工业、帝国和自由贸易：英国体系积累周期 ... 91

第四章 体系积累周期演进的系统动力学分析 ... 110
- 一、扩大再生产模型与一般利润率下降规律 ... 112
- 二、技术革命与体系积累周期 ... 119
- 三、不平等交换与国际剥削 ... 139
- 四、剥夺式积累 ... 148

第五章 美国体系积累周期与当前的危机 ... 152
- 一、德国对英国霸权的挑战 ... 153

二、美国周期的积累战略 ·· 155
三、美国周期的物质扩张 ·· 162
四、美国周期的金融扩张与当前的危机 ································ 170

第六章　世界体系与中国的经济发展 ································ **193**
一、东亚与世界——一个历史的分析 ···································· 195
二、中国的资本积累：1949-1978 ······································· 203
三、中国崛起的根源：1978-2012 ······································· 210
四、经济成功的社会矛盾：资本积累的视角 ·························· 223
五、中国与世界体系 ·· 228

参考文献 ··· **231**

后　记 ··· **243**

致　谢 ··· **245**

第一章 导 论

一、选题背景

20世纪带给人类的是一个动荡的结束和不确定的未来。在霍布斯鲍姆（Eric Hobsbawm）看来，20世纪七八十年代是一个普遍危机或全球危机的时代，90年代初则宣告了世界历史中一个纪元的告终，留给世人的是"一个政治变幻、不稳定、混乱和内战的广阔地带"①。虽然新的一幕可能正在开启，但除了明显感受到的危机的气氛，政治的未来并不明朗。②"当时代末尾的公民笼罩在迷雾中，探着路走向第三个千年时，所有人都肯定知道一个历史时代已经结束，但除此之外，他们几乎一无所知。"③ 与霍布斯鲍姆的悲观论调比较起来，有些人则要乐观得多。弗朗西斯·福山（Francis Fukuyama）带着一种狂热的语气宣告，终结的不是一个时代，而是历史本身；终结不是在混乱与危机中发生，而是在自由资本主义的最后胜利中完成。④

今天看来，福山当初自信满满的结论就像是一个并不高明的"黑色幽默"，历史远未终结。自由资本主义在赢得冷战的胜利并迎来20世纪90年代后期短暂的"新经济"繁荣之后，危机便接踵而至。霍布斯鲍姆的预言不幸地变成了现实。先是在资本主义世界体系的外围地带，从墨西哥、阿根廷和

---

① Eric Hobsbawm, *The Age of Extremes: A History of the World*, 1914–1991. New York: Vintage, 1994, P.9–10.
② Eric Hobsbawm, *The Age of Extremes: A History of the World*, 1914–1991. New York: Vintage, 1994, P.7.
③ Eric Hobsbawm, *The Age of Extremes: A History of the World*, 1914–1991. New York: Vintage, 1994, P.558–559.
④ ［美］弗朗西斯·福山:《历史的终结及最后之人·序》，黄胜强、许铭原译，北京:中国社会科学出版社，2003年版。

俄罗斯开始，接着横扫东南亚各国，"成就"了所谓的亚洲金融风暴。从我们今天所处的时间坐标看去，上述的危机不过仅仅具有预演的性质。跨入新世纪便是更加动荡的十年，它直接冲击了资本主义世界体系的核心地带。此情此境，极容易让我们想起熊彼特五十多年前那个著名的带有悖反性质的两点论，即"资本主义制度实际取得的和将要取得的业绩是如此宏伟，否定了关于这一制度将在经济失败的压力下垮台的看法"；但是，"恰恰是它所取得的成功，破坏了保护它自身的社会制度，'不可避免地'创造了使自己无法存活的条件"。[①] 在熊彼特写作的当下，他的第一个论点显得有些不合时宜，其时的资本主义世界体系正在经历其历史上最为严重的危机，无数的人正为重振这个混乱的世界焦头烂额；但真正让人感到不可思议的还是第二个论点——资本主义会因为它的成功而走向最终的失败。战后的历史已经验证了熊彼特第一个论点的正确性；而当下正在发生的现实很可能正在证实他第二个观点的正确性。

"9·11"恐怖袭击事件的发生以一种异于以往，也更为极端的方式展现了这一体系运转的脆弱性。从繁荣到危机的转换可以如此迅捷。它直击现代资本主义世界体系的核心地带，使得美国身处两大洋之间，洲际规模的"孤岛"位置所提供的天然安全保障已经不那么可靠。自"珍珠港事件"之后美国本土所遭遇的这次最大规模的恐怖袭击将那幅"全球化"图景所描绘的美好未来击得粉碎。的确，资本主义带来了生产力的极大进步。在马克思生活的年代，他即感叹"资产阶级争得自己的阶级统治地位还不到一百年，它所造成的生产力却比世世代代总共造成的生产力还要大，还要多"[②]。今天的人们可以带着更加昂扬的语调宣告，在最近的几十年间资本主义所创造的生产力，比资本主义早期发展的几百年间所创造的全部生产力还要大、还要多。但这仅仅是历史发展的一个方面，在另一面是世界不同地区间财富和权力分配的极端不平等，以及由这种加剧的不平等所引发的仇恨的积累。世界范围内的资本主义体系并未因生产力的巨大进步而真正"变平"，鸿沟反而进一步加大。恐怖主义行径当然应该受到最严厉的谴责，但如果我们进一步地去追问是什么产生了恐怖主义的温床的时候，对"美国治下的和平"这一维系当

---

① Joseph Schumpeter：*Capitalism、Socialism and Democracy*，London：George Allen & Unwin，1954，P.61.
② 《马克思恩格斯全集》第4卷，北京：人民出版社，1958年版，第471页。

代资本主义世界体系合法性基石的拷问，就显得顺理成章。

"9·11"事件本来可以促成对此的反思，但事实的发展却走向了相反的方向。美国当局的新保守主义群体利用这一事件所激起的美国民众普遍的恐慌气氛，推行其"先发制人"的单边主义政策。这一政策以"失败国家论"和"新帝国主义论"为理论先导，以重建"美国新世纪"为目标，先对阿富汗，接着对伊拉克的占领成为其首要的军事行动。在大卫·哈维（David Harvey）看来，在伊拉克展开的军事行动的主要目的，在于"通过使用武力，在未来50年或更长时间里建立美国对全球石油龙头乃至全球经济的控制"[①]。其直接的目的，则在于通过新一轮的军事扩张，扭转自20世纪70年代以来不断恶化的利润率下降趋势和资本过剩积累的危机。在这之前，美国已经先后利用《广场协议》向德国和日本、利用新自由主义政策向苏联以及东欧的社会主义国家和第三世界转嫁了这一危机。然而，战争的胜而不利并没有为"美国新世纪"带来一个良好的开端。一场未能带来盈利，甚至不能保证自给自足的战争使得美国不惜以动摇美元霸权为代价，通过过度金融化来化解日渐显现的衰退趋势。

一种被意大利的马克思主义者里卡多·贝罗费奥里（Riccado Bellofiore）称为"金融化了的凯恩斯主义"在"9·11"事件之后不久被推上前台，其目的在于缓和"不断在加深的衰退"。格林斯潘开始鼓励金融市场变本加厉地提供各种借贷，甚至向那些缺乏偿还能力的穷人们进行大规模的借贷。马丁·沃尔夫对这一政策提供了一种解释："美国家庭的支出必须超过他们的收入。如果没有做到这一点，那么除非其他方面有所改变，否则经济将会陷入衰退。"事实是，其他方面确实发生了改变，例如在阿富汗，接着在伊拉克先后展开的占领行动，但这些变化无一例外地都向更坏的方向发展，对于扭转正在逼近的衰退不仅于事无补，反而雪上加霜。于是，"只有金融泡沫才能阻止衰退较早发生"[②]。

从短期来看，美联储成功地做到了延缓衰退的发生；从中期来看，美联储和布什政府所采取的行动完全无法化解整个体系中存在的根本性矛盾。危

---

① ［美］乔万尼·阿里吉：《亚当·斯密在北京——21世纪的谱系》，路爱国、黄平、许安结译，北京：中国社会科学出版社，2009年版，第189页。
② ［英］克里斯·哈曼：《次贷危机与世界资本主义危机》，载《国外理论动态》，2008年第4期。

机必将以更具破坏性和颠覆性的方式呈现——在2007年的末尾，它初露端倪。一开始，它被技术性地命名为"次贷危机"。这一命名显示了决策系统在最初试图让人相信这不过是一场发生在"次级债务"领域的局部性危机，其性质与1998年长期资本管理公司的崩盘比较起来并不会严重很多；随后，整个银行和金融系统受到拖累，名称随之被改为"金融危机"；几个月以后，有人开始小声嘀咕，问题可能搞大了：是自20世纪30年代以来最为严重的一次危机。

于是乎危机问题再次成为理论界与政策面关注的焦点。与以往不同的是，在此次的学术交锋中，新古典经济学由于在对危机根源解释上的闪烁其辞引发了自身的"理论危机"，处于非主流地位的马克思主义的危机和周期理论的价值得以再次彰显。正是这双重危机构成了本书写作的背景条件。对危机的分析，对有关危机的理论所展开的评述则构成写作的基本出发点。

二、研究目的、内容

1. 研究目的

就本书的写作计划而言，正如上面已经指出的，"次贷危机"，甚至危机本身都仅仅是一个切入点。因为我们体认到，只有将世界范围内的整个历史资本主义视为一个整体才能获得对于作为体系存在的资本主义的深刻认识——不仅仅是对资本主义危机的认识，更是对其长期发展趋势的洞见。要获得这样的认识，单纯从经济层面展开分析很难达到目的，因为经济过程总是"嵌入"政治、文化、生态和其他社会历史进程之中；要获得这样的认识，局限于对某一次危机根源、特征的探讨，不管这种讨论多么接近于事物的本质，也只能是不见森林而只见树木的片面之论；基于类似的理由，我们相信，以民族国家为单位展开的分析同样具有类似的缺陷。

这意味着分析必然在长时期、大范围的历史—空间视角下才能得以展开，并且其分析的范围也将远远超越单纯的经济层面。然而在另一方面，要对这些相互联系和互动的社会历史进程进行全面的考察已远远超出作者的能力。因此，本书的研究路径实际上是一种妥协或折中：一方面力求避免主流经济学范式中流行的形式主义倾向①，以历史资本主义的长期发展趋势和空间扩张为主要的研究对象；另一方面又将分析的范围限制在能够操作和便于理解的层面——经济和政治层面的分析将成为整个文章的核心部分。文章中涉及的对资本主义历史发展进程的考察则完全是概略性的，并有选择地按照文章的逻辑需要来组织。其主要目的不过是为了加深我们对当今世界格局之由来及其未来发展趋势的理解。作者期待这样一种方法产生的收益能够更甚于对当前危机单独展开的分析。

这也正是乔万尼·阿瑞吉②曾经采用过的策略。他从布罗代尔处获得灵感，选择一个狭小的焦点，"把他提供的十分丰富的设想和阐释，整理加工成对资本主义世界体系的崛起和全面扩张的一个简洁的、前后一致的和言之有理的解释"③。通过将资本主义世界体系的整个生命周期划分为便于操作的分析单位——他将之命名为"体系积累周期"（Systemic Cycles of Accumulation），阿瑞吉出色地完成了他的分析。他最为重要的著作《漫长的20世纪》已被普遍认为是当代致力于世界资本主义长时段研究的扛鼎之作。④

通过这一分析性概念，阿瑞吉将历史资本主义的发展历程加工整理成部分重叠但又前后相继的4个周期：（1）热那亚周期，从15世纪末到17世纪初；（2）荷兰周期，从16世纪末到18世纪末；（3）英国周期，从18世纪后半叶到20世纪初；（4）美国周期，从19世纪末一直持续到现在。伴随周期

---

① 这一倾向，在方法论上依然固守启蒙时代的机械决定论，按照具有机械还原论性质的"理性—个人主义—市场均衡"的逻辑展开其论证，并将经济活动从复杂多样的社会历史进程中抽离出来，构建其"市场的神话"；在具体的方法上则把数学化视为普适的，甚至唯一的科学方法，并由此建立起由之支配的单一学术规范。在国外的经济学研究中，这样一种倾向已经引起了广泛的反思和批评，但对于中国经济学界而言，却是方兴未艾；当西方经济学界已经兴起声势浩大的经济学改革国际运动的时候，我们还在忙着和国际接轨，固执地按照新古典的范式对国内现有经济学教学体系推行"全盘西化"。
② 国内对于 Giovanni Arrighi 的翻译很不统一，在《漫长的20世纪》中被译为杰奥瓦尼·阿瑞基，在《亚当·斯密在北京——21世纪的谱系》中被译为乔万尼·阿里吉，在《现代世界体系的混沌与治理》中又被译为乔万尼·阿瑞吉。本书在行文中统一使用乔万尼·阿瑞吉这一译法，但在直接引用和标注时候遵从原书中文译者的译法。
③ ［意］杰奥瓦尼·阿瑞基：《漫长的20世纪》，姚乃强、严维明、韩振荣译，南京：江苏人民出版社，2001年版，前言与致谢。
④ ［美］汤姆·雷弗：《乔万尼·阿瑞吉——资本的绘图师》，载《国外理论动态》，2011年第3期。

的更迭，资本主义世界体系在空间上从欧洲一隅扩张到今天的全球规模，在时间上则从中世纪末期延续至今，已经历500多年周期性的兴衰和变迁。①

他自谦他所做的工作不过是在布罗代尔的世界资本主义概况里，"添加一点逻辑一致性、增加几句话"。但事实上，他宏大的理论建构已经大大拓宽了我们观察当前危机的视野，能够把今日之全球动荡置于广阔的历史地理视角之下进行分析；他所采用的世界体系视角——在方法论上继承法国年鉴学派长时段、大范围的分析方法，在理论立场上坚持马克思对资本主义的批判性态度，都使得他对资本主义危机的分析远比同时代的大多数人深刻，从而超越了那些看似雄心勃勃的寻求危机"终极"解释的努力。对此，在英刊《新左翼评论》第60期（2009年11-12月号）刊发的雷弗撰写的纪念阿瑞吉的文章中曾做出如下评价："在他关于资本主义长时段的持续考察中，从中世纪后期和近代早期的起源时代到现代，大概没有任何一位知识分子能对当前的危机做出比乔万尼·阿瑞吉更深刻的分析。"② 此言不虚。

阿瑞吉对资本主义数百年的扩张历史所做的深入且具有说服力的分析，为我们更好地理解这一体系的特征、性质和长期趋势提供了坚实的基础。在《漫长的20世纪》中，阿瑞吉系统地提出了"体系积累周期"理论；在《现代世界体系的混沌与治理》这一多位作者共同完成的著作中，先前被忽略的"阶级斗争和世界经济在核心地区和边缘地区的两极分化"、反体系运动以及世界体系中的文明层面的分析则获得了应有的分量，从而弥补了《漫长的20世纪》中的缺失；作为前述两部著作的续集和延伸，在《亚当·斯密在北京——21世纪的谱系》一书中，阿瑞吉将研究的重点投向了当下和未来，集中论述决定着当前体系走向的世界政治、经济和社会形成中两个最为重要的过程：一个是新保守主义的"美国新世纪计划"的出现与消亡，另一个是中国成为东亚经济复兴的领导者。阿瑞吉宏阔的三部曲带领我们穿越历史的迷雾，走向纷繁复杂的现实，而这现实正是我们参与其间的现实。

---

① 在现代世界体系的时间起点上，世界体系理论各主要作者的意见并不统一。阿瑞吉与沃勒斯坦之间就存在分歧。阿瑞吉认为世界资本主义并非起源于16世纪的欧洲内陆，而是起源于13-14世纪的意大利城市国家，在当时，通过资本主义（热那亚资本）和封建国家（西班牙霸权）之间的结盟，世界体系进行了区域性的预演。
② ［美］汤姆·雷弗：《乔万尼·阿瑞吉——资本的绘图师》，载《国外理论动态》，2011年第3期。

因此，正如阿瑞吉曾经谦称的那样，本书作者也力求能在阿瑞吉所创建的宏大的理论体系里"添加一点逻辑一致性、增加几句话"；另一方面，我们更希望能够从一个中国人的立场出发，理性地看待这个国家在以积极的姿态参与[①]到现代资本主义世界体系30多年后的成败得失，评估已经成为世界第二大经济体，并在发展中坚持了社会主义制度的国家能够对这一体系的长期发展施加何种积极的影响。这后一问题，既关乎我们在导论的第一部分所论到的熊彼特在50多年前所做出的那个预言可否实现，更是阿瑞吉的遗作《亚当·斯密在北京——21世纪的谱系》一书中思考的出发点。在他去世之前，他孜孜关注的是"在考虑到所有不足以及未来可能的挫折的情况下，中国的崛起是否可被视为230年前斯密所预言并倡导的欧洲民族以及非欧洲后裔间更大的平等和相互尊重的先兆，以及在何条件下可被视为此先兆"[②]。当前学界有关"北京共识"和"中国模式"的热烈讨论亦可视为对此问题的遥相呼应。我们则希望能够站在一个中国经济学人的立场，以阿瑞吉提供的理论对其留下的问题做出解读，通过"重新回到关于我们这个时代的中心问题的讨论上来"，以"响应其创建一个更人道的世界体系的理想"的方式，来表达我们对这位杰出思想者的敬意。

2. 研究内容

本书从阿瑞吉的三部主要著作（《漫长的20世纪》、《现代世界体系的混沌与治理》和《亚当·斯密在北京——21世纪的谱系》）中获得启发。具体地

[①] 在世界体系理论中，外部地区（非资本主义的国家和地区）被纳入资本主义世界体系的过程需经历三个阶段：处于外部地区、被融入和被边缘化。融入是指把某个地区"卷入"资本主义世界经济体的轨道内，使它无法再脱离。边缘化包含着使该地区的微观结构发生持续不断的改变，资本主义生产方式的强力渗透，同时导致这些国家和地区政治体制和经济环境的巨大变化。因此，在世界体系理论的框架中，"融入"和"边缘化"具有特殊的理论含义。自改革开放以来，中国已经广泛地参与到世界体系的经济和政治交往活动中，但在这个过程中，中国自身的社会制度、经济发展方式与其他被"融入"到世界体系内的国家和地区比较起来，都保持了自身的独立性和自主性。因此，我们选择用"参与"一词作为"融入"一词的替代，以体现中国以积极主动的方式与资本主义世界体系发生联系时的这种独特性。
[②] ［美］乔万尼·阿里吉：《亚当·斯密在北京——21世纪的谱系》，黄平、路爱国、许安结译，北京：社会科学文献出版社，2009年版，第382页。

讲，本书以资本主义体系积累周期和资本积累的危机为研究线索，将中国经济的发展放在世界体系的宏观背景之下，以回答下述问题为研究的基本内容。

（1）如果资本主义世界体系可按照体系积累周期进行划分，那么作为周期划分标志的体系积累危机的形成机制是怎样的？

（2）体系积累周期的变迁，伴随着霸权更迭、阶级关系的动态调整、技术进步、经济组织方式等的动态变化。那么，这些调整如何服务于积累中心的资本积累，或者以怎样的方式缓解了资本积累的危机，但最终又不能避免危机以更大的破坏性爆发？

（3）动辄上百年的体系积累周期与通常持续50年左右的经济长波以及更短的经济周期波动如何协调？如何理解体系积累周期与通常的经济长波的关系？尤其是如何将技术创新纳入到体系积累周期模型中去。

对上述三个问题的回答，构成了本书的理论建构部分。

在沃勒斯坦的著作中，已经可以发现以资本积累为线索展开的对资本主义体系周期性变化的论述，然而并未形成系统的危机和周期理论，只是散见于其著述的不同部分；乔万尼·阿瑞吉则直接将体系积累周期作为研究的主要对象，并做出了富有新意和洞察力的解释。然而从经济学的观点来看，阿瑞吉所创建的体系积累周期理论的缺陷仍然是明显的。这种缺陷主要表现在两方面。第一，阿瑞吉流于笼统地谈论资本积累。虽然阿瑞吉的资本积累理论具有深厚的马克思主义基础，但其理论体系更多地却是受主要作为历史学家的布罗代尔的启发。因此，在对资本积累的相关分析中，其深度和力度都出现了倒退。在涉及体系内跨国家的资本转移时，主要通过论证资本的"灵活性"和"兼容性"来解释，与沃勒斯坦的"中心—半边缘—边缘"三结构模型比较起来都稍显薄弱。第二，阿瑞吉将研究的重点放在了国家间的霸权转移和商业企业因应霸权更迭而进行的重组和变革上。这样一种选择使他能够在沃勒斯坦的霸权周期和他的体系积累周期间建立密切的联系，并将其分析延伸至政治—经济层面，但技术变革在其间发生的作用出人意料地被忽略了。由此导致的一个后果是，体系积累周期的理论框架无法和长波理论，尤其是与熊彼特开创的技术创新长波理论相协调。[①] 毫无疑问，作为体系层面

[①] 20世纪60年代末70年代初，长波研究复兴中形成了三个影响较大的长波理论派别，即由熊彼特开创的技术创新的长波理论、曼德尔构造的马克思主义长波理论及由戴维·戈登等提出的社会积累结构理论和调节学派。

的霸权更迭、积累中心转移和微观层面的商业模式改组与技术革新之间存在着极为紧密的动态关系。一个更加完善的体系积累周期理论必然应将技术因素纳入其模型中来。对上述两个缺陷的弥补成为本书理论诉求的主要方面。

就国内对世界体系理论的研究而言，目前几乎还处于译介的层面，在译介的过程中又大多以沃勒斯坦为中心。本书从阿瑞吉的开创性研究中获得启发，在研究的范围上则有所缩小，这或许意味着一种方法论上的倒退，但希望能够在分析的深度上有进一步的发展，对于国内特别是经济学界关于世界体系的研究提供些微帮助。同时，亦希望在马克思主义的危机和周期理论中能增添一点新的内容。

（4）从体系积累周期的角度来看，当前的金融危机的性质是什么？阿瑞吉等人曾假设，20世纪70年代的危机具有美国周期的"信号危机"的性质，标志着美国周期开始进入体系混乱阶段。那么2007年因次贷危机引发的经济、金融危机是否就是美国积累周期进入崩溃阶段的标志（也即这是不是美国周期的"终极危机"）？它和之前的历次转移比较起来，表现出了怎样的共性，又具有哪些独特的个性？

（5）世界体系论者普遍认为，目前世界的积累中心正呈现出向东亚，尤其是中国转移的趋势。这一正在崛起的积累中心所坚持的不同的社会制度是否赋予了正在进行中的转移以完全不同的性质？如果果真如此的话，那么，是否可以认为我们正在见证一场资本主义制度的"终极危机"？

（6）站在中国经济发展的角度看，在中国以边缘、半边缘的身份积极参与到这一不平等的资本主义世界体系30多年后的今天，是否已经拥有了逐步改变这一不平等的积累体系的能力？或者，从消极的方面看，中国能否依据自身的一些独特优势，更快地从危机中走出来，转变其经济发展方式并提高自身在体系结构中所处的地位？

对（4）、（5）、（6）三个问题的回答成为本书的现实关怀所在。从现实来看，以中国为代表的东亚地区正在成为新的积累中心。在中国参与到这一体系之后的三十多年时间里，它的积累体制发生了根本的转变，也藉此取得了巨大的成就，然而它在整个体系结构中所处的位置却始终是边缘—半边缘性的，并且在国内积累了不少的矛盾，亟须解决。如果说当前的危机预示了资本主义世界体系的力量格局在向东亚倾斜的话，那么中国能否抓住这样的一次机会，一方面化解国内经济发展的矛盾，转变经济发展方式，以更好地体现社会主义市场经济的本质；同时以更加积极的态度，改变资本主义世界体系的不平等的结构，不仅改善自身在这个体系中所处的位置，而且根本上革新这一体系——向着阿瑞吉所设想的诸多可能结果中最好的那个方向——世界市场社会发展？这是本书研究的落脚点，也是现实意义所在。

三、文章结构

为实现上述目的，本书计划按如下结构展开：

第一章 导论：简要介绍了本书研究的背景、目的和研究的主要内容，同时对本书的研究方法、可能的创新和不足之处做了简要的说明。

第二章 危机、周期、资本积累与体系积累周期。本章具有文献综述的性质。体系积累周期理论作为世界体系理论中的一个代表性的理论框架，具有深厚的马克思主义基础，同时也可看到布罗代尔和熊彼特等思想巨人的巨大影响。在本章中，通过对马克思主义危机和周期理论发展历程的分析，梳理了二者的学术脉络，并在其中找准了体系积累周期理论的位置。在完成这部分工作后，剩余部分以沃勒斯坦和阿瑞吉为中心介绍了他们各自的周期和危机理论，并分析了体系积累周期理论的创新和不足之处。这种创新是我们选择它作为本书理论基础的主要原因，而对其不足的分析则构成了本书理论创新的出发点。

第三章 历史资本主义的三大体系积累周期。本章采用历史和比较研究的方法，回顾了资本主义世界体系发展中前三大体系积累周期的历史脉络。一方面强调各体系积累周期在发展演变过程中内在逻辑的连续性和一致性，另一方面也分析了各周期在积累战略、积累结构上的独特性。其目的不在于对历史做事无巨细的分析，而在于为后续的分析奠定历史的基础。

第四章 体系积累周期的系统动力学分析。本章作为全文理论分析的主要部分，将对体系积累周期理论中的不足之处进行补充和完善。本章以马克思的资本积累理论为基础，对体系积累周期各阶段占主导地位的积累方式、积累机制，以及从一种方式向另一种方式转移的逻辑从经济学的角度进行了补充，从而建立一个以资本积累为中心的资本主义世界体系发展—扩张模型。

我们将资本积累划分为剥削式积累和剥夺式积累两大类，其中剥削式积累又分为国内剥削和主要通过不平等交换进行的国际剥削，它们构成了英国体系积累周期之后物质扩张阶段最主要的积累方式。在伊曼纽尔研究成果的基础之上，本章建立了一个新的不平等交换的数理模型，在更一般化的条件下讨论了中心国家通过不平等交换从外围国家获得剩余价值的途径。在本章的第四节还界定了剥夺式积累的两种主要方式。一类是建立在超经济强制、武力征服和殖民主义基础上的剥夺。在马克思的分析中，这类剥削被归纳为"原始积累"，但从历史资本主义的现实发展来看，它贯穿资本主义发展的始终。另一类剥夺式积累主要通过金融化这类看似平等的经济活动来达成。在对当前危机的分析中，金融剥夺占据了中心位置。此外在本章的第二节中，通过对金融资本变化多端的活动的分析，将技术进步纳入体系积累周期理论中，从而弥补了该理论对技术进步的忽视，并实现了体系积累周期理论和新熊彼特派创新长波理论的融合。

第五章　美国体系积累周期与当前的危机。本章致力于从体系积累周期理论的视角出发，对美国体系积累周期和当前的危机进行分析。从世界体系的角度分析了美国周期物质扩张阶段和金融扩张阶段的发展历程，尤其强调从金融化到全球经济、金融危机的内在发展机制，并指出了当前危机可能具有的双重性质。

第六章　世界体系与中国的经济发展。作为本书的最后一章，我们将"重新回到关于我们这个时代的中心问题的讨论上来"，以阿瑞吉提供的理论对其留下的问题做出解读；另一方面，则从一个中国人的立场出发，理性地看待这个国家，在以积极的姿态参与到现代资本主义世界体系三十多年后的成败得失；评估已经成为世界第二大经济体，并在发展中坚持了社会主义制度的国家能够对这一体系的未来发展施加何种积极的影响。因此，本章的内容成为本书的最终落脚点。它以中国为中心，却是从历史和全球的视角下展开这种分析。在本章的最后，对世界体系未来的发展方向，提供了一种不同于阿瑞吉和沃勒斯坦的新的可能，提出一种建立在区域化基础上的世界体系来作为对当前不平等的世界体系的替代，在其中以中国为中心的东亚地区将扮演重要角色。

四、研究方法

研究的目的决定了研究的手段与方法。本书以整体的世界体系为研究对象，并涉及对其发展历程的长时段考察，因此在研究方法上对沃勒斯坦所倡导的"一体化"的研究方法多有借鉴。但一方面考虑到作者的能力，另一方面又为了突出研究的重点，因而重点从经济和政治层面着手展开。本书得以展开的一条主要的逻辑线索，即在分析资本逻辑—领土逻辑（或者经济逻辑与政治逻辑、政府组织与工商业机构）的融合、互动和矛盾时，就主要运用了这一方法。

作为另一个主要的研究方法，历史和比较的研究方法则贯穿了全书的始终。从历史研究的方法入手，我们期望在对复杂多变的历史描述中发现资本主义世界体系演变和扩张的内在逻辑，揭示各个体系积累周期中体现出来的共性，为更好地理解当前世界体系的发展演变和分析当前的危机提供更为广阔的历史——空间视野；同时则通过比较的研究方法，发现共性中体现出的个性，使分析更有针对性、更有说服力。

五、本书的创新与不足之处

本书可能的创新之处包括以下三个方面：

第一，对体系积累周期理论进行了完善。本书通过对体系积累周期各阶段占主导地位的积累方式、积累机制，以及从一种方式向另一种方式转移的内在机制的分析，对体系积累周期理论缺失的环节进行了补充和完善，使之既能解释周期的演变，又能解释体系的扩张；此外，通过对金融资本活动的分析，将技术进步纳入体系积累周期理论中，实现了体系积累周期理论与新熊彼特长波理论的融合。

第二，和国内外大多数对当前危机的分析不同，我们强调对危机根源的分析不能仅仅局限于对单一时段和单一国家的考察，而必须采取历史和体系的视角，并需要深入不平等的世界规模的积累进程内部才能展开。以此为出发点，本书以资本积累为中心，从历史和体系的层面分析了当前的危机，提供了一种新的解读方法，也是对体系积累周期理论的一次具体应用。

第三，从历史和体系的视角，以资本积累为中心对中国的崛起进行了新的解读。从历史的角度看，我们将中国近现代发展的历程视为一个连续的过程，但又以其和外部世界的联系在性质上的不同划分为不同的时段。对中国崛起的解释，既应从这种历史的连续性中寻找答案，又应从体系环境的变化以及中国对之所做出的调整上去理解。只有将内外因素的影响都考虑进去，才能获得更加客观和全面的理解。在本书的最后一章，我们初步做出了这种尝试。

本书的不足之处和值得进一步研究的方向主要存在于以下三个方面：

第一，文章的理论分析和历史——现实分析结合得不是非常紧密。世界体系理论在年鉴学派跨学科研究方法的基础上进一步提出"一体化"的学科方法。"一体化"的研究方法要求打破学科专业分工的固有藩篱，以整体的知识展开对世界体系的研究。因此在世界体系的理论分析中，政治学、经济学、史学和社会学等学科都占有一席之地，并且学科的界限也模糊了。虽然本书已经将研究的范围局限在政治和经济领域，但由于既涉及对历史的梳理，又包括理论的分析，兼之对这种一体化的研究方法在运用上并不娴熟，因而理论的分析和历史的分析结合得不是非常紧密。

第二，部分章节论证得不够深入，这尤其体现在第六章的相关分析中。对中国在改革开放后因参与世界体系过程中而导致的诸多问题没有提供比较成熟的解决方法。对于区域化基础上的世界体系的分析也同样如此，还需要加强。

第三，定性的分析重于定量分析，规范分析重于实证分析。由于全书涉及面较广，因此很多问题仅仅是建立了一个理论分析的框架，缺乏详细深入的论证，如果能够在定量分析和实证分析上加强一些，文章的说服力可能更强。

第二章　危机、周期、资本积累与体系积累周期

"过分乐观的情绪总是危机的前奏。"这句话一再地被事实所证实。在1929年的股市大崩溃之前，费雪（Irving Fisher）——詹姆斯·托宾（James Tobin）眼中这位美国有史以来为世界贡献的最伟大的经济学家对未来做出了"即成永世"的预言——"股票价格已经到了看上去像是永远居高不下的平台。"① 费雪自有费雪的理由，就在他说这话的一个多月前，道·琼斯工业平均指数达到了史无前例的381点的高峰。此外还有更为坚挺的历史背景——整个20年代美国经济的狂飙突进。但他终究还是错了，话音未落，大萧条便接踵而至。在此后不久，纽约一位名不见经传的专栏作家在评论中用多少带有些嘲讽的口气说道：天呀，他好像知道所有的答案，看看他是怎么自取灭亡的吧。类似的遭遇在80多年后，发生在华尔街的另一位先知——格林斯潘先生身上。虽然谨慎而隐晦地表达过对过度投资形成的"非理性繁荣"的担忧，但债务和投机的增长最终被他们确认为金融市场创新的结果，是"革命性风险管理技术支持下的可持续经济结构变迁"。在2004年这位格老还在撰文指出："不仅私人金融机构具备抵御基本风险因素的能力，整个金融体系的抗击风险的能力也是乐观的。"② 事实是，看似庞大而健康的金融体系在3年以后引爆的"次贷危机"中表现得不堪一击，以至于作为收拾残局而上场的国务卿希拉里·克林顿女士在2009年的国会听证会上大骂格林斯潘是骗子，"欺骗了所有的人"。

费雪有费雪的天真，而格林斯潘有格林斯潘的难言之隐。作为战后执

---

① ［英］卡萝塔·佩蕾丝：《技术革命与金融资本——泡沫与黄金时代的动力学》，田方萌、胡叶青等译，北京：中国人民大学出版社，2007年版，第175页。
② ［美］约翰·B.福斯特、弗雷德·马格多夫：《当前金融危机与当代资本主义停滞趋势》，刘元琪：《资本主义金融化与国际经济危机》，北京：经济科学出版社，2009年版，第66页。

掌美联储时间最长的主席,在战后三十年的"黄金时代"用以支撑经济强劲增长的历史、现实因素一一耗尽之后,能够用于应对经济停滞的手段屈指可数——大规模的军事开支、债务和金融投机成为主要的应对手段。前者构成阿瑞吉所谓的"军事凯恩斯主义",而后者被意大利的左翼学者里卡多·贝罗费奥里形象地称为"金融凯恩斯主义"。在军事出击的成本越来越高昂而收益却每况愈下的情况下,后者理所当然地成为格林斯潘的首要选择。一个过度金融化的时代迎面而来,大卫·哈维将之视为20世纪七八十年代以来资本主义的"真正新奇之处",更多的学者甚至由此确认了资本主义发展一个新的阶段——金融垄断资本主义时代的到来。[1]

然而并非所有的人都相信格林斯潘将金融化解释为"革命性风险管理技术支持下的可持续经济结构变迁"的观点。斯威齐(Paul Marlor Sweezy)在20世纪80年代就指出:"大规模的金融投机与经济停滞植根于同样的经济困局之中。实体经济的停滞意味着经济生活日益依赖金融业务扩大货币资本积累;但金融业务无法脱离实体经济的约束持续扩张;脱离实体经济基础的投机泡沫必定破裂并导致一系列严重的问题。"[2]

在经历了最初的手忙脚乱之后,必须有人出来为已经"搞大了"的危机进行政策背书了。2008年12月5日,即将卸任的布什总统首次承认美国进入经济危机,但用的却是一个看起来温和得多的词——"衰退",其表述和主流经济学家们的用词一样"严谨"。两个月以后,随着美国2008年第四季度经济数据的发布,新任总统奥巴马开始提高调门,"这是美国劳动家庭面临的一场持续的灾难。衰退正在加深,经济危机的紧迫性正在增强"。在美国政治家中,奥巴马罕见地使用了"经济危机"这一马克思主义意味浓厚的概念来指称正在加深的衰退。即便如此,他也不敢承认美国经济已经陷入经济危机,"危机的紧迫性正在增强",仅此而已。

与此同时,主流学界也开始了对危机根源的探究。站在我们的观点来看,这更像是一场"寻找替罪羊"的学术运动。最初被揪出来的是美联储。

---

[1] 李其庆:《马克思经济学视域中的金融全球化(代序)》,刘元琪:《资本主义经济金融化与国际金融危机》,北京:经济科学出版社,2009年版,第1页。
[2] [美]约翰·B.福斯特、弗雷德·马格多夫:《当前金融危机与当代资本主义停滞趋势》,刘元琪:《资本主义金融化与国际经济危机》,北京:经济科学出版社,2009年版,第67页。

认为正是美联储的政策失误导致了次贷危机的爆发。[①] 另外的解释则着眼于"监管缺位"和"低估风险"。如果还要做进一步的追问,何以会出现"监管缺位"和"低估风险",那么归咎于"人性的贪婪"这一具有本体论性质的终极答案,大概也就成了主流经济学的最高境界了。[②] 主流经济学的意识形态立场实际上已经为它们寻求危机原因的努力划下了理论的红线:无论如何不能在经济危机与资本主义制度之间建立起必然的、本质的联系。在这一原则之下,我们还能指望主流经济学能够提供多少真知灼见呢?或许是对此早已心知肚明,当危机还处在深化过程中的时候,从2009年开始,一个新的名词——"后危机时代"就已经开始蹿红了。再也找不到比宣称危机已然过去更好的说辞,来回避公众对于危机根源的反复追问了。

事实是,直到今天,危机还处在继续深化的过程中。对危机根源的探求也从未停止,只不过这一任务更多地由马克思主义经济学来承担而已。马克思主义的危机理论从不否认为主流经济学所强调的那些因素会触发危机,但它绝不满足于此。它所探求的正是主流经济学极力阻止的:去发现危机和资本主义之间存在的必然性联系;从资本主义制度层面和其生产方式的内在矛盾去寻找危机爆发的原因、传导机制和演变趋势。危机的爆发,为马克思主义经济学尤其是其危机和周期理论的重新出场提供了新的历史契机。

按照阿特韦尔(Attewell)从知识社会学的角度对马克思主义危机理论史所做的研究,以下三个条件都将促成关键的危机理论创新:经济危机未能按预期爆发,新的社会经济现象的出现向危机理论提出了新的解释任务,危机理论内部各流派间出现激烈的争论。[③] 将当前的情势和上述三个条件对比可

---

① 中国社会科学院经济学部赴美考察团的研究报告《美国次贷危机考察报告》(载于《中国经济研究报告》,2008年8月5日,第69、第70期)即持此种观点。该报告认为,在2001年初实行的宽松的货币政策,推动了次贷规模的迅速增加。而出于控制通胀的考虑,在2004年6月起开始逐步提高联邦基金利率与房屋贷款利率,这一举措一方面加大了借款人的还款压力,同时也严重打压了房价。在这二者的共同作用下,次级贷款的违约率大幅上升,最终引发了次贷危机。
② 赵磊:《当代资本主义危机与中国的改革发展》,载《国外理论动态》,2011年第12期。
③ Attewell P: *Radical Political Economy Since the Sixties: a Sociology of Knowledge Analysis*, New Jersey: Rutgers University Press, 1984, P.193-196。

以发现①，我们或许可以乐观地预期，又一个马克思主义危机理论创新的高潮正在到来，这对于改变国内学界对马克思主义危机理论几十年如一日的"教科书模型"②也将是一个极大的促进。这一僵化的理论模式，在表面上似乎维护了马克思危机和周期理论的统一性和完整性，但在事实上却排除了马克思危机和周期理论的丰富性和复杂性，限制了理论创新和发展的空间，削弱了该理论对于不断发展的资本主义现实的批判力。在另一方面，也使得国内的经济学者在很长的一段时间里，在面对西方马克思主义对马克思危机和周期理论向不同方向展开的理论阐发时，采取了一种意识形态的立场，对之做出片面和混乱的理解，更使得国内经济学界的理论创新和发展缺乏一种理论的支撑和开阔的视野。

在本章的前两节，我们将对马克思以及马克思主义危机和周期理论的发展演变历程做一概要的回溯，以展现这一理论体系的丰富性、复杂性和开放性。但这绝不意味着按时间线条将各种理论分支做观点式的罗列，我们更希望能在这一回溯中发现马克思主义危机和周期理论发展和演变的内在逻辑。在本章的余下部分，将聚焦于世界体系的马克思主义的危机和周期理论，尤其是沃勒斯坦的特长周期和霸权周期理论以及阿瑞吉的体系积累周期模型。尽管世界体系的危机和周期理论与马克思的危机和周期理论在理论结构和具体的结论上都存在很大的差别，但从理论史和思想史的角度来看，世界体系理论在20世纪70年代的出场，却反映了马克思主义危机和周期理论在经历了长期的发展演变之后，向马克思的周期和危机理论最初立场的回归。

---

① 和阿特韦尔描述的第一个条件刚好相反，关键的问题不是危机未能按预期爆发，而是危机在预期之外（至少是在主流经济学的预期之外）突然发生了，而且就严重程度来看也大大超出预期。

② "教科书模型"是指苏联学者在20世纪50年代初出版的《政治经济学教科书》中概括总结的一个分析模型。它将资本主义经济危机的性质明确概括为"生产相对过剩的危机"，将危机的根源归结为"一个基本矛盾、两个具体矛盾"。一个基本矛盾指"生产的社会化与资本主义私人占有形式之间的矛盾"；两个具体矛盾指的则是个别企业内部生产的有组织性和整个社会生产的无政府状态之间的矛盾，以及资本主义生产无限扩大趋势同劳动人民有支付能力的需求相对缩小之间的矛盾。事实上，关于危机性质和根源的这一表述在马克思的著作及其手稿中并不是一个关键的主题，它之正统地位的取得，有赖于列宁的相关解读，尤其是列宁对恩格斯在《反杜林论》中提出的"生产的社会性与资本主义私人占有之间的矛盾"的强调。列宁的这一分析，成为社会主义各国学者阐释马克思危机理论的基本出发点和最终归宿，几成马克思主义危机理论的"金科玉律"。

一、马克思的危机和周期理论及其遗产

1. 有关马克思危机和周期理论的争议

迄今为止,对于是否存在一个由马克思本人所创立和完成的危机和周期理论[①],在中外学术界依然存在巨大的分歧。以下三种观点代表了学者们对此问题的不同立场:(1)从文本角度着眼进行评价的批评者否认马克思创立了系统完整的危机和周期理论,认为马克思提供的仅是一些散见于其著作、手稿和信件中的观点和片段式的描述。[②] 持这种观点的人主要是一些西方学者,如熊彼特、琼·罗宾逊等人;(2)与此相对应,国内学者则更多地从马克思著作的逻辑结构出发来理解马克思的危机和周期理论,认为马克思已经有了完整的、自成体系的危机和周期理论,"它不仅包含经济危机形成的原因、表现、结果、趋势,还包括危机形成的抽象可能性、现实可能性、必然性、周期性、实质、意义,还包括对各种错误的经济理论的批判",只要对"各个重要的观点和思想加以综合",该理论的系统性和完整性就能表现出来。[③] 国内学者赵洪更认为,在马克思写于 19 世纪 60 年代的手稿和《资本论》中,马克思科学的危机理论就已经正式形成并达到完善;[④](3)第三种观点可视为前述两种观点的折中,它一方面承认马克思已经有了系统的危机和周期理论,但同时又指出,这种系统性是仅就理论的抽象层次而言。相对于更加具体的

[①] 本书中马克思的(Marx's)危机理论指的是在马克思的著述和手稿得到表达的危机理论,而马克思主义(Marxism)的危机理论则指马克思之后各流派的危机理论。此处的马克思主义是一个略显宽泛的指认,不涉及对一个学者政治立场的判断,只要使用了马克思主义的分析范式展开的分析都归于其中。
[②] 刘明远:《马克思主义经济危机理论与当代现实》,北京:经济科学出版社,2009 年版,第 27 页。
[③] 胡代光、魏埙:《评当代西方学者对马克思〈资本论〉的研究》,北京:中国经济出版社,1990 年版,第 327-328 页。
[④] 赵洪:《〈资本论〉第一稿研究》,济南:山东人民出版社,1991 年版,第 303 页。

世界市场危机理论还有很大的发展空间，是一个有待完善的体系。①支持这一观点的学者得出这种结论的依据主要在于马克思经过不断修订之后所留下来的"六册结构"写作计划，也由此有了将危机理论划分为一般层次、特殊层次和个别层次的叙述框架。②

在此，我们并不想介入对这一问题的争论，但我们想强调的是，争论本身的存在就已经表明，马克思的危机和周期理论是一个十分丰富和复杂的理论体系，具有向不同方向阐发的可能。在马克思之后的100多年间，围绕着危机和周期理论形成的诸多的流派和经历的多次论争高潮就是一个很好的说明。

对今天的学者而言，面对这一丰富而复杂的理论遗产，去追问什么才是马克思最权威的表述显非易事。正如亨利希指出的那样："必要时我们可以表述与马克思的重要论证一致的危机概念，但是要讨论这些危机概念中哪一个是真正'可靠的'，这似乎是一种毫无希望的冒险。"③马克思之后马克思主义危机和周期理论的蓬勃发展无一例外地受惠于这一理论宝库，在一定程度上可以说"所有的马克思主义经济危机理论的渊源来自马克思"，那些形态各样甚或充满矛盾的解释框架都是对多元性的马克思危机理论中某一方面的阐发、放大，甚至是极端化。④因此，要推动中国对马克思主义经济危机和周期理论的研究，加深对资本主义危机本质的认识，对马克思危机和周期理论的继承和发展就绝不能成为一句空洞的口号，马克思的危机和周期理论也绝非如某些悲观的学者所认为的那样已经成为多余。⑤真正的问题是，我们应该如何继承和发展这一体系，以及继承和发展这一体系的哪些方面。

---

① 汤在新：《〈资本论〉续篇探索——关于马克思计划写的六册经济学著作》，北京：中国金融出版社，1995年版，第538页。
② 刘明远：《从"六册结构"体系看马克思经济危机理论的逻辑结构》，《马克思恩格斯列宁斯大林研究》，2001年第1期。
③ ［德］亨利希：《存在马克思的危机理论吗？》，《马克思恩格斯列宁斯大林研究》，2000年第1期。
④ 杨健生：《经济危机理论的演变》，北京：中国经济出版社，2008年版，第12页。
⑤ 胡寄窗在其文集中就曾有过类似的表述，认为危机这一概念已经没有必要，"如果必须研究现代资本主义的经济波动，那就称之为周期理论也较危机理论更加接近现实"。参见《胡寄窗文集》，北京：中国财政经济出版社，1995年版，第964页。

2. 马克思经济危机和周期理论的遗产

（1）马克思危机和周期理论的方法论遗产

在1848年发表的《共产党宣言》中，马克思和恩格斯就已经粗略但深刻地阐述了有关资本主义危机的根源、实质和后果，并对其发展趋势做了一系列富有洞察力的分析。从1849年开始，马克思将其研究重心转入经济领域，对经济危机及其相关理论的关注便贯穿其后期研究生涯的始终。在《1857—1858年经济学手稿》中，马克思揭示了蕴藏在简单商品经济中危机的可能性如何在资本主义条件下转变为现实性；同样在这部手稿中，还能够发现马克思关于经济危机根源于资本主义基本矛盾的早期表述，虽然表述得并不像后来恩格斯和列宁那样直接。在《1861—1863年经济学手稿》中，马克思的危机理论得到了进一步的发展。在手稿中，马克思从唯物史观出发，娴熟地运用矛盾分析法展开其对资本主义危机的分析，得出了其危机理论最关键却在后继者中未能得到足够重视的关键思想：资本主义经济危机是资产阶级的一切矛盾的表现，是资本主义各种矛盾充分展开后的结果，是资产阶级经济关系一切矛盾的现实综合和强制平衡。对于今天已经习惯于采用各种计量工具，利用数字、图表和曲线展开分析的经济学者们而言，马克思的这一结论是如此的抽象。的确，在这个时期的研究中，马克思尚未对这一论断展开具体的分析，但它却奠定了马克思危机理论的方法论基础，构成了马克思危机理论的根本内核，也是马克思的危机理论留给后继者的最富启发意义的遗产。诚如恩格斯在1895年致威·桑巴特的信中所指出："马克思的整个世界观不是教义，而是方法。它提供的不是现成的教条，而是进一步研究的出发点和供这种研究使用的方法。"① 这一方法论将马克思（主义）的危机理论和非马克思主义的危机理论鲜明地区分开来。②

---

① 《马克思恩格斯选集》（第4卷），北京：人民出版社，1995年版，第72-74页。
② 张彤玉先生在论及马克思主义的危机理论与非马克思的危机理论的差异时，主要就是从方法论角度展开的。他指出，虽然各种非马克思主义的危机和周期理论的经济哲学观并不一致，但通常都具有浓厚的唯心主义倾向。在将资本主义理解为一种自然永恒制度的前提下，切断了危机同资本主义之间的本质联系，而诉诸自然、政治、技术、心理、人性等经济体系外部因素。参见张彤玉：《两种经济周期理论的比较分析》，《南开经济研究》，1997年第5期。

（2）马克思危机和周期理论的批判立场

作为马克思政治经济学批判的主要构成部分，马克思的危机理论具有显著区别于一般经济理论的理论立场和阶级立场——站在无产阶级的立场上揭示资本主义命运的极限。因此，自始至终马克思（主义）的危机理论就具有独特的理论品质——作为一种理论体系，它同时渗透着强烈的意识形态和政治纲领的气息。

作为意识形态，马克思的危机和周期理论先是批判以萨伊和詹姆斯·穆勒等为代表的庸俗经济学从形而上的萨伊定律出发得出的"无危机论"[①]，在其后，马克思主义的危机理论又和（新）自由主义的周期理论和增长理论相竞争。后者将经济均衡视为常态，将危机视为对均衡的偶然偏离，并将这种偏离解释为自然、政治、政策、心理等外部因素变化的结果，认为危机通过资本主义经济体系内部的调整就可以得到根治，有的学派甚至认为资本主义已经或正在实现着无危机的发展。[②]

作为政治纲领，马克思（主义）的危机和周期理论有着为革命服务的直接目的，将危机视为触发无产阶级革命的一个有力因素，能够激起普遍的革命热情。"在这种普遍繁荣的情况下……还谈不上什么真正的革命……新的革命只有在新的危机之后才有可能。但是新的革命的来临像新的危机的来临一样是不可避免的。"[③] 在马克思多次修订但最终未能完成的写作计划中，这一点表现得更加清楚。他坚持将世界市场和危机放到一起做最后的考察。此时的危机已经成为一个总体性的概念，世界市场的危机成为资本主义各种矛盾充分展开的结果，并将迫使这一社会形态采取新的历史形式，促成"以交换

[①] 在危机理论上，李嘉图是萨伊"无危机论"的积极支持者。李嘉图完全认同萨伊定律所假设的恒定的经济均衡关系的存在以及他对生产者和消费者行为的设定。同时，李嘉图将萨伊定律运用于开放经济背景下，他认为不仅在封闭的国内经济条件下萨伊定律会发挥作用，在开放状态下也仍将如此。由此，李嘉图不但否认了国内危机的必然性，也将发生世界市场危机的必然性一笔勾销。李嘉图的这一支持对萨伊定律能够成为庸俗经济学的主要信条具有举足轻重的作用，也许仅仅因为李嘉图的显赫名声，人们就不敢轻易否定萨伊定律。可参见刘明远：《马克思主义经济危机和周期理论的结构与变迁》，北京：中国人民大学出版社，2009年版，第7-10页。

[②] 张彤玉：《两种经济周期理论的比较分析》，《南开经济研究》，1997年版第5期。

[③] 《马克思恩格斯全集》第7卷，北京：人民出版社，1959年版，第114页。

价值为基础的生产方式和社会形式的解体"①。马克思对资本主义命运极限的探求很好地被早期马克思主义危机理论的创新所继承，尤其突出地体现在各种形式的崩溃论和资本主义总危机理论中。20世纪40年代以后，伴随着凯恩斯主义的兴起和资本主义历史上又一个"黄金时代"的来临，崩溃论淡出了马克思主义危机理论的中心舞台。在一个以英美激进政治经济学为主要创新力量的时期，一般利润率下降趋势和资本积累成为解释危机的核心变量，对崩溃的说明让位于对长期萧条和资本主义存在基础永久性不稳定的探讨②，并呈现出综合和融合的趋势。所谓综合，指的是马克思主义的危机理论告别了早期直截了当地用单一因素解释危机的理论范式，逐步走向多因素、多层次的解释框架；所谓融合，指的是马克思主义的危机理论日渐吸收经济学其他流派的相关理论范式、研究方法。明显具有马克思主义范式特征的一些概念，如资产阶级、革命等基本消失了，马克思所使用的一些技术词汇，如资本积累、资本有机构成、一般利润率下降等则通过小心翼翼的定义和修正以期能与主流范式接轨，表现出折中和妥协的一面。现代马克思主义危机理论的论战性风格和作为政治纲领与革命指针的作用几乎销声匿迹。

（3）马克思危机和周期理论的宏大视野

国内学者刘明远曾指出，虽然马克思并未将其拟定的"六册结构"完全实现，但"马克思经济学著作的整个理论体系都是在阐述危机理论"③。这赋予了马克思的危机和周期理论以异常宏大的理论视野，几乎将马克思主义经济学的所有研究领域囊括其中，既涉及生产力与生产关系的矛盾、社会再生产各环节以及它们之间的关系、社会生产各部类间的比例关系，也包含对资本积累的动力和趋势、一般利润率下降趋势、资本有机构成提高趋势的分析，还涉及劳资关系、阶级斗争、实体经济和虚拟经济、国家与市场等在危机与反危机中作用的考察。马克思主义危机和周期理论的发展无一不是从马克思的著述中获得启示，但又更多地是对马克思危机和周期理论中某些具体观点的强调、引申、发展，甚至极端化，丧失了马克思危机和周期理论的那种宏大的理论视野。在20世纪40年代以前的早期创新阶段，这一点表现得尤为

---

① 《马克思恩格斯全集》第46卷（上），北京：人民出版社，1979年版，第220页。
② Clarke S, *Marx's Theory of Crisis*. New York: St. Martin's Press, 1994, P.280。
③ 刘明远：《马克思主义经济危机理论与当代现实》，北京：经济科学出版社，2009年版，第29-30页。

明显。在这个阶段，寻求危机终极原因的单因素论是马克思主义危机理论的主导范式。这一模式的优点是，它能够直截了当地说明危机的必然性甚至崩溃的必然性，满足高涨的革命热情对于革命理论的迫切需求。缺点则在于，它使马克思危机理论丧失了理论视野的宏大性、复杂性和开放性。通过假设排除其他因素的影响对于社会科学的研究来讲极具危险性。选取哪些因素，排除哪些因素，都是主观意味浓厚的个人选择。这是导致马克思主义危机和周期理论在早期发展阶段流派纷呈、争论不断的一个主要原因，也使得理论结构僵化，无法为不断发展的现实提供有说服力的解释。20世纪70年代以后，这一倾向开始扭转，单因素的危机理论日渐式微，多因素、多层次的理论范式开始回归，马克思危机理论曾经具有的宏大视野正在复兴。在世界体系的马克思主义中，一种以历史资本主义整体为研究对象、借鉴年鉴学派长时段、大范围的研究方法为特征的危机和周期理论将这一趋势推向极致。

"我们的理论是发展着的理论，而不是必须背得烂熟并机械地加以重复的教条。"[①] 重温恩格斯在一个多世纪前的这段话，目的在于再次提醒什么才是对待马克思危机和周期理论的正确态度。是固守经典作家们在多年前依据当时历史条件所得出的具体结论，还是坚持从方法论的高度把握其理论的方法和立场；是从丰富、复杂、多元和开放的马克思危机和周期理论中择其一点做单向度，甚至极端化的阐发，让现实屈从于理论，还是在承认问题本身复杂性的基础之上，整体地把握，小心地求证；是打着创新的旗号，有意或无意地对马克思危机和周期理论的诸多范畴做非马克思主义的误读，以实现和"主流经济学"的接轨，消解马克思主义的批判力，还是在坚持马克思危机和周期理论的理论内核、批判立场的基础上，与时俱进地发展这一理论，答案是不言自明的。在马克思之后的一百多年时间里，马克思主义的危机理论总体上做到了与时俱进，形成了诸多的流派、经历了多次的论争高潮，但至今为止，马克思主义的危机理论依然是一个发展的而非完成的理论。因此，在接下来将要展开的对马克思主义危机和周期理论史的梳理也就不仅仅具有思想史和理论史的意义，我们更希望从中发现这一理论体系演变与发展的线索，对各种"子范式"如何发生、互动和融合进行整体的把握，使得我们将要展开的对历史资本主义的危机、周期及其历史限度的分析具有深厚的理论支撑和历史之根。

---

① 《马克思恩格斯选集》第4卷，北京：人民出版社，1995年版，第681页。

二、马克思主义危机和周期理论史

本书的目的，不在于系统研究马克思主义危机和周期理论的发展史，而在于通过对马克思主义危机理论的发展和演变的回顾，把握这种变化的时代特征，并与历史资本主义（或资本主义世界体系）的发展变化联系起来，回答当代资本主义何去何从的问题。因此，它既非思想史的研究，也非单纯的史论研究，而是渗透着强烈的问题意识和现实关怀，但它又必须以思想史和史论为前提。因为我们体认到，只有对一个理论体系的整体有了透彻了解，才能找到坚实的理论基础，才能寻找到理论创新的基点。以下就是本书对马克思（主义）危机和周期理论的梳理，它构成我们对马克思（主义）危机和周期理论的理解，在此基础上我们选定了整篇文章得以展开的理论基础。[①]

1. 马克思主义危机和周期理论问题域的转换

"对经济危机必然性的证明，构成了马克思主义危机理论最为明显的范式特征。"[②] 以对危机必然性的说明来探求资本主义世界体系的历史过渡性和历史局限则是马克思主义危机和周期理论所有流派最终的目标。但在如何实现这一目标上，则经历了漫长的演变过程，并突出地体现在理论问题域的转换上。

资产阶级经济学力图证明资本主义制度的永恒性、完美性，即使在不得不面对频繁的经济危机时，所使用的也是"经济周期"这一更显中性的概念，并将导致危机的根源归结为一些偶然的因素，对于均衡增长路径的探求始终是其主流。马克思主义的危机理论则不同，在马克思看来，危机是资本主义在其制度框架内永远无法克服的痼疾，"危机永远只是现有矛盾的暂时的暴力

[①] 杨健生的《经济危机理论的演变》一书，对马克思主义危机理论史的发展演变做了详细的考察，本书此处的归纳对之多有借鉴。
[②] 杨健生：《经济危机理论的演变》，北京：中国经济出版社，2008年版，第31页。

的解决，永远只是使已经破坏的平衡得到瞬间恢复的暴力的爆发"①，克服危机的办法不过是"准备更全面、更猛烈的危机的办法，不过是使防止危机的手段越来越少的办法"②。从马克思多处类似的表述中，后继者们获得了对于资本主义终将逃不脱崩溃命运的理解，危机与资本主义的历史命运这一重大历史命题引人注目地联系在了一起。在如何说明这种联系的时候，马克思主义经济危机理论的发展并非沿着简单的线性方向发展，而是经历了几个关键性的转换过程：问题域的转换、核心范畴的转换和理论组织方法的转换。

所谓马克思主义危机理论的问题域，也即这一理论要回答什么、证明什么，它的研究对象是什么的问题。"通过对经济下降趋势的分析寻找资本主义的命运极限，始终是马克思主义经济危机理论的重心所在。"③ 如何说明这种极限，在马克思主义经济危机理论史上经历了问题域的重大转换，即从关注建立在周期性经济危机基础上的崩溃论转向对长期性停滞趋势的考察，在时间上通常以1940年为界。1940年之前，构成阿特韦尔和杨健生所谓的马克思主义危机理论发展的早期阶段，1940年之后，则称为现代阶段。

在马克思本人的危机理论中，既涉及对为期约10年的周期性危机的论述，又涉及对资本积累长期趋势的分析，并最终服务于对资本主义历史命运的考察。但在马克思之后和1940年前这个理论发展的早期阶段，危机—革命、资本主义—社会主义这两对二元命题支配了危机理论的发展，并在理论上突出地以崩溃论的形式表现出来。

考茨基在1892年的《爱尔福特纲领解说》中乐观地表达了资本主义行将崩溃的思想："资本主义社会已经日薄西山，生命垂危。它的崩溃只是时间的问题而已。不可抗拒的经济发展，自然而然地导致资本主义生产方式的垮台。取代现存社会形式的新社会形式的建立，现在已经不仅是一种可以指望的事情而且是不可避免的事情了。"④ 从行文来看，考茨基确有认为资本主义将在一次灾变中毁灭的观点。但整体地看，考茨基对于资本主义命运的分析涉及非常复杂的多方面问题，既涉及资本积累的长期趋势，又与周期性危机、慢性生产过剩相联系，阶级斗争、技术因素与利润率下降等都在其考虑的范畴

---

① 《马克思恩格斯全集》第25卷，北京：人民出版社，1974年版，第999页。
② 《马克思恩格斯全集》第1卷，北京：人民出版社，1995年版，第274页。
③ 杨健生：《经济危机理论的演变》，北京：中国经济出版社，2008年版，第30页。
④ [德] 考茨基：《爱尔福特纲领解说》，陈多野译，北京：三联书店，1963年版，第107页。

之内。考茨基谨小慎微地回避做出任何明确的判断，尤其是回避周期性经济危机对于资本主义最终局限的意义，从而为伯恩斯坦的修正主义进攻打开了方便之门。在其后卢森堡对伯恩斯坦的反击中，一种机械化的建立在消费不足论基础上的崩溃论被确认下来，并影响了此后很长一段时间的理论建构。

伯恩施坦在方法论上把马克思唯物主义的历史观歪曲为一种宿命论，一种机械决定的必然性。在考茨基看来，"崩溃论"不过是伯恩施坦杜撰并强加给马克思的。马克思关于资本主义丧钟就要敲响的预言，是对资本主义发展几百年历史的高度概括，必须当作一个历史的过程来理解，不是一蹴而就即可达到的。这种前景的到来是不可避免的，是必然的，但它们到来时所采取的形式和速度，以及在这一过程中可能遇到的挫折却是不可预料的。卢森堡对伯恩施坦进行批判的基本点，是承认和坚持伯恩施坦所"杜撰"的崩溃论，并将崩溃作为社会主义的前提，使危机与资本主义的灭亡和社会主义的前途紧紧地联系起来。

卢森堡反击伯恩施坦对危机理论发展的影响，使卢森堡沿着伯恩施坦的思路，把危机与崩溃的关系固定下来，成为早期马克思主义经济危机理论的一个模式。卢森堡对伯恩施坦进攻的反击，给危机理论规定了新的任务：在危机中寻求资本主义的极限，用崩溃论来证明资本主义危机的必然性和社会主义的必然到来。在这之后，卢森堡则致力于提出自己的消费不足论来完善其崩溃论的思想。

在马克思主义危机理论的早期发展阶段，虽然是为今天的学者所热烈讨论的危机理论子范式，从消费不足论、比例失调论、与一般利润率下降和资本积累相联系的危机理论等都已经获得了较为成熟的表达，但这一时期马克思主义经济危机理论最为重要的范式特征，仍然是"通过危机寻找资本主义的最终边界或极限"。这一目的规定了理论的结构必然是单一因素主导，即某种资本主义命运的决定性因素按照线性发展的过程发挥作用。同时，危机理论得出的激进结论与革命的意识形态和阶级斗争的严酷现实紧密联系起来。在这种情况下，简单明了的崩溃论成为正统范式也就不足为奇。卢森堡是这一范式的开创者，虽然她的理论遭到了严厉的批判，但绝大多数的批判都不过是在承认崩溃的基础上否定卢森堡对于崩溃原因的解释。从思想史的角度进行回顾，库诺夫、施密特、格罗斯曼、鲍威尔、斯威齐，还有大量的苏联学者都曾提出过不同的崩溃论模型，斯大林的资本主义总危机论也可归于其中。①

1940年后，伴随着资本主义历史上又一个"黄金时代"的来临，革命陷入低潮。危机理论创新的中心由德国、俄国（苏联）日渐转移到欧美，革命的危机理论让位于"激进政治学"，富于革命激情的论战性语言让位于规范的学术语言和模式，崩溃论逐渐淡出危机理论的中心，让位于对长期萧条和停滞的说明，长波理论、特长周期理论就在这样的背景下出场了。经济危机的理论的中心问题，按照克拉克的理解，已不再是探究灾难性的崩溃，而转向探究资本主义存在基础永久性的不稳定。②

2. 马克思主义危机和周期理论核心范畴的转换

与上述危机理论问题域的转换相联系的则是危机和周期理论核心范畴的转换。在马克思那里，对危机的说明几乎涉及了政治经济学的所有理论范畴：既涉及生产力与生产关系的矛盾、社会再生产各环节以及它们之间的关系、社会生产各部类间的比例关系，也包含对资本积累的动力和趋势、一般利润率下降趋势、资本有机构成提高的分析，还涉及劳资关系、阶级斗争、实体经济和虚拟经济、国家与市场等在危机与反危机中作用的考察。按照国内学者刘明远的理解，马克思的危机理论具有一般、特殊和个别这三个层次的划分。一般层次的危机理论也是最抽象的危机理论，它将危机视为"资产阶级经济的一切矛盾的表现，是资本主义各种矛盾充分展开后的结果，是资产阶级经济关系一切矛盾的现实综合和强制平衡；资本主义经济危机是一种经济关系的对立和统一的运动"③。在马克思之后，对危机抽象层次的分析逐步被对危机特殊和个别原因的探究所取代，并伴随危机理论问题域的转换出现了核心范畴的转换。

在马克思主义危机理论发展的早期阶段，与崩溃论相联系，危机理论主要从直接生产各环节以及它们之间的关系、社会生产各部类间的比例关系出

---

① 刘明远：《马克思主义经济危机和周期理论的结构与变迁》，北京：中国人民大学出版社，2009年版，第216-238页。
② 杨健生：《经济危机理论的演变》，北京：中国经济出版社，2008年版，第121页。
③ 刘明远：《马克思主义经济危机理论与当代现实》，北京：经济科学出版社，2009年版，第3页。

发来解释周期性经济危机的出现。对资本主义再生产过程的重视是其显著特征。卢森堡的消费不足论、杜冈和希法亭的比例失调论是其中的典型。虽然在这一阶段的末期，也曾出现过鲍威尔与人口增长相联系的积累危机论、格罗斯曼的与利润率下降相联系的危机理论等范式，但都并不占据主导地位。

在20世纪70年代之后，随着长期停滞问题日渐成为关注的焦点，占据马克思主义危机理论的核心范畴也就渐渐变成了一般利润率下降趋势，资本积累等长期变量，长波理论异军突起。格罗斯曼在早期阶段的重大理论创新终于在时隔多年之后再次被人想起。如果说在20世纪40年代到70年代之间，斯威齐的消费不足论还多少带有上一阶段的范式特征的话，那么在20世纪70年代之后，这一传统已确凿无疑地被新的传统所取代了。

马克思主义危机理论核心范畴转换的另一个重要方面是，一些非马克思主义的理论范畴逐步地被吸收到体系中来，尤其是在20世纪70年代以后，大量西方经济学的理论范畴，甚至是非经济学范畴的概念被大量引入。哈贝马斯、奥康纳、福斯特、布伦纳等人对危机理论的发展都是其代表。

3. 马克思主义危机和周期理论组织方法的转换

在马克思主义的危机理论由早期向现代的转型过程中，最后一个重要的演变是理论组织方法的转换。它主要涉及在单因素论和多因素论之间如何取舍；在多因素论内部，还涉及各种解释因素的地位问题。

在理论发展的早期阶段，单因素论因为对危机必然性的说明直截了当，因果关系也简单明了，更加切合革命的需要，因而一直占据主导地位。但危机现象是复杂的，对某一单一因素的片面强调必然意味着对其他因素的忽略，因而不免于成为片面之论的可能。对单一解释因素的选择也往往受到个人主观因素、理论偏好的影响。不同的作者从不同的因素出发所做出的解释相互矛盾的情况也大量存在，引发了理论史上一次又一次的论争高潮。在20世纪70年代之后，危机理论开始向着多因素论的方向发展，理论的视野更加开阔。在这种理论组织方法下，多重因果关系同时发挥作用，既有对强化危机趋势的说明，又能容纳下抵消危机趋势的分析，更适合于对70年代后"增长型危机"、长期萧条和危机非同期性等新现象的解释。多因素中所涉及的范畴也远远超越了经济范畴，政治因素、文化因素、生态因素等都被纳入，马克思主义的危机理论正在恢复曾经被遗忘的政治经济学传统，成为针对资本主义发展历史进程的综合性分析。

4. 对马克思主义危机和周期理论的一个简单总结

早期马克思主义经济危机和周期理论的发展动力，更多地来自革命斗争的需要和不同理论立场之间的争论，马克思主义现代经济危机和周期理论发展的动力，则更多地表现在所谓"例外"对理论范式的挑战上。马克思主义的经济危机和周期理论，从早期革命的理论武器，转变为现代时期的理论，成为适应时代环境变化的产物。这从上文分析的马克思主义危机和周期理论中的三个转型可以明显地反映出来。而从20世纪70年代开始，马克思主义的危机和周期理论又在很大程度上出现了向马克思早期理论传统的复归。自布伦纳之后，马克思主义危机理论的新发展，已经极大地扩展了研究的视域。世界体系的危机和周期理论、长波理论便在此种背景之下出场，当然对于长波理论而言，作为一个历史久远的理论传统，用重新登场来描述可能更为恰当。

从我们的观点来看，世界体系论不仅大大拓宽了马克思主义危机和周期理论的视野，而且代表了在体系层面对于理论的新综合。更重要的是，虽然这一体系主要致力于对长时段的探讨，但它没有舍弃对资本主义历史命运这一终极命题的追问，而是在创新中坚持了马克思主义的批判立场。在一个据认为已经是"告别革命"的年代里，世界体系论对马克思主义批判立场的坚守显得尤为可贵。

三、世界体系理论概观

1974年，沃勒斯坦《现代世界体系》第一卷的出版标志了作为当代西方马克思主义主要流派之一的世界体系理论的创立。作为一个影响巨大的学术流派，世界体系理论从多种理论体系中吸取营养——从方法论上对法国年鉴学派的继承，对耗散结构论复杂性和时间观念的运用，在理论结构上对依附论的吸收都是其表现。但最根本的一点还在于对马克思主义的坚持。因此，西方学者通常又将世界体系理论称为"新马克思主义"、"现代马克思主义"

或"历史导向的马克思主义"。① 在国内，曾枝盛先生在《20世纪末国外马克思主义纲要》一书中，明确地将世界体系论命名为"世界体系的马克思主义"，并概括了该理论在研究对象上对传统马克思主义的超越："这些'新马克思主义者'认为，资本主义体系不能孤立起来分析，而应放置于更广泛的世界的脉络中去考察。只有在这一脉络中，才能解释包括资本主义经济异常程度的增长和发展在内的最突出特征。"② 在此之后，梁树发、吴苑华等沿用了这一名称，在近年来国内的多部教材中，世界体系的马克思主义也作为马克思主义或国际政治经济学的一个重要流派得到介绍。③

自20世纪80年代中后期，世界体系论作为西方马克思主义的一个学派被介绍到国内学界以来，世界体系论相关作家，尤其是沃勒斯坦、弗兰克、阿瑞吉和阿明等人的著作有了诸多中译本问世，并引发了数次讨论的高潮。④ 然而总体上还是以译介为主，缺乏系统、深入的评价。直到2000年以后，情况始有改观。王正毅在其2000年出版的《世界体系论与中国》⑤一书中，较为全面地梳理了世界体系论兴起的根源。世界体系论的结构、方法及影响等诸方面，使得国内读者一窥世界体系论的全貌。江华在其博士论文基础上修订出版的《世界体系理论研究》则更深入地涉及对世界体系论理论源流、理论结构和方法论特征的系统梳理，多有发人深省之论。从笔者的阅读体验来讲，该书是国内不多的专门针对世界体系论研究的一

---

① Anthony Brewer：*Marxist Theories of Imperialism: A Critical Survey*，1980，P.129；Andrew C. Janos，*Politics and Paradigms: Changing Theories of Change in Social Science*，Stanford University Press，1986，P.76；George Reizer，*Sociological Theory*. Mc Graw Hill：1996，P.307. 近年来，国内学术界则通常直接使用"世界体系的马克思主义"这一提法。对于世界体系理论源流的详细介绍，可参阅江华著《世界体系理论研究》、王正毅著《世界体系与中国》以及香农（Thomas R.Shannon）的《世界体系观导论》。

② 曾枝盛：《20世纪末国外马克思主义纲要》，北京：中国人民大学出版社，1998年版，第234页。

③ 梁树发等：《冷战结束后国外马克思主义研究报告》，载俞可平等：《马克思主义研究论丛》，北京：中央编译出版社，2006年版；张宇、孟捷、卢荻：《高级政治经济学》，北京：中国人民出版社，2006年版；吴苑华：《世界体系的马克思主义研究》，重庆：重庆出版社，2011年版。

④ 江华：《世界体系理论研究》，上海：上海三联书店，2007年版，第3-5页。

⑤ 王正毅：《世界体系论与中国》，北京：商务印书馆，2000年版。

本力作。2011年，吴苑华的《世界体系的马克思主义研究》[①]则明确地将世界体系论作为马克思主义的一个流派进行解读，在研究方法上更像是比较研究，以经典马克思主义为参照，一方面分析世界体系论对马克思主义的继承、发展和创新，另一方面则指出了世界体系论对马克思主义的背离、曲解以及某些重要范畴的放弃。这三本著作较好地反映了国内学界对世界体系论看法的转变。在王正毅那里，世界体系论更多地是作为激进左派的一种理论而存在，它在国内之所以能激起强烈的反响，在于这一体系内在地契合了改革开放后国内理论界对于宏大叙事的偏好和新的理论范式的渴望，它与马克思主义的关系尚被视为一种不自觉的存在；在江华那里，世界体系论已经被明确地视为马克思主义史学流派之一。张广智就曾指出："可以将沃氏的世界体系理论列为西方马克思主义史学之一类，……沃勒斯坦的世界体系理论是众多的西方马克思主义或西方马克思主义史学的一个学派或一种类型。"[②] 到了吴苑华那里，世界体系论则代表了当代马克思主义发展中一种极有魅力和影响的思想倾向，直接以"世界体系的马克思主义"来命名了。

1. 世界体系理论的理论渊源

（1）世界体系理论的理论渊源

江华在其《世界体系理论研究》第一章中对世界体系理论的理论渊源做了系统深入的梳理，本书以之为基础，将世界体系理论的理论渊源、世界体系论（尤其是沃勒斯坦）对这些理论的继承与发展以表格的形式归纳如下。

[①] 吴苑华：《世界体系的马克思主义研究——以沃勒斯坦的学说为切入点》，重庆：重庆出版社，2011年版。
[②] 张广智：《范式与重建》，江华：《世界体系理论研究·序言》，上海：上海三联书店，2007年版，第3-4页。

表 2-1 世界体系论的理论渊源

理论渊源	具体理论结构	继承与发展
经典马克思主义	马克思的资本积累理论	将资本积累确定为推动世界体系发展的根本动力；修正了马克思的阶级斗争观点，代之以反体系运动和体系内的两极分化。
	卢森堡的"第三"市场理论	具有原始积累性质的资本积累贯穿于资本主义的始终；资本主义在空间维度的扩张（帝国主义的空间维度）。
	列宁和布哈林的帝国主义论	资本主义在时间维度的演进（帝国主义的时间维度）。
年鉴学派	跨学科的研究方法	以布罗代尔的跨学科方法为基础提出一体化的研究方法。
	大范围长时段的分析方法	将资本主义的世界体系视为一个整体，采用大范围长时段的研究方法；特长周期、霸权周期（沃勒斯坦）、体系积累周期（阿瑞吉）；5000年世界体系（弗兰克等）。
	布罗代尔对资本主义的重新定义	坚持了布罗代尔对社会所做的三层结构划分；坚持了布罗代尔对资本主义所做的非传统定义，这一点尤其鲜明地体现在阿瑞吉的体系积累周期理论中。
耗散结构论	普里高津的时间结构层次论	吸收耗散结构论的时间观念，将资本主义世界体系视为历史体系，削弱了单线进化的历史阶段论的影响。
	复杂性研究	将世界体系视为一个复杂系统，引入混沌理论、突变理论（尤其在阿瑞吉的体系积累周期理论中）。
	世界的返魅	强调世界体系发展的不确定性和主体对于客观历史进程的参与（主体在场）。
依附论等发展理论	普雷维什的"中心—边缘"结构	扩展为"中心—半边缘—边缘"结构
	A.伊曼纽尔的不平等交换	与劳动分工相结合，从不平等交换角度解释体系内剩余的转移。

在此问题上，江华以及本书归纳的一个显著特点是明确地将耗散结构论总结为世界体系论的一个理论渊源。王正毅在《世界体系论与中国》一书的第一部分分析了世界体系论的社会现实起源、学术思想起源和分析方法起源。他对世界体系理论学术起源和分析方法起源的分析类似于本书对理论渊源的考察，不同的是王文谈到了熊彼特的创造性毁灭、康德拉季耶夫的长波理论、波拉尼"嵌入"概念的影响，可作为研究的参考。但王正毅没有过多涉及耗散结构对世界体系论方法论影响的分析。我们认为，耗散结构论，尤其是混沌和突变理论的引入，对于世界体系论在解释资本主义世界体系的秩序由混

乱走向治理、其长期历史趋势、资本主义与社会主义的命运等问题都具有关键影响。如果不清楚这一方法论基础，在面对它对资本主义世界体系的历史发展趋势所做的动态结论时，便不免于做出偏颇的评价，得出世界体系论背叛了历史唯物主义的简单结论。在此，我们专门就耗散结构论对世界体系理论的影响展开稍微具体的分析。

（2）耗散结构论对世界体系论的影响

普里高津系统地提出了耗散结构论，从而将系统论由静态结构发展为动态结构，并产生了以自组织理论为标志的新科学理论。虽然耗散结构论在本质上更接近于自然科学，但普里高津的研究深刻地影响了社会科学。"伊·普里高津和他所谓'布鲁塞尔学派'中的同事们的工作可能很好地代表了下一次科学革命，因为他们的工作不仅与自然，而且甚至与社会本身开始了新的对话。"[1]沃勒斯坦极为推崇普里高津的耗散结构论，二人同时还是学术上的紧密合作者，同为古本根基金会的成员，致力于重建社会科学的学科体系。

耗散结构时间对世界体系的影响。普里高津区分了三种时间度量：第一，力学中可逆的时间。这一观念在很大程度上支配着自然科学的研究，在自然科学的研究中，时间成为一个可有可无的度量，事件可以不断地重现。动力学时间也被普里高津定义为"第一时间/外部时间"。第二，热力学中不可逆的时间。传统社会科学的时间观念多受此影响，不过其含义却发生了逆转。热力学的时间受热力学第二定律的支配，认为孤立系统由秩序走向混乱是一个不可逆的过程，但传统社会学则坚信一种按照时间链条展开的进步性，就此而言，马克思主义是这样，西方现代化理论同样如此。"我们所看到的两种文化的对立很大程度上源自经典科学的没有时间的观点与大多数社会科学和人文科学中普遍存在的时间定向观点之间的冲突。"[2]第三，生物学与社会学中的耗散结构时间（或演化时间）。耗散结构时间与事物和历史演化息息相

---

[1] ［比］伊·普里高津、［法］伊·斯唐热：《从混沌到有序——人与自然的新对话》，曾庆宏、沈小峰译，上海：上海译文出版社，1987年版，第10页。

[2] 江华：《世界体系理论研究——以沃勒斯坦为中心》，上海：上海三联书店，2007年版，第35页。

关，适用于对自组织系统的分析。① 在这一层次上，时间与空间是不可分离的，系统按照时间维度演化，这种演化通过周期和趋势来表达，而空间则标志了系统演化的状态。就特定的时点而言，空间反映了体系静态的结构。沃勒斯坦将世界体系视为一个复杂的自组织系统，他对世界体系所做的分析实际上成为一种在时空中展开的分析，既要分析其结构（静态分析），更要分析其周期与趋势（动态分析）。

复杂性研究。耗散结构时间改变了我们对于历史单线进化和其进步性的信仰。复杂性、混沌理论、突变理论等得以进入社会科学和人文科学的视野，否定了长期以来建立在牛顿力学体系上，支配社会科学研究的机械决定论和历史目的论。普里高津指出："在远离平衡态的地方，一些新型的结构可自发地出现。在远离平衡的条件下，我们可能得到从无序、从热混沌到有序的转变。……我们把这些新的结构称为耗散结构，以强调耗散过程在这些结构的形成中所起的建设性作用。"② 在阿瑞吉针对霸权周期从危机走向崩溃，再建立新的霸权秩序的分析中，可以明显发现上述理论因素的影响；在传统马克思主义的危机和周期理论中曾一度占据主流的崩溃论实际上也有着浓厚的突变含义，只不过受限于时代背景，尚缺乏从这一角度对之进行的分析。站在这一角度，我们也才能理解沃勒斯坦与阿瑞吉等人对于资本主义世界体系的未来发展趋势与社会主义的前途所做的那些看似模棱两可的预测。这绝非学术上的投机取巧，也非对于历史唯物主义的不可饶恕的背叛，而是植根于对社会历史发展进程复杂性的深刻洞察。就对社会主义的信念和热望而言，沃勒斯坦和阿瑞吉可能比我们这个时代大多数自称为马克思主义者的人更能担当这一身份赋予它的分量，他们也始终对中国的实践给予厚望。

2. 世界体系及其结构

正如前文已经指出的，沃勒斯坦将资本主义世界体系视为一个复杂的自组织系统，他对世界体系所做的分析也就成为一种在时空中展开的分析，既

---

① 在普里高津的分类上，热力学时间和耗散结构时间（演化时间）称为"第二时间/内部时间"，它不是均匀流逝的，而是随机的、不可逆和复杂的。
② ［比］伊·普里高津、［法］伊·斯唐热：《从混沌到有序——人与自然的新对话》，曾庆宏、沈小峰译，上海：上海译文出版社，1987年版，第46页。

要分析其结构，更要分析其周期与趋势。

（1）现代世界体系的定义

虽然世界体系作为一个名词在国内外学术界已经变得流行，但作为一个术语，即使在世界体系理论内部也还未曾得到精确的定义。沃勒斯坦将世界体系视为一种历史形态，并有相应的生产方式与之对应。但他对生产方式的定义和经典马克思主义的生产方式存在明显的差异。在沃勒斯坦的分类中，人类历史经历了三种生产方式，并产生了三种与之对应的社会历史形态：①相互联系的（血缘的）生产方式与微型体系，这是一种业已消失的形态，并且不具有世界体系的意义；②再分配的（纳贡的）生产方式与世界帝国；③资本主义的（市场的）生产方式与世界经济体。世界帝国具有世界体系的意义，但它更多的是一个政治意义上的实体，以政治集权化为特征，政治权力强力介入经济生活，以暴力（贡品和赋税）和贸易中的垄断优势来保证对经济资源和经济剩余的控制。世界帝国作为经济统治的原始手段，看似强大，实则孱弱，尤其是当压迫和剥削引起反抗从而扩大了军事开支的时候，帝国便可能土崩瓦解。它并非一种有活力的世界经济体（world-economy）。世界帝国支撑下的远程和区域贸易以及复杂的内部分工极易被中断和瓦解。[①] 资本主义的世界体系（现代世界体系）[②] 在本质上则是一个经济实体。"它异于帝国、城邦和民族国家，因为它不是一个政治实体，而是一个经济实体。事实上它的范围（很难说是边界）囊括了帝国、城邦和正在出现的'民族国家'。它是一个'世界'体系，并非由于它囊括了整个世界，而是由于它大于任何从法律上定义的政治单位。它还是一个'世界经济体'，因为这个体系各个部分之间的基本联系是经济的，尽管这种联系在某种程度上是由文化联系而加强的，并且最终由政治安排甚至联盟结构加强的。"[③]

沃勒斯坦的上述表述使得我们能够获得关于现代世界体系定义的关键内

---

① ［美］伊曼纽尔·沃勒斯坦：《现代世界体系》第1卷，罗荣渠等译，北京：高等教育出版社，1998年版，第12-13页。
② 在沃勒斯坦的著作中，现代世界体系就是资本主义世界体系，二者常常不加区分地使用，有时还使用历史资本主义的表述方式。在本书中我们也采取这种处理方法，赋予现代世界体系与资本主义世界体系同样的意义，同时为行文方便，有时也使用历史资本主义的表述。
③ ［美］伊曼纽尔·沃勒斯坦：《现代世界体系》第1卷，罗荣渠等译，北京：高等教育出版社，1998年版，第12页。

核：它的实质，它的结构。再结合世界体系理论诸重要作家，尤其是沃勒斯坦和阿瑞吉对现代世界体系发展动力、它作为一种历史形态而展开的周期与趋势的分析，本书将现代世界体系定义如下：

现代世界体系（资本主义世界体系）是一个以资本积累为根本动力，以资本主义生产方式为绝对主导的生产方式，在其上允许不同的政治和文明亚体系存在，通过建立"中心—半边缘—边缘"的等级结构进行剥削和剥夺的历史体系；在其历史限度内，以体系积累周期和霸权周期为其节律，但最终走向瓦解的历史体系。[①]

需要说明的是，这不是一个执著于沃勒斯坦的具体文本而得出的定义，但我们认为它更好地体现了世界体系理论的精神。在定义中，包含了对资本主义世界体系发展动力（资本积累）、本质（剥削和剥夺）、结构（秩序性结构：中心—半边缘—边缘；亚体系结构：经济—政治—文明）、周期（体系积累周期和霸权周期）和长期趋势（瓦解）等关键要素。尤需说明的是，在上述定义中，我们吸收了阿瑞吉体系积累周期理论而放弃了沃勒斯坦的特长周期，至于其原因在下文中将有说明。

（2）现代世界体系的结构

现代世界体系在历史（时间）—空间维度展开其演化历程。空间扩张标志了系统演化的状态，就特定的时点而言，它反映了体系静态的结构。周期和趋势则表达了演化的节律和发展的走向。从系统论的观点来看，结构决定功能。将这一原理运用于现代世界体系的分析，便意味着要分析体系内特定的结构安排如何服务于资本积累这一目的；在达成这一目的的过程中，又如

---

① 国内学者王正毅、江华、吴苑华等先后对（现代）世界体系做了归纳。王正毅的定义为：世界体系是一个实体，这个实体具有单一的劳动分工和多元文化。在其后对世界体系的三个假设和六个特征的分析中部分涉及了我们定义中的内容。（参见王正毅：《世界体系论与中国》，北京：商务印书馆，2000年版，第72—75页。）江华没有提出自己的现代世界体系概念，而是援引了沃勒斯坦《现代世界体系》第1卷第12页中的那段表述，强调了这一体系在经济上是单一的资本主义和政治上的多元化。（参见江华：《世界体系理论研究》，上海：上海三联书店，2008年版，第71—77页。）吴苑华认为"世界体系是指外在一致而内在迥异且被制度化的整体"，资本主义世界经济体系"不是一个纯粹的经济要素构成的经济体，而是由多重'亚体系'构成的，包括亚经济体系、亚国家间体系和亚文明体系。其中亚经济体系是世界体系的基础，而世界体系也是历史体系或社会体系"。（参见吴苑华：《世界体系的马克思主义研究——以沃勒斯坦的学说为切入点》，重庆：重庆出版社，2011年版，第77页。）

何体现为体系的周期性变化和长期发展趋势；也意味着在对现代资本主义的发展历程做动态考察之前，对于其静态结构的把握成为一个前置条件。这正是本部分分析展开的路径。

"资本主义世界体系是由中心—边缘关系支配的世界经济体和国家体系框架内的主权国家组成的政治机构所构成。"① 从这一表述出发，江华将世界体系的结构总结为经济结构和政治结构两个主要方面。② 这也是我们考察历史资本主义发展历程的两个重点（参见导论对此的说明），因此沿用了这一划分。

现代世界体系的经济结构：中心—半边缘—边缘结构

① 理论来源

沃勒斯坦中心—半边缘—边缘结构的提出明显地受到了卢森堡"第三市场"、帝国主义理论的启发，依附理论中的"中心—外围"结构（或核心—外围、中心—卫星结构）则是其理论先声。

卢森堡和列宁都对马克思主义的帝国主义理论做出了巨大的贡献[3]，但二人对马克思思想的继承却并非是直线式的。卢森堡的理论建立在对马克思资本积累理论的批评和修正之上，而列宁则在批评卢森堡理论的基础上发展马克思的理论，二人在理论观点上存在着很多不一致甚至冲突的地方。对于这种差别不能用非正即误的二分法来进行简单地评估。卢森堡和列宁的理论观点都是对他们各自所处时代所面临的历史课题进行深入思考的结果，他们之

---

① ［美］伊曼纽尔·沃勒斯坦：《现代世界体系》第一卷，罗荣渠等译，北京：高等教育出版社，1998年版，第28页。
② 吴苑华通过对沃勒斯坦相关著作的整理，将现代世界体系的结构归结为四个方面：秩序性结构（中心—半边缘—边缘）、亚体系结构（经济—政治—文化）、过程性结构（产生—发展—衰退）和成分性结构（公民—种族—民族—阶级—国家）。参见吴苑华：《世界体系的马克思主义研究》，重庆：重庆出版社，2011年版，第80-85页。
③ 国内有学者认为，传统帝国主义论主要有两种范式：霍布森—列宁范式和熊彼特范式。前者认为帝国主义是资本主义的高级阶段，后者坚持帝国主义自古有之，与资本主义没有必然关系。而沃勒斯坦在批评上述两种范式的基础上提出的帝国主义范式实际上是对霍布森—列宁范式的变体，从而将帝国主义由资本主义的一个阶段引申为一个方面，成为一种政策。参见周莹：《三种范式还是一种范式——评沃勒斯坦对帝国主义理论范式的批评与重构》，《社会科学战线》，2004年第6期。在周莹的视野中，没有涉及卢森堡帝国主义论不能不说是一个关键性的缺失。从世界体系的结构上看，沃勒斯坦受卢森堡帝国主义论的影响可能更甚于列宁的帝国主义论。陈其人先生认为，卢森堡是第一位提出世界体系概念的人。

间的理论联系和差别生动地展现了马克思主义从 19 世纪到 20 世纪的历史演变。本书将卢森堡和列宁对马克思思想的发展视为马克思主义关于资本主义发展理论的两种取向，将前者称之为"空间取向的帝国主义论"，它首先由卢森堡的"第三市场"理论和帝国主义论发其肇端，后接依附论对发展理论展开的批判；后者以希法亭、布哈林和列宁的"帝国主义论"为代表，可称之为"时间取向的帝国主义论"。世界体系论综合了这两方面的分析，历史资本主义成为"具体的、有时间和空间界限的生产活动的统一体"。① 与卢森堡和列宁要么侧重于空间分析、要么侧重于时间分析的研究取向而言，世界体系论更好地回应和拓展了马克思的"世界历史"理论。

卢森堡认为在马克思的资本积累理论中存在一个明显的错误——一个剩余价值实现的问题。她指出，马克思的资本积累和再生产理论很好地解释了剩余价值的生产，但在剩余价值的实现上存在逻辑上的困境。她错误地认为，在马克思的再生产图式中，如果没有外部（非资本主义的）购买者，就不可能通过出售商品而相应地实现那部分用于积累的剩余价值。从这个错误的见解出发，她结论道：资本主义不能够以一种纯粹的形式存在，而必须要与非资本主义制度才能并存，"我们已经看到在资本主义社会内部我们不能发现那些体现剩余价值的积累部分的商品的任何买主"②。只有在资本主义的外部才能找到购买者，剩余价值只有与非资本主义世界之间的交易，即在"第三"市场才能实现。"所以从剩余价值的实现及不变资本要素的取得两方面来看，国际贸易，一开始就是资本主义历史存在的首要条件。因为国际贸易，在实际的情况下，基本上是资本主义生产形态与非资本主义生产形态之间的交易。"至于剩余价值的实现，"它的确是依存于非资本主义的消费者。因此，剩余价值的非资本主义购买者之存在，乃是资本及其积累的直接的生存条件"③。

从纯理论的角度看，卢森堡的观点存在很大的问题，但她对历史资本主

---

① ［美］伊曼纽尔·沃勒斯坦：《历史资本主义》，路爱国、丁浩金译，北京：社会科学文献出版社，1999 年版，第 5 页。
② ［德］罗莎·卢森堡：《资本积累论》，彭尘舜、吴纪先译，北京：读书·生活·新知三联书店，1959 年版，第 91 页。
③ ［德］罗莎·卢森堡：《资本积累论》，彭尘舜、吴纪先译，北京：读书·生活·新知三联书店，1959 年版，第 283–284 页。

义扩张性的分析却符合历史的事实。"虽然卢森堡错误地证明了资本主义必须要有一个非资本主义的环境，但她的确正确地强调说资本主义事实上出现和成长于这样一种环境之中。"① 卢森堡的上述分析对世界体系论的启示在于，她指出了作为一个体系存在的历史资本主义是一个形成着的——表现为资本主义不断的扩张，而非完成的体系，因而，它也是一个异质的而非同质的体系。② 后面的这一观点在依附论中得到了更多的发展——即使对那些已经或正在走上资本主义发展道路的后发国家而言，马克思曾经乐观的预言——"工业较发达的国家向工业较不发达的国家所显示的，只是后者未来的景象"③ 一次次落空了，取而代之的是依附论中"不发达的发展"——资本主义本身也是一个异质的存在。

卢森堡为自己树立了一个虚假的靶子，却做出了一个符合历史实际的结论，同时也极大地改变了在当时的研究中过分关注于发达资本主义国家的倾向，促使马克思主义者更多地去关注那些正被整合进资本主义体系的非资本主义社会，从资本主义与非资本主义之间的关系来考察资本主义体系的存续问题。卢森堡对于马克思主义研究空间和研究视域的拓展成为后来依附论与世界体系论思考的起点之一。沃勒斯坦明确地将卢森堡的"第三市场理论"视为其理论源头。在经过沃勒斯坦的创造性转化之后，卢森堡的"资本主义"与"非资本主义"都统一到了资本主义的世界体系中，在吸收依附论"中心—外围"结构的基础上发展为"中心—半边缘—边缘"结构。

半边缘区域的存在对于世界体系的稳定是至关重要的。它发挥着关键性的缓冲作用，避免中心地区和边缘地区间的直接对抗。"这些中间地区部分地使政治压力转移，否则那些主要是处于边缘地区的集团有可能直接反对中

---

① ［法］布迪厄：《马克思主义的帝国主义理论》，陆俊译，重庆：重庆出版社，2003年版，第66页。
② 与我们的看法恰恰相反，吴苑华认为卢森堡的世界体系是一个同质的世界，她看到了它的整体性而忽略了它的复杂性。（参见吴苑华：《世界体系的马克思主义研究——以沃勒斯坦的学说为切入点》，重庆：重庆出版社，2011年版，第86—87页。）卢森堡明确地将世界经济分为资本主义和非资本主义两部分，二者共同的容纳于同一体系之下，其动态则是前者对于后者不断的扩张。既然有此划分，那么我们很难明白为什么吴苑华先生会得出卢森堡的世界体系是一个同质化的世界。沃勒斯坦认同卢森堡的资本主义生产方式对非资本主义领域的扩张，但不赞同将世界经济分为资本主义和非资本主义两部分。
③《马克思恩格斯全集》第44卷，北京：人民出版社，2001年版，第8页。

国家和那些利用中心国家机器对国内操纵的集团。"①

②劳动分工与不平等交换

中心—半边缘—边缘结构的安排直接服务于资本积累。这一等级结构保证了经济剩余源源不断地向中心国家流动。中心国家以此为基础推动了资本主义在全球范围的扩张，同时也造成了全球范围的两极分化。在沃勒斯坦的理论体系中，这一结构的维系与如下两个关键词高度相关：劳动分工、不平等交换。

一个国家或区域在世界体系中的结构性地位由其在国际劳动分工中的地位体现出来。中心区域垄断了经济中最有效率、经济活动最复杂和资本积累水平最高的部分，从而生产出最先进和利润最高的商品——不仅仅是实物产品，而且包括各种虚拟产品。边缘地区则相反，在国际分工体系中集中于劳动密集型和资源密集型产品的生产，技术水平落后，产品附加值低。中心区产业发展日益多样化，引领产业发展的潮流，边缘区则陷于单一化和依附状态，半边缘地区则介于二者之间。

与这种劳动分工格局相联系的，则是各区域劳动控制方式的巨大差异。边缘地区的居民大部分从事强制性劳动，在历史上甚至出现过向封建主义和农奴制度倒退的历史时期；中心区劳动力则较为自由，通常采取雇佣制。

国际分工的充分发展使得国际贸易日趋繁荣，但世界体系内的交换却是一种不平等的交换，它保证了剩余价值能够源源不断地向中心区汇集，保证了中心区的资本积累。不平等交换是一种古老的实践，资本主义的创造性之处在于用形式上的平等掩盖了它实质上的不平等。

伊曼纽尔对不等价交换做了理论上的界定：边缘地区工人所得到的报酬远低于核心区工人所得报酬，所以，边缘区的低工资产品和来自核心区的高工资产品进行交换的过程本质上就是不等价的。交换的结果是，边缘区工人创造的剩余价值通过交换流入核心区高工资产品的生产商手中。伊曼纽尔主要用不同的工资率来解释不平等交换，世界体系论则进一步地联系权力集团的形成、国家的形成以及阶级斗争来解释边缘地区的被剥削和被剥夺。②

---

① ［美］伊曼纽尔·沃勒斯坦：《现代世界体系》第1卷，罗荣渠等译，北京：高等教育出版社，1998年版，第463页。
② 王正毅：《世界体系论与中国》，北京：商务印书馆，2000年版，第123-125页。

现代世界体系的政治结构：国家间体系与霸权。

在沃勒斯坦的理解中，现代世界体系尽管主要是一个"世界经济体"，因为这个体系各个部分之间的基本联系是经济的，但这种联系在某种程度上是由文化联系而加强的，并且最终是由政治安排甚至联盟结构加强的。[①]

回顾资本主义世界体系扩张的历史，这样的印象更加强烈。在弗兰克看来，迟至19世纪，资本主义对于东方尤其是中国的经济渗透都是极不成功的。黄宗智对于明清之际华北和长江三角洲的更为细致的分析也证明，英国纺织品在很长一段时间内都未能瓦解中国传统的家庭纺织业，相反却导致了小农经济进一步地向"过密化"的趋势发展。中华晚期帝国的经济脆弱如斯，却又坚固若此。直到炮舰政策登场，坚船利炮轰开帝国沉重的锁国之门，英国人才第一次找到了扭转中英贸易逆差的关键产品——鸦片，而非其自认为应该所向披靡的工业制成品。

对这一问题的理解，要求我们重新审视亚当·斯密赋予国家的职能。在布罗代尔看来，"资本主义只有与国家——真正意义上的国家——认同的时候，它才节节胜利"[②]。资本主义的完全形态要求它以"政治资本主义"的面目示人。在《漫长的20世纪》中，阿瑞吉通过对资本主义的资本逻辑——追求资本积累，与地主阶级（主权国家）的领土（政治）逻辑——追求领土扩张而展开的竞争与合作，尤其是在二者之间不断发生的"资本—权力交换"关系的说明深入地拓展了这一命题。资本主义世界体系的产生及其扩张，自始至终与现代国际体系的创立和国家霸权紧密地联系在一起。

沃勒斯坦旗帜鲜明地反对关于国家的两种看法：国家不干预经济活动和绝对主权。[③] 在沃勒斯坦看来，国家力量是推动资本积累的关键因素，自由贸易不过是一种意识形态策略，是霸权国家用政治手段扩大其海外市场和获得海外原料的手段而已。"没有政治作为后台，谁也不可能独揽经济，更不可能有驾驭市场的能力。为了对经济活动设置非经济的栅栏，为了让桀骜不驯的价格唯命是从，或为了保障非优先项目的采购，必须由某一政治权威施行

---

① ［美］伊曼纽尔·沃勒斯坦：《现代世界体系》第1卷，罗荣渠等译，北京：高等教育出版社，1998年版，第12页。
② ［意］杰奥瓦尼·阿瑞基：《漫长的20世纪》，姚乃强、严维明、韩振荣译，南京：江苏人民出版社，2001年版，第14页。
③ 江华：《世界体系理论研究》，上海：上海三联书店，2007年版，第87页。

强制。所谓没有国家为后盾或与国家作对的资本主义,纯属无稽之谈。"[1] 资本主义世界体系在经济层面的斗争必然在政治层面有所反映。斗争的结果便是现代国际体系的形成。阿瑞吉视 1648 年为一个关键的转折点,随着《威斯特伐利亚条约》的签订,一种新的世界统治体系得以出现,不仅标志着现代国家关系的诞生,也标志着作为世界体系的资本主义的开端。[2]

在这一体系之下,民族国家获得了表面的平等权利,但在实际上却从来不曾有任何一个国家享有完全的主权,主权总是受到国家间体系一系列规则的制约,其合法性也有赖于外界的承认。在国家间体系中,占据支配地位的是霸权国家。不同国家对霸权地位的争夺过程构成了霸权周期。

四、沃勒斯坦的周期和趋势理论

受年鉴学派长时段和大范围研究方法的影响,世界体系论极少关注为期约 10 年的经济周期,而更加重视世界经济发展的长波和特长周期——对沃勒斯坦而言是康德拉季耶夫周期和可能长达 200-300 年的特长(Logistics)周期,对阿瑞吉而言则是体系积累周期。特长周期和体系积累周期同时和霸权周期相配合,后者构成了世界体系的政治周期。

1. 沃勒斯坦的周期理论

(1)沃勒斯坦对康德拉季耶夫周期的运用

沃勒斯坦对康德拉季耶夫周期的分析反映了危机和周期理论在 20 世纪 70 年代以来的新发展趋势,与康德拉季耶夫主要用技术进步、市场规模扩大、价格涨落等解释长周期不同,沃勒斯坦将一般利润率和资本积累作为主要的考察指标,并将康德拉季耶夫建立的分析框架运用于世界体系范围,其

---

[1] [法]费尔南·布罗代尔:《资本主义论丛》,顾良、张慧君译,北京:中央编译出版社,1997 年版,第 36 页。
[2] [意]杰奥瓦尼·阿瑞基:《漫长的 20 世纪》,姚乃强、严维明、韩振荣译,南京:江苏人民出版社,2001 年版,第 53-54 页。

研究时限也做了大幅的扩展。沃勒斯坦等人具体研究了1559—1967年间现代世界体系中的康德拉季耶夫周期。

表2-2 沃勒斯坦的康德拉季耶夫周期划分

B阶段	A阶段	B阶段	A阶段
1559—1575年	1575—1590年	1798—1815年	1815—1850年
1590—1620年	1620—1650年	1850—1873年	1873—1897年
1650—1672年	1672—1700年	1897—1913/20年	1913/20—1945年
1700—1733/50年	1733/50—1798年	1967— ?	

说明：A阶段指周期中的上升阶段，B阶段指周期中的下降阶段。世界体系论者通常认为停滞先于扩张，并为扩张提供三个条件：为资本的集中提供机会；阶级斗争引起收入的重新分配扩大需求；在边缘地区产生了大批低工资工人。因此在表中，B阶段出现在前。

资料来源：转引自江华：《世界体系理论研究》，103页。

对于体系范围内康德拉季耶夫周期存在的原因，沃勒斯坦等人主要从四个方面进行解释：

① 全球范围内资本自我扩张条件的创造、增长以及相互之间的关系。在这一解释中，沃勒斯坦等人明显受到卢森堡思想的启发，指出原始积累不是仅仅发生于资本主义诞生的早期阶段，而是一个不断重复的过程，这一进程推动了资本主义的扩张。

② 体系范围内劳动分工的扩张与收缩。

③ 政治机器在干预资本主义世界经济运行时有效性的动态变化。

④ 停滞和扩张寓于矛盾的对立与统一中，经济衰退是经济复苏的必要条件，而经济扩张必然导致经济衰退。

（2）沃勒斯坦的特长周期

沃勒斯坦在康氏周期模型的主要变量：在生产、价格、资金供给的基础上增加人口和土地利用两个新的变量，进一步地将康德拉季耶夫周期扩展为特长周期的分析，并增加了一个新的阶段——T阶段（转型时期）来完善其分析。不过，在沃勒斯坦的理论中，特长周期是一个薄弱环节，他唯一比较确定的仅有一个特长周期。该周期横跨了"漫长的16世纪"和"充满危机的17世纪"，大致代表了资本主义世界体系确立的早期阶段。对于18世纪之后的特长周期，沃勒斯坦提供的仅是一个大致的时间框架。对于康氏周期与特长周期之间存在何种联系，沃勒斯坦尚缺乏明确的论述。

(3) 特长周期与霸权周期

沃勒斯坦将特长周期与一种世界范围内的新的经济制度的创新（如贸易方式、新的金融体制的出现）联系起来，而这种新的经济制度通常都由新崛起的中心强加于世界体系之中，借此新的体系中心就成长为霸权国家，特长周期便与霸权兴衰的周期联系在一起。

沃勒斯坦将霸权周期分为四个阶段，即霸权上升阶段—霸权胜利阶段—霸权成熟阶段—霸权衰退阶段。一个国家真正获得霸权的时间实际上是非常短暂的。

表2-3 沃勒斯坦的霸权周期划分

霸权	时期	周期
荷兰	1575–1590	上升阶段
	1590–1620	霸权胜利
	1620–1650	成熟阶段
	1650–1700	衰退阶段
英国	1798–1815	上升阶段
	1815–1850	霸权胜利
	1850–1873	成熟阶段
	1873–1897	衰退阶段
美国	1897–1913/1920	上升阶段
	1913/1920–1945	霸权胜利
	1945–1967	成熟阶段
	1967–？	衰退阶段

资料来源：Terrence K.Hopkins, Immanuel Wallerstein.World-System Analysis:Theory and Methodology.p.118.

2.沃勒斯坦的世界体系趋势理论

迄今为止的资本主义世界体系，尽管遭遇了诸多的挫折、动荡和危机，然而从总体来看，依然在沿着一条向上的路径展开。一百多年以前，卢森堡乐观地预言社会主义即将到来，列宁在一个与之相近的时代背景下告诉我们，资本主义已发展到它的最高（最后）阶段。在一百多年以后，资本主义还是一个绕不过去的巨大存在。雄辩的证明一个个成了哑炮。这些理论都过时了吗？看起来是这样的。但又未必，毕竟还有补救的可能。于是，在这个最高阶段里，后继者们又开列了若干的子阶段——私人垄断资本主义、国家垄断资本主义、金融垄断资本主义。这个开列就到此为止了，还是可以继续增添？资本主义的历史局限究竟在哪里，它是否有一个确定不移的继任者？对这一问题的回答，对任何一种理论而言都是高风险的，主流经济学选择了忽视和回避，但它却是马克思主义不得不面对的问题。就某种意义而言，这是它的历史使命。

世界体系的马克思主义关注了这一问题，分析了这一体系自诞生以来的长期发展趋势、它当下的危机、它可能的未来。它对资本主义世界体系历史发展趋势的洞察是深刻的，对其当下和未来的分析则是谨慎的。

（1）资本主义世界体系发展的历史趋势

扩张趋势。在沃勒斯坦看来，无止境的资本积累既是推动世界体系扩张的根本动力，也是扩张的目的。正是积累与扩张的相互促进，使得资本主义从中世纪末期的次体系萌芽扩张到今天的全球规模。从作为整体的世界体系的发展历史来看，这一扩张通过两种方式表现出来：广度和深度。前者意指资本主义世界体系在地理空间上的扩张。通过融入和边缘化，将非资本主义国家和地区纳入体系范围内。这一进程塑造了现代世界体系的中心—半边缘—边缘的经济结构，以及不平等的国家间关系。后者则意指资本主义生产关系向越来越多的社会生活层面延伸和渗透。[①]沃勒斯坦将之总结为五个相互关联的进程：商品化、机械化、契约化、相互依赖、两极分化。阿瑞吉则更加强调与体系积累周期相伴的积累体制的深入调整。在阿瑞吉看来，在热那亚周期和英国周期中，资本主义主要在"世界—帝国"型积累体制的推动下，着重于地理空间的扩张；在荷兰和美国周期，则在"国家-公司"型积累体制的推动下实现资本主义生产关系和生产过程的深度扩张。

两极化趋势。马克思曾预言："随着资产阶级的发展，随着贸易自由的实现和世界市场的建立，随着工业生产以及与之相适应的生活条件的趋于一致，各国人民之间的民族隔绝和对立日益消失了。"[②]在马克思之前的斯密那里，我们可以寻找到类似的表述；在马克思之后的列宁那里，我们还可以看

[①] 江华：《沃勒斯坦的资本积累评价》，《教学与研究》，2005年第4期。
[②] 《马克思恩格斯选集》第1卷，北京：人民出版社，1972年版，第270页。

到类似的表述,尽管后者一直都是资本主义(帝国主义)的激烈批判者,但坚信资本输出将加速不发达地区的发展。资本主义或许是一种"恶",却是一种最终指向进步的"恶"。这在很长一段时间内成为经典马克思主义的一种信条。到今天,西方现代化理论的热衷者依然可以举出若干的事例,其中日本是最杰出的代表,作为对此的证明。但从整体来看,世界不同地区间财富和权力的不平等的加剧才是这个时代最深刻的现实之一。理论和现实的巨大反差首先被依附论者发现并做了理论化的阐发,弗兰克关于资本主义造成不发达的主张是其典型,依附论的观点也主导了60—70年代马克思主义关于世界经济的思想。① 沃勒斯坦接过了这一思想。在经济上,从不平等交换关系入手,分析了剩余价值不断地从边缘、半边缘向中心输送,中心则利用这些剩余来加强对于这一不平等交换体系的控制,边缘地区陷于依附性发展的地位,其产业结构、劳动分工被核心国家控制或操纵,从而造成经济上的两极分化。此外,尚有政治上的不平等关系相配合,霸权主义、强权政治主导了国际政治关系,造成国家间政治权力的两极化趋势。

冲突趋势。两极化趋势的不断发展势必危及中心—半边缘—边缘结构和霸权结构的稳定,其结果便是造成体系范围内冲突加剧的趋势。在经典马克思主义中,这被表达为激烈的阶级斗争,世界体系论则通过反体系运动来表达,并认为反体系运动加剧了资本主义世界体系的结构性危机。沃勒斯坦的反体系运动主要包括社会运动和民族运动两大类型。"社会运动被认为首先是社会主义政党和工会的运动,它们似应在各国国内进行反对资产阶级/雇主的阶级斗争。民族运动被认为是争取建立一个民族国家的运动,其方式或者被认为属于同一民族的独立政治单位聚合在一起,或者被认为是从帝国和压迫该民族的国家中独立出来。"② 这两类正统的反体系运动,在20世纪70年代之前取得了显著的成果,大量民族国家得以独立,社会主义国家登上国际舞台,但几乎所有的正统反体系运动都仅仅实现了其长期战略的第一步,也即夺取国家政权,而第二步——改造世界的理想则基本落空了。它们已经"不是解决办法的一部分,而成为问题的一部分"。因此,从20世纪70年代

---

① [法]布迪厄:《马克思主义的帝国主义论》,陆俊译,重庆:重庆出版社,2003年版,第164页。
② [美]伊曼纽尔·沃勒斯坦:《反体系运动在今天意味着什么》,《世界经济与政治》,2003年第1期。

开始，反体系运动开始以新的面目出现，世界范围内的反霸权、反帝国主义、反全球化运动、生态运动、女权运动等日渐成为反体系运动的主流。反体系运动的主体也日渐由民族国家和政党等组织向次国家组织、宗教团体、社会大众转移。对于反体系运动的前景，沃勒斯坦并未做出直截了当的断言，但他强调当前的现代世界体系可能正处于一种结构性危机中，冲突在不断加剧，我们已经进入一个"变革时代"，也是一个既不确定、也不可能预知结局的时期。①

（2）资本主义世界体系发展的未来趋势

沃勒斯坦将资本主义世界体系视为一个历史体系，最终走向衰亡是其不可逃脱的历史宿命。就此而言，沃勒斯坦秉承了马克思主义的一贯传统。然而，在何种新的社会形态会最终取代资本主义世界体系这一点上，沃勒斯坦偏离了马克思主义，社会主义不再是唯一的可能。他提到了三种可能的前景：①新的封建主义，世界将分成细小的主权体，成为高度自足的地区和地域性等级形态；②民主法西斯主义，占人口五分之一的上层对完全无力反抗的劳动阶层进行统治和压迫；③社会主义世界政府，一种高度分散又高度平等的世界秩序，市场不再发挥作用，生产为使用价值而进行，实行平均分配，这是社会主义世界体系。②在世界体系理论中，这可能是最遭人诟病的结论之一，因为它偏离了马克思主义关于历史演进的路线图，其对偶然性和随机性的强调也偏离了马克思主义的"两个必然"，被认为是一种倒退。

要理解这样一种"倒退"何以发生，就需要重新回到世界体系论对耗散结构论的吸收上来。耗散结构论以复杂性、不稳定性、随机性和在远平衡态条件下的突变性标志耗散系统的特征，反对经典力学支配下的决定论。在所有的耗散系统中，人类社会可能是最复杂的一个。普里高津认为，系统演化是必然性与偶然性的统一。当系统处于平衡态时，系统朝着某种定态演化，是可以预期的；而当系统远离平衡态时，控制参量的涨落可能被放大，一旦达到一个临界阈值时，系统演化在时间上表现为突变性，空间上出现新的状态，新的秩序可能产生。临界阈值即分叉点，在分叉点上，系统的下一个状

---

① ［美］伊曼纽尔·沃勒斯坦：《反体系运动在今天意味着什么》，《世界经济与政治》，2003年第1期。
② 赵自勇：《资本主义与现代世界》，《史学理论研究》，1996年第4期。

态是无法确知的。①沃勒斯坦对资本主义未来发展趋势的分析毫无疑问是对普里高津这一理论的具体应用。在世界体系论中，从唯物史观出发的必然性与从耗散结构出发的随机性难解难分地交织在一起，成为产生混乱的一个根源。然而，我们并不认为这真的就是一个倒退，二者实际上是在不同的时间尺度上展开的讨论。传统马克思主义的历史演进规律以整个人类历史为对象展开，我们可以预知它必然发生，却永远无法为之制定一个时间表；而沃勒斯坦的上述分析关注的则是在系统处于分叉点这样一个高度不稳定状态下系统可能的演化方向，而非对于人类历史所做的整体性考察。实际上，在马克思主义传统中，除了有对"两个必然"的强调外，还有"两个绝不会"与之相配合——无论哪一个社会形态，在它所容纳的全部生产力发挥出来以前，是绝不会灭亡的。而新的更高的生产关系，在它的物质存在条件在旧社会形态的胎胞里成熟以前，是绝不会出现的。②马克思主义向来不否认在历史发展进程中会出现反复，甚至倒退，只不过世界体系理论更多地强调了这一点而已。

五、阿瑞吉——体系积累周期

在沃勒斯坦对资本主义世界体系的结构和演化的分析中，其周期理论相对而言是较为薄弱的一环。不管是他作为分析出发点的康德拉季耶夫周期，还是在此基础上发展起来的、时间跨度更长的"特长周期"，都存在一个极为致命的弱点。周期的存在在很大程度上仅仅被解释为一些表观变量，如价格、工资水平、投资、利率等变化的结果，"把资本主义生产方式描述成一个像自然运动规律那样的周期波动"③，在其中，"资本主义"完全成为一个可有可无的修饰语。虽然他也确实不遗余力地强调要对资本主义世界体系的发展做动态的理解；在其周期理论，尤其是霸权周期的分析中，也能看到对周期连续性、递进性与断裂性的分析。但从整体上，我们获得的更多感受还是：沃勒

---

① 江华：《世界体系理论研究》，上海：上海三联书店，2007年版，第42-43页。
② 《马克思恩格斯选集》第2卷，北京：人民出版社，1995年版，第232-233页。
③ 王其藩、李农：《中国经济与长波初探》，《复旦学报》（自然科学版），2003年第4期。

斯坦所构造的历史资本主义发展史看起来还是更多地具有循环论的意味。在周期波动的背后，这一制度所经历的诸多断裂、转型、积累方式的转变和调整都没有得到清晰的说明。在此方面，阿瑞吉的体系积累周期理论做出了更为深刻的贡献："在他关于资本主义长时段的持续考察中，从中世纪后期和近代早期的起源时代到现代，大概没有任何一位知识分子能对当前的危机做出比乔万尼·阿瑞吉更深刻的分析。"[1] 他最重要的学术著作——《漫长的20世纪》已被普遍认为是当代致力于世界资本主义长时段研究的扛鼎之作。在书中，阿瑞吉广泛地从斯密、波拉尼，尤其是从马克思和布罗代尔的思想中吸取营养，提炼出了他最重要的理论概念：资本主义体系积累周期，从而使得世界体系理论对历史资本主义的崛起和全面扩张有了一个逻辑一致和言之成理的解释，也使得我们能够将当下正在经历的危机置于深厚的历史背景之下，获得更加深刻的理解。

1. 资本主义体系积累周期的理论渊源

阿瑞吉的体系积累周期理论明显地受到布罗代尔和马克思经济思想的影响。前者对于资本主义的非传统看法，使得阿瑞吉获得了看待资本逻辑和政治逻辑相互关系的全新视角，"民族国家体系的创立和世界范围的资本主义体系的形成"从此有了紧密的逻辑联系，体系积累周期和霸权周期结合得更加紧密，从而极大地完善了沃勒斯坦的特长周期和霸权周期中缺失的一环。后者的资本积累理论则成为体系积累周期理论的逻辑出发点，但阿瑞吉对之进行了扩展。在阿瑞吉看来，"马克思关于资本的一般公式（MCM'）可以被解释为不光描述了单个资本主义投资的逻辑，而且也描述了作为世界制度的历史资本主义反复出现的格局。这种格局的中心方面是物质扩张时期（资本积累的 MC 阶段）与金融再生和扩张阶段（CM' 阶段）的交替更迭"[2]。两个阶段在一起构成一个完整的体系积累周期，历史资本主义藉此在全球范围内扩张，成为阿瑞吉分析世界规模的资本积累过程的基本单位。

---

[1] ［美］汤姆·雷弗：《乔万尼·阿瑞吉——资本的绘图师》，《国外理论动态》，2011 年版第 3 期。
[2] ［意］杰奥瓦尼·阿瑞基：《漫长的20世纪》，姚乃强、严维明、韩振荣译，南京：江苏人民出版社，2001 年版，第 7 页。

（1）布罗代尔的影响：重新定义资本主义

资本主义是一个得到广泛使用的术语，以至于其含义好像是不证自明的一般。其实不然，厉以宁曾在《资本主义的起源》一书中对经济学研究中的资本主义一词的常见定义进行了梳理，提出三种主要的解释：第一种解释，以建立在劳动者人身自由上的雇佣关系为判据，认为目的在于获取利润的私人雇佣关系就是资本主义；第二种解释，资本主义成为市场经济的同义语，把资本主义看作一种特殊的交易关系，即市场关系（市场经济）；第三种解释是马克思主义的观点，把资本主义视为一种特定的社会经济制度，从生产关系的角度展开分析，资本家占有生产资料，雇工进行生产，以追求剩余价值为目的，并在其上构筑与之相适应的上层建筑，从而与前资本主义的社会相区别。① 第一种解释的不足之处显而易见。第二种解释至今仍然在主流经济学范畴内具有很大影响，在西方学者眼中，中国、古巴、越南等国所进行的市场经济改革普遍被认为是资本主义的胜利。②

然而布罗代尔对此却有不同的看法，非但不同意将资本主义与市场经济画等号，反而认为资本主义在本质上是"反市场"的。布罗代尔将经济社会设想为一个划分为三层的经济结构：位于最下层的日常生活（物质生活）、位于中间层的市场经济和位于最上层的资本主义。

日常生活，至今为止依然是最宽的层面，是一种极其基本的、很大程度上自给自足的经济，市场交易的原则尚不能将之渗透。它将"积年累世的、非常古老并依然存活的往昔注入了当今的时代"③。这一领域至今还只在人类学和社会学领域获得有限的关注，还是一个"未入青史"的王国。在广阔的"物质生活"之上，才是市场经济的有利地带。交换经济铺展在巨大的生产领域和巨大的消费领域之间。发源于乡村的集市、店铺和商贩构成了市场经济的下层，它"划出了一条经济界限，标定出了一个下限。在市场之外的一切东西只有使用价值，进入了市场狭窄之门的一切东西便获得了交换价值"④。

---

① 厉以宁：《资本主义的起源》，北京：商务印书馆，2004年版，第1-5页。
② 续文利、李晓澜：《反"市场"的市场观》，《山西财经大学学报》，2003年第2期。
③ ［法］费尔南·布罗代尔：《资本主义的动力》，杨起译，北京：生活·读书·新知三联书店，1997年版，第5页。
④ ［法］费尔南·布罗代尔：《资本主义的动力》，杨起译，北京：生活·读书·新知三联书店，1997年版，第12页。

商品交易会和金融交易所则构成市场经济的上层，它们通常被大商人统治着。市场经济总的来看，是一个透明的、公正的领域，参与其中的人不过是获得"一贯有分寸的利润"。

然而，在这种公开和透明之外，在传统的公开市场（Public Market）身旁，私下市场（Private Market）日渐扩大其影响，后者在事实上是"反向市场"。① 这个市场不断地寻求挣脱传统市场的行为规则，它斩断了生产和消费之间的直接联系，市场经济的根本规律——竞争——大失其位，不平等交换盛行，交换链条被拉长。它们垄断了大宗远程贸易，获得丰厚的利润，积累起巨额资本。资本主义正在其间生长。这一市场中的成功者，避开了规则和惯常的控制，"成为君王的朋友，是国家的同盟者或者是不择手段利用国家的人"。他们倚仗着垄断或者必要的权势，击败竞争对手，最终成为雄踞在经济金字塔顶端的特权阶级。因此，在布罗代尔的概念中，资本主义因素是一个久远的存在，从其出现到扩张自始至终和国家权力结合在一起，并构成了市场经济的对立面。② "资本主义只有与国家——真正意义上的国家——认同的时候，它才节节胜利。"③ 在欧洲，它获得了这样的条件，各个国家不得不为流动资本而展开竞争，而流动资本则向这些国家强行规定了帮助其获取权力的条件，将资本主义与国家权力相结合，推动欧洲国家在世界各地征服领土，建成了威力巨大的、名副其实的资本主义世界经济。资本主义的因素通过和政治的结盟，最终俘获了政治，从而使自己转变为支配性力量，在1500年以后成为"世界历史的可怕塑造者"。

阿瑞吉几乎完全接受了布罗代尔的资本主义概念，他的体系积累周期关注的便是在特定的政府（政治逻辑）和企业（资本逻辑）的领导下资本主义世界经济反复出现的扩张和重组。这些扩张和重组具有明显的阶段性特征，构成一个又一个既表现出连续性，又存在断裂的体系积累周期。

将资本主义理解为一种垄断的、特权的和不透明的经济上层的观点，赋

---

① ［法］费尔南·布罗代尔：《资本主义的动力》，杨起译，北京：生活·读书·新知三联书店，1997年版，第35页。
② ［意］杰奥瓦尼·阿瑞基：《漫长的20世纪》，姚乃强、严维明、韩振荣译，南京：江苏人民出版社，2001年版，第12页。
③ Fernand Braudel, *After-through on Material civilization and Capitalism*, Baltimore, MD: Johns Hopkins University Press, 1977, P.645.

予了资本主义极大的灵活性和兼容性,这被布罗代尔确认为历史资本主义的一个基本特点。它与资本主义将越来越往专业化的方向发展的传统观点截然相反。对此,布罗代尔从三个方面进行了解释:①对于大资本而言,在它所能触及的范围内,没有任何一个行当有足够的油水可以将其全部的活动拢固,它意味着资本的兼容性;②高利润的投资机会不断地从一个部门向另外一个部门转移,为了获得这种高利润,资本主义必须保证投资的灵活性;③大商人的经营活动只有一种有时具有专业化的倾向,那就是金钱交易。①前两类活动主要集中在物质生产领域。当这两类活动占据主导时,意味着资本主义发展处于生产扩张的上升期。随着这一扩展达到当前体制的局限,在生产和贸易领域积累了大量过剩资本,此时继续向实体部门增加投资将不可避免地导致利润率趋向下降,这成为一个"危机信号"。资本主义继而专注于"金钱交易",它宣告了一个"金融扩张"时期的到来,借用布罗代尔那个著名的隐喻,它标志了"某种"资本主义已经发展到成熟阶段,是"秋天到来的一个迹象",虽然借由这种金融扩张,当前的积累中心还可能享有一段"美好时光",但其被取代已经注定。

布罗代尔的"某种资本主义"在阿瑞吉的理论中则成为"某一体系积累周期"。现代资本主义迄今为止已经经历了四次这样的周期。阿瑞吉以每一个体系积累周期的中心机构的所在地依次将之命名为第一(热那亚)周期、第二(荷兰)周期、第三(英国)周期和第四(美国)周期。每一个周期都由一个物质扩张阶段和金融扩张阶段所构成。因此,延续布罗代尔的看法,20世纪70年代以来的金融扩张并非是历史资本主义发展的一个新阶段,而是在历史资本主义的发展过程中不断重复的过程。将当前的资本主义定义为金融垄断资本主义,并认为是资本主义历史发展过程中的一个新阶段,实在是历史的短视。当然这并不否定当前的金融扩张已经出现了一些极其重要的变化,历史资本主义的发展趋势或许真到了一个决定性的转折关头。

(2) 马克思的影响:资本积累理论

虽然布罗代尔曾武断地声称,马克思实际上对资本主义一词的含义一无

---

① [法] 费尔南·布罗代尔:《资本主义的动力》,杨起译,北京:生活·读书·新知三联书店,1997年版,第40-41页。

所知[1]，但同时又坚持认为他的理论实际上更接近于马克思。这种接近通过阿瑞吉创造性的体系积累周期理论获得了逻辑上的联系。

阿瑞吉认为，马克思的资本积累理论，尤其是其资本的一般公式（MCM'）能够被很好地用于解释布罗代尔对于资本主义灵活性、兼容性和在特定时期总是倾向于金融扩张的论述。货币资本（M）代表流动性、灵活性和选择自由。生产资本（C）代表了以获取剩余价值为目的而投入特定的投入—产出组合的资本，货币资本一旦转化为生产资本，便意味着具体化、专业化、僵硬化以及选择的缩小和丧失。M'代表扩大了的流动性、灵活性和选择自由[2]，它是资本积累的结果，也是进行进一步资本积累的基础。

在这一过程中，从 M 到 C 的转化只是一种手段，是为获得更大的资本、更大的垄断性、更大的灵活性和选择自由的手段。一旦这一目的不能达成，资本就将转向更加灵活的投资形式，尤其是转向它的货币形式（MM'），进入金融扩张阶段，为已经过剩的资本寻找新的赢利机会。阿瑞吉进一步对马克思的资本积累公式做了发展，认为它不仅适用于对单个资本投资逻辑的分析，而且也描述了作为世界制度的历史资本主义反复出现的格局——不断重现的体系积累周期。周期总是由一个物质扩张时期（资本积累的 MCM' 阶段）与

---

[1] ［法］费尔南·布罗代尔：《资本主义论丛》，顾良、张慧君译，北京：中央编译出版社，1997年版，第85页。有关马克思是否明确定义和使用过资本主义这一术语，在中外学者中至今仍存在巨大争议。傅铿、李伯重等认同布罗代尔的看法，认为马克思没有使用过资本主义概念；黄仁宇则指出，说马克思从未使用这一名词，是从字眼上论断；许清江坚持认为马克思使用过资本主义一词并下过定义；卫兴华指出，在分析马克思是否使用过资本主义一词时，不能单从词性（作为形容词的"资本主义的"和作为名词的"资本主义"）上着眼，而应该从名实相符的涵义上进行考证，从这个意义上，马克思在19世纪60年代起就开始使用资本主义的概念。对此可参见蒲国良：《关于资本主义概念的讨论述评》，《当代世界与社会主义》，2004年第3期。

[2] ［意］杰奥瓦尼·阿瑞基：《漫长的20世纪》，姚乃强、严维明、韩振荣译，南京：江苏民出版社，2001年版，第6页。

金融再生和扩张阶段（MM'阶段）构成。① 它表明了世界规模的资本积累过程的基本持续性、断裂性与突变性。提出体系积累周期概念的主要目的，就是希望从阐明一个又一个周期的兴起、发展和衰退的全过程，发现其内在的机制，探寻历史资本主义的历史局限。

2. 资本主义体系积累周期

虽然体系积累周期主要受到布罗代尔思想的启发，但阿瑞吉放弃了布罗代尔和沃勒斯坦所看重的特长周期和康德拉季耶夫周期。原因在于，阿瑞吉认为这两个周期都是出自对经济统计数据，尤其是长期价格波动所做的经验分析，并不能反映资本主义的本质特征。"布罗代尔的百年一次的周期和资本主义的资本积累之间的联系，根本没有明确的逻辑基础或历史基础。"② 戈尔茨坦在综合长波研究的经验结论和理论根据时也发现，资本主义完全是一个可有可无的概念。③ 更具有反证意义的是，吉尔斯和弗兰克两人针对更长时间跨度的研究发现，周期节拍和百年一次的趋势已经存在了大约5000年，而不是通常所认为的500年。④ 体系积累周期能比百年一次的周期或康德拉季耶夫周期更加令人信服地说明现代世界体系中最具资本主义特色的东西，它是内在于资本主义无止境地追求资本积累过程中的现象。

作为一个分析性概念，阿瑞吉本人对体系积累周期并没有进行明确的界定，对于周期特征也没有集中的描述。本书则试图对体系积累周期概念进行

---

① 阿瑞吉在《漫长的20世纪》中，将物质扩张阶段表达为MC，金融扩张阶段表达为CM'。但我们认为这样的表述存在一些问题。从资本主义的生产目的来看，始终在于资本的增殖，不管是物质扩张，还是金融扩张，都始终是围着M'展开的，M'不应该被舍去。此外，对于金融扩张，它更多的是像马克思所论证的那样，是"钱生钱"，而非阿瑞吉所认为的是越来越多的货币资本从商品形式中"自我解放"出来，这种单纯的解放，不可能实现资本增值。因此，在本书中，我们用MCM'代表物质扩张阶段的资本积累过程，用MM'代表金融扩张阶段的资本积累过程。
② ［意］杰奥瓦尼·阿瑞基：《漫长的20世纪》，姚乃强、严维明、韩振荣译，南京：江苏民出版社，2001年版，第10页。
③ Joshua S.Goldstein. *Long Cycles: Prosperity and War in the Modern Age*, New Haven, CT: Yale University Press, 1988, P.258–274, 286.
④ Gills, Barry and Andre G.Frank, "World System Cycles, Crises, and Hegemonic Shifts, 1700BC to 1700AD". Review, VOL15,（4）, 1992, P.621–687.

简单的界定。在我们的理解中，体系积累周期被用于描述资本主义世界体系发展演变过程中的各个历史阶段。每一个周期都以资本积累为中心，建立相应的积累机制和体系秩序，由处于积累中心的政府和工商业机构组成的联盟所领导；该联盟主导着资本主义的积累进程，推动体系的扩张，并表现出明显的周期性特征。具体而言，体系积累周期具有如下几个特征：

第一，每一个周期都可分为两个明显的阶段，即一个物质扩张阶段和一个金融扩张阶段。

第二，生产扩张、贸易扩张（这构成阿瑞吉体系积累中期理论中的物质扩张）和金融扩张都是作为手段而存在，它们最终服务于资本积累的目的；在物质扩张阶段，资本积累主要通过剥削式积累的方式完成；在金融扩张阶段，剥夺式积累则占据主导地位。

第三，持续的物质扩张往往会迫使利润率（趋向）下降，从而削弱资本积累的基础。一旦恢复利润率的行动不能奏效，通常就会引发当前体系的"信号危机"；由此，物质扩张阶段向金融扩张阶段过渡。

第四，金融扩张能暂时缓解积累中心的危机，但由于其剥夺式积累的性质，它并不意味着危机的克服，而是加深了当前积累体系的危机。在金融扩张阶段的后期，它将引发当前体系积累周期的"临终危机"，导致当前周期的结束和体系秩序的崩溃。

第五，临终危机同时为下一周期的形成奠定了基础，新的积累中心、积累机制、体系秩序也在这一时期开始形成，从而为开启新的体系积累周期的物质扩张阶段做好准备。

（1）体系积累周期的特点

和其他周期理论比较，体系积累周期表现出自身独特的特点。

时间压缩。体系积累周期的内生性决定了它的周期节律并不服从一个人为划定的固定时间期限，而是随着资本主义活动强度的增加，呈现出明显加速的趋势。本书将之总结为体系积累周期的时间压缩倾向。

每个周期从共性上都将经历从兴起、全面扩张到被新的体系积累中心取代的过程。在图 2-1 中我们勾勒出了历史资本主义的时间曲线。每一周期都包括三个明确的阶段：开始和结束经历的两个金融扩张阶段，分别用 $S_{n-1}-T_{n-1}$ 和 S_n-T_n 表示，连接两个金融扩张阶段的是一个物质扩张阶段，从 T_{n-1} 到 S_n。作为起点的金融扩张通常由在上一周期中占据主导地位的国家及其经济机构所推动，这是一个矛盾激化、体系秩序趋于混乱的时期，大量资本已经在贸易和物质生产领域出现过剩，利润率下降到合理水平之下，大量过剩资本从贸易和物质生产领域退出转向货币交易和投机活动，从而开启一个金融扩张阶段。

作为这一阶段开始的标志，通常会爆发阿瑞吉所称的体系积累的"信号危机"，在图2-1中用S_{n-1}表示。说它是"危机"，是因为它通常伴随着贸易和生产领域的利润率下降，竞争变得越来越激烈，贸易和生产出现不同程度的萎缩，危机的危害性主要体现在实体经济领域；说它是"信号"，是因为大量过剩资本通过转向金融投资和投机，可以暂时遏止利润率下滑趋势的进一步发展，甚至在物质扩张的末期迎来一个难得的"美好时代"，现有的体系积累的主导机构能够从资本流向的转换中继续获得财富和权力，甚至通过让渡自身在实体经济上的影响力的方式而扩大其在金融市场上的垄断。这一危机仅仅只是预示了更为深刻的危机的到来，所以它被视为"信号"。

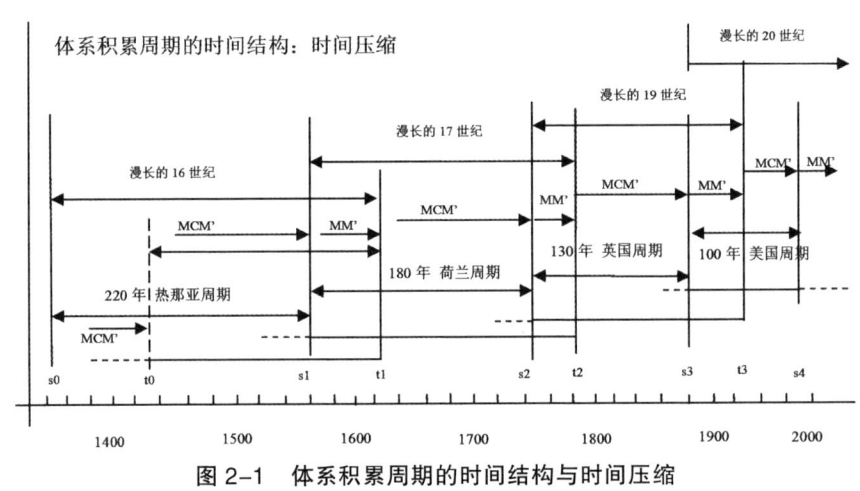

图 2-1　体系积累周期的时间结构与时间压缩

在经历一段或长或短的金融扩张之后，没有实体经济支撑的金融扩张最终无以为继，另一个关键时刻到来，当前体系的崩溃最终无法避免，体系积累周期迎来它的"临终危机"。它在图2-1中被标示为T_{n-1}。再次借用布罗代尔那个著名的隐喻，S_{n-1}到T_{n-1}这一阶段意味着特定周期的成熟阶段，"秋天"已经来临。然而，此处的秋天也孕育了别处的春天。新的积累体制在积蓄力量，从崩溃中重建新的积累体制，在新的积累中心及其机构的推动下将领导新一轮的物质扩张，体系本身的范围也大幅扩大，利润率开始恢复，资本积累在新的条件下重新获得动力。从整体来看，体系成员的多数——既包括在世界体系中处于不同等级的国家和地区，也包括社会分层中的多数阶层，都从中获得较多好处，两极化趋势和社会矛盾呈现缓解的趋势。

对于各周期具体的时间界限，阿瑞吉提供了两种计算的方法，第一种就是我们上面所论述的将两个金融扩张周期和一个物质扩张周期的时间进行加总。据此计算，热那亚周期约290年，荷兰周期约220年，英国周期约190年，在阿瑞吉写作《漫长的20世纪》时，美国周期尚在经历它的金融扩张阶段，其"临终危机"虽已经显现出若干端倪，但尚未真正到来。按照这种方法计算的周期将出现部分的重叠，而且对于哪一次才是真正的"临终危机"，也容易产生争议，因此阿瑞吉提供了第二种计算方法，直接用两次信号危机之间的时间间隔来计算。据此计算热那亚周期约220年，荷兰周期约180年，英国周期约130年，美国周期约100年。[1] 周期越来越短说明历史资本主义发展的节奏越来越快；危机的相对时间越来越长，而巩固和稳定的时间则越来越短，资本主义的危机并非如西方主流经济学所宣称的那样越来越缓和，而是越来越严重，其密度和强度都在加强。

空间扩张。与体系积累周期的"时间压缩"相对应的是其在"空间扩张"方面的明显倾向。我们用"空间扩张"一词来表达两个方面的含义：一个与体系的地理空间范围有关，每一个体系积累周期都将体系范围或体系的容量大大地向前推进，使得这一体系从最开始的地中海的城市国家体系发展成为今天的全球体系，它主要在热那亚体系和英国体制的推动下完成；另一重含义指的是这些体系的主要机构在规模和组织复杂程度上的不断增加，资本主义的复杂程度大幅增强，这主要在荷兰周期和美国周期中完成。注意到为这些机构提供场所的"权力容器"（即国家）从热那亚共和国经荷兰到英国再到美国的发展，我们可以获得对这一方面的概念的了解，但绝不仅止于此。这期间涉及的领土权力与资本权力的冲突与协调、国家和商业机构之间的融合与冲突、分工专业化与生产一体化等方面的复杂程度远远超过此处的勾勒，在此仅仅是做一个提示性的表述而已。

整体地看，在第一周期热那亚积累体制的影响下，主要由热那亚人资助，由伊比利亚人实施的大规模海外冒险活动使得历史资本主义"发现"了

---

[1] [意] 杰奥瓦尼·阿瑞基：《漫长的20世纪》，姚乃强、严维明、韩振荣译，南京：江苏人民出版社，2001年版，第268-269页。

世界；在第三周期英国体制的炮舰和殖民政策之下"征服"了世界。相反，在第二和第四周期，它们完成的是资本主义世界经济的空间整合而不是地理扩张任务。"在荷兰体制之下，主要由热那亚人的伊比利亚合伙人'发现'的世界被合并成一个以阿姆斯特丹为中心的商业集散地和合资特许公司体系。而在美国体制之下，主要由英国人本身'征服'的世界被合并成一个以美国为中心的国家市场和跨国公司体系。"①

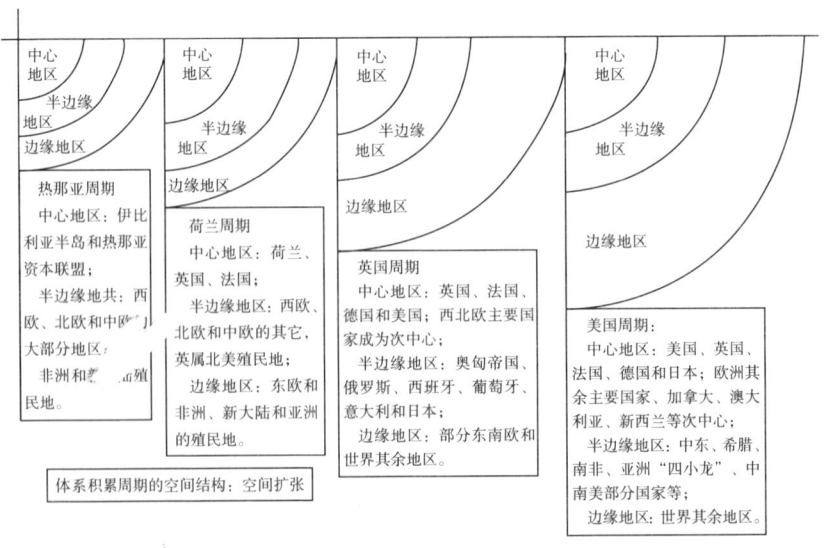

图 2-2　体系积累周期的空间结构与空间扩张

体系积累周期在时间上的压缩和在空间上的扩张既体现了资本主义力量的增强，也反映了其内在不稳定性的加剧。正如马克思的论断所指出，"资本主义生产的本身障碍是资本本身"，它所采取的不断克服这种障碍的办法，只能是"这些障碍在更大的规模上再次妨碍它的发展的办法"。

双向运动。图 2-1 按时间顺序展开，这可能给我们一种历史资本主义是在沿时间直线前进的误解。真实的情况是，历史资本主义的发展并不遵循机械进化论的路径，而体现出"演化"的特性。新的积累体制之胜出，当然意味着对旧的积累体制的超越，这是它向前迈出的一步。除了这向前的一步外，还有向后的一步，这意味着一种学习，学习的对象是前一种体制所替代的政

---

① ［意］杰奥瓦尼·阿瑞基：《漫长的20世纪》，姚乃强、严维明、韩振荣译，南京：江苏人民出版社，2001年版，第272页。

府和商业结构的战略和结构。"一种新的积累体制每向前跨出一步,就包含着恢复已被前一种体制所代替的政府和商业的战略和结构。"① 阿瑞吉将这总结为体系积累周期发展中特有的"双向运动"。

"双向运动"使得先前已被取代的积累战略和体制总是会以相似但更复杂的方式再次出现。通过对四次周期变迁的分析,阿瑞吉总结了两种主要的积累战略和体制:热那亚和英国领导的松散型体制——"世界—帝国"型组织,以及荷兰和美国领导下的密集型体制——"公司-国家"型组织。具体而言,荷兰体制更多地向被热那亚体制所取代的威尼斯体制那样行事,美国体制又更多地体现出荷兰体制的某些优点而非直接孕育它的英国体制;英国体制同样如此,通过一种新的、范围更大的和更加复杂的形式恢复了热那亚的国际资本主义和伊比利亚全球地主阶级的统治。不管如何,历史资本主义发展成为一种世界制度,始终"是以由政府和商业组织组成的更为强大的世界—帝国(或公司-国家)集团为基础的。这些组织具有扩大(或加深)资本主义世界经济的职能和空间范围的能力"。②

(2)美国周期及其走势

《漫长的20世纪》最初着眼于对20世纪70年代的世界经济危机的研究。在阿瑞吉看来,这次危机具有美国体系积累周期的"信号危机"的性质,从此开启了美国资本主导下的新一次金融扩张进程。按照作者最初的想法,研究至多只涉及对"漫长的20世纪"的分析,然而在写作中,作者发现"在解释有关当前危机的动因和未来可能产生的结果方面,对这一系列漫长世纪所做的比较分析,其收益可能更甚于单独对漫长的20世纪所做的深入分析"③。其结果是,对美国周期的分析,从篇幅来讲只占到全书内容的三分之一左右。然而,正是由于阿瑞吉将当今危机置于广阔的历史地理的视角之下,才使我们获得了更多穿透历史迷雾的洞见。

在《漫长的20世纪》的最后,阿瑞吉重新回到他最初设定的中心问题的讨论上来。在40多年以后(该书的创作始于20世纪70年代,出版于1994

---

① [意]杰奥瓦尼·阿瑞基:《漫长的20世纪》,姚乃强、严维明、韩振荣译,南京:江苏人民出版社,2001年版,第271页。
② [意]杰奥瓦尼·阿瑞基:《漫长的20世纪》,姚乃强、严维明、韩振荣译,南京:江苏人民出版社,2001年版,第272页。
③ [意]杰奥瓦尼·阿瑞基:《漫长的20世纪》,姚乃强、严维明、韩振荣译,南京:江苏人民出版社,2001年版,第2页。

年），阿瑞吉的分析经受住了时间的考验，依然发人深省。

阿瑞吉对当前危机的看法。在对历史上的三个体系积累周期进行理论分析的基础上，阿瑞吉提出了他对当前危机及其发展趋势的看法，结合他在《亚当·斯密在北京——21世纪的谱系》中的有关论述，我们将之总结如下：

第一，金融扩张是20世纪70年代以来世界经济的特征，然而它并不构成世界资本主义的新阶段，是资本主义自萌芽以来屡见不鲜的现象，也是我们已经身处霸权危机之中的明显标志。

第二，危机开启了新一轮金融扩张，它由美国所领导，其基础是一个起主导作用的政府和企业的综合体，并以自身庞大的军事力量和货币霸权为支撑，日益采用剥夺的方式进行积累，从而导致普遍的全球性问题。唯一存有疑问的不是这种金融扩张是否会崩溃，而是这种崩溃有多严重。

第三，当前的积累体制出现了一些异于以往的新变化：维持体系秩序的各种力量，尤其是政治—军事力量和经济—金融力量出现了明显的分离而非集中的趋势。这是有别于历次周期更迭的新现象。以美国为代表的欧美资本依然占据政治—军事上的优势，但经济—金融力量则日益向东亚集中。这种力量的分离有可能导致截然不同的世界秩序。

阿瑞吉对资本主义世界体系未来发展趋势的看法。力量的分离使得美国重建其世界霸权变得极为困难，但由于美国庞大的军事实力，它有更强的能力使正在衰落的霸权转变为剥削（剥夺）性的统治。如果这个体系最终崩溃，主要原因就在于美国抵制任何的适应和迁就。其结果就将是一个悲观的结局——全球性混乱。相反，如果美国选择适应和迁就正在崛起的东亚区域经济力量，我们可能面对如下两个可能：全球性的帝国主义，其基础是以美国为首的扩大的国家联盟；或者更乐观一些——以东亚的经济力量为基础的全球性秩序，在《亚当·斯密在北京——21世纪的谱系》中，阿瑞吉尝试性地将之命名为世界市场社会。

（3）体系积累周期理论的不足

阿瑞吉对资本主义数百年的扩张历史所做的深入且具有说服力的分析，为我们更好地理解这一体系的特征、性质和长期趋势提供了新的视角。然而他所创建的体系积累周期理论的缺陷仍然是明显的。这种缺陷主要表现在以下三个方面。

第一，阿瑞吉流于笼统地谈论资本积累。虽然阿瑞吉的资本积累理论具有深厚的马克思主义基础，但其理论体系更多地却是受主要作为历史学家的布罗代尔的启发。因此，在对资本积累的相关分析中，其深度和力度都出现了倒退。在涉及体系内跨国家的资本转移时，主要通过论证资本的"灵活性"和"兼容性"来解释，与沃勒斯坦的"中心—半边缘—边缘"三结构模型比较起来都稍显薄弱。阿瑞吉在处理物质扩张到金融扩张的转化时，更多的是用"突变"来解释，与资本积累高度相关的一般利润率下降规律虽然被提及，但始终未能得到系统地展开，也未能有效地和马克思主义对劳资关系、货币与信用关系的分析结合起来。

第二，阿瑞吉将研究的重点放在了国家间的霸权转移和商业企业因应霸权更迭而进行的重组和变革上。这样一种选择使得他能够在沃勒斯坦的霸权周期和他的体系积累周期间建立密切的联系，并将其分析延伸至政治—经济层面，但技术变革在其间所起的作用始终出人意料地被忽略了。由此导致的一个后果是，体系积累周期的理论框架无法和长波理论，尤其是与熊彼特开创的技术创新的长波理论相协调。[1] 毫无疑问，作为体系层面的霸权更迭、积累中心转移和微观层面的商业模式改组与技术革新之间存在着极为紧密的动态关系。一个更加完善的体系积累周期理论必然应将技术因素纳入模型中来。

第三，阿瑞吉更多地强调了金融扩张的剥夺性、寄生性，而对金融资本在某些方面的积极影响分析不够。在此方面门什（Gerhard Mensch）、佩雷斯（Carlota Preez）等新熊彼特学派的分析应该得到认真对待。

阿瑞吉的体系积累周期与其说是成熟的理论结构，毋宁说是一个杰出的理论框架。作为世界体系理论家族的"四人帮"成员之一，阿瑞吉的著作结构宏大，视野开阔而且行文流畅，然而在细节上、在技术上又有许多尚不完善、有待加强的地方。本书在后面的主要工作之一就是试图在这方面有所补救。正如在导论中所指出的那样，我们的工作将主要从政治经济学的角度展开，我们寄望于能在体系积累周期理论中增添一点新的东西，对于国内特别是经济学界关于世界体系的研究提供些微帮助。同时，亦希望在马克思主义的危机理论中能增添一点新的内容。

---

[1] 20世纪60年代末70年代初，长波研究复兴中形成了三个影响较大的长波理论派别，即由熊彼特开创的技术创新的长波理论、曼德尔构造的马克思主义长波理论及由戴维.戈登等提出的"社会积累结构"的长波理论。

第三章　历史资本主义的三大体系积累周期

莱恩认为："企业和政府脱钩的过程花了六个世纪时间。现代自由企业制度成为资本主义世界经济的主导结构，是这一过程的最新阶段。"[①] 政府不能干预经济，仅能充当"守夜人"的角色，至今这仍是主流经济学的基本信条之一。然而，我们认为，莱恩被事物的表象所误导了。他可能的确抓住了资本主义世界经济从中世纪演化到今天的表面趋势，却忽略了资本逻辑与政治逻辑在隐蔽的、更高层面的紧密结合。

在最初的阶段，资本权力扮演着配角，从属于政治逻辑。在第一体系积累周期中，热那亚资产阶级通过与伊比利亚半岛上的封建国家（葡萄牙和西班牙）建立政治交换关系，极力摆脱这种地位；在现代民族国家得以登上历史舞台之后，二者相得益彰，这在荷兰霸权和英国霸权统治阶段体现得淋漓尽致。前者是第一个资产阶级共和国，但仅仅具有准民族国家的身份，后者是一个典型的民族国家，但又更多地具有帝国的性质。荷兰霸权和英国霸权对国家力量的运用，服务于各自的资本积累战略；资本积累战略的成功反过来又起到加强和巩固霸权的作用。在此一时期，如其不能说资本逻辑已处于支配政治逻辑的地位，至少也已经平起平坐了。在接下来的美国周期里，资本逻辑将完成它的逆转，将政治逻辑置于从属的地位，国家臣服在资本之下。哈维在20世纪70年代危机之后重新启动的金融扩张中，敏锐地发现了这一点："在资本主义制度下，金融势力和国家权力之间始终保持着某种微妙的平衡，但福特主义—凯恩斯主义的垮台显然意味着民族国家向金融资本交权。"[②] 这并非哈维的标新立异故作惊人之语，这是历史资本主义500多年的

[①] ［意］杰奥瓦尼·阿瑞基：《漫长的20世纪》，姚乃强、严维明、韩振荣译，南京：江苏人民出版社，2001年版，第106页。

[②] David Harvey, *The Condition of Postmodernity: An Enquiry into the Origins of Culture Change*, Oxford: Basil Blackwell, 1989.

历程中，一直发生并正在发生的事情。

我们发现，虽然在对资本主义的定义上，秉承布罗代尔定义的阿瑞吉和马克思存在很大的差别，但在对资本主义的长期发展趋势上，却有更多的共同点。马克思和恩格斯曾写道："资产阶级的这种发展的每一个阶段，都伴随着相应的政治上的进展。它在封建主统治下是被压迫的等级，在公社里是武装的和自治的团体，在一些地方组成了独立的城市共和国，在另一些地方组成君主国的纳税的第三等级；后来，在工场手工业时期，它是等级君主国或专制君主国中同贵族抗衡的势力，而且是大君主国的主要基础；最后，从大工业和世界市场建立的时候起，它在现代的代议制国家里夺得了独占的政治统治。"①

这一过程并非一帆风顺，期间经历着动荡、危机和大规模的重组，它经由一个接一个的体系积累周期完成。在本书的余下部分，我们将概述历史资本主义的三大积累周期，它的不断重现和演变的模式、资本逻辑与政治逻辑的合作与冲突、商业机构的改组和重建是关注的重点。这样做的目的不在于对历史做事无巨细的描述，而是希图勾勒出历史资本主义发展的内在逻辑，更好地理解当前的危机和资本主义世界体系的历史局限。

一、资本的崛起与热那亚体系积累周期

按照布罗代尔对资本主义的定义，作为一种经济因素的资本主义存在的时间远远超过了作为体系存在的资本主义世界体系的历史。不仅在西欧，在中东、东亚和印度次大陆，"我们将到处找到真正的资本家、批发商、食利者，以及成千上万附属人员——中介人、经纪人、货币兑换商和银行家。至于交换的方法、可能或保证，这几种商人中的任何一种都可以跟西方的同行媲美"②。但是，只有在欧洲，在特定的历史环境下，资本权力实现了和政治权力的独特融合，推动了欧洲国家向外的领土征服，将资本主义统治推向全

---

① 《马克思恩格斯选集》第1卷，北京：人民出版社，1995年版，第274页。
② Fernand Braudel：*The Perspective of the World*，New York：Harper & Row，1984，P.486.

球。这一进程的起点,被选择在中世纪后期的亚平宁半岛,始于13世纪和14世纪初贸易扩张末期开始的金融扩张。具有准国家性质的意大利城市国家群开始崛起,城市国家的权力已经被牢牢地掌握在资产阶级手中。在其中最引人注目的是威尼斯和热那亚。[①] 威尼斯是早期的成功者,成为后来所有国家(垄断)资本主义的样本。热那亚从人口、领土与军事能力看要逊色不少,然而恰恰是在热那亚金融资本的资助下,伊比利亚半岛上的地主统治阶级(葡萄牙和西班牙)才得以不断地进行其冒险事业,"发现新大陆",引领了历史资本主义的第一个体系积累周期。热那亚的大资产阶级将国际(金融)资本主义的战略和逻辑体现得淋漓尽致。后来的所有霸权国家,都可视为是在更大的规模和更高的复杂性上对威尼斯和热那亚的某种综合。

1. 历史资本主义的起点:意大利城市国家

在中世纪统治体系的政治空间中,存在大量的城市国家,它们被视为一些"异常的飞地"。随着中世纪后期封建主义危机的加剧,这些多少有些隔绝的飞地组织成了一个亚体系,它们提前两个世纪实践了经《威斯特伐利亚条约》所规定的国际交往原则。"这种亚体系从本质上说是一种资本主义的战争和立国体系",其中威尼斯是这类城市国家的"完美榜样"和"未来样本",成为资本主义国家的真正原型。[②]

以威尼斯、热那亚、米兰、佛罗伦萨为代表的意大利北部城市国家群之所以能在15世纪实践这样一种现代国家关系,一方面源于意大利北部独特的地理条件。深入地中海的地理优势使得城市国家在东西方贸易中积累了大量的资本。单纯从这点来看,弹丸之地的城市国家比领土面积更大的封建国家更加富足,这保证了它们在欧洲政治权力空间中的半独立地位;但更根本的原因还在于当时的欧洲"均势"(Balance of Power)为资本主义的崛起提供了独特的体系条件。

---

① 在资本主义的起源上,世界体系理论内部也存在分歧,沃勒斯坦认为起点应该在15世纪后期的西欧,阿瑞吉则认为应该更往前推到13世纪和14世纪。本书从阿瑞吉的看法。
② [意]杰奥瓦尼·阿瑞基:《漫长的20世纪》,姚乃强、严维明、韩振荣译,南京:江苏人民出版社,2001年版,第46页。

（1）欧洲"均势"与城市国家亚体系

欧洲均势存在于三个层面：在教权与君权之间；各封建王朝国家之间以及各城市国家之间。均势并不意味着一种均衡状态，相反，它造成激烈的竞争局面，将之视为一个"体系混乱"也无不可。教权与君权、各封建王朝国家之间的政治军事冲突造成它们各自的财政紧张，对于城市国家所掌握的巨额资本具有庞大的需求。能否获得流动资本的青睐在很大程度上决定了它们能否维持自身的权威和在欧洲权势空间的地位。正如韦伯所指出的那样："各个国家不得不为流动资本而展开竞争，而流动资本则向这些国家强行规定了帮助其获取权力的条件……这样，封闭的民族国家给资本主义提供了发展的机会——只要民族国家不让位给一个世界帝国，那么资本主义也会持续不衰。"[1] 正是均势的存在防止了势力更加强大的王朝国家在欧洲统治体系范围内将资本主义消灭于萌芽状态。城市国家之间的均势则有助于维持它们相互之间的分离和自治状态，为资本主义向多维度的空间发展提供了可能。在此期间，有成功者，但更多的是显赫一时的资本家族在对均势的把握上丧失了平衡，最终被逐出资本的角斗场。

（2）13—14世纪的贸易扩张

和工业革命之后的资本积累不同，在此之前，资本积累通常来源于对远程大宗贸易的垄断。受益于得天独厚的地理位置，在13世纪和14世纪的贸易扩张中，意大利城市国家得以聚集大量资本。"四大巨头"（威尼斯、热那亚、米兰和佛罗伦萨）几乎完全变成"资本主义领地"。通过一种主要建立在贸易分工和地域分工基础上的合作，主要的资本主义城市国家在贸易体系中大致都具有界限分明但又相互关联的市场空间和贸易网络。其中佛罗伦萨专门进行纺织品贸易，米兰从事金属贸易，威尼斯的财富建立在和南亚的香料贸易基础之上，而热那亚则热衷于丝绸贸易。这张编织于13至14世纪的贸易网络已经涵盖了欧亚大陆和部分非洲地区。总体而言，这一阶段的贸易扩张缺乏一个统一的中央机构和组织来推动，它是在城市国家亚体系有限的竞争和合作下推动的，因而阿瑞吉仅将其视为资本主义体系积累周期的前史。

（3）危机中历史资本主义的登台

在竞争压力较小，贸易还有扩张空间的时候，这些分散的积累中心大致

---

[1] Max Weber：*General Economic History*，New York: Collier，1961，P.247–249.

维持了较好的合作关系。用马克思的话来讲，它们起着"商业兄弟会"的作用，以便大致按照每个中心对整个贸易扩张的贡献来分配相互的利润份额。当越来越多积累起来的资本不断地投向贸易领域时，贸易专业化的默契被打破，合作关系由加剧的竞争所取代，每一个积累中心都想着扩大自己的贸易范围，这势必挤占别人的空间。当贸易扩张的进一步发展造成了利润率的大幅下降，甚至逆转时，资本家阶级面对的问题就不再是利润的分配，而是损失的分配，矛盾表面化，竞争也变成了"你死我活的竞争"。①

14 世纪的危机便在这样的条件下出现了。现有经济史的研究尚不能为这一转变提供一个确切的时间，但可以确信的是，在 14 世纪 40 年代之前，欧亚贸易的扩张便已陷于停滞状态。②积累的过剩资本开始转变其投向，用于支持各自积累中心的混战。城市国家集团之间的大冲突持续了一个世纪，被布罗代尔称为"意大利的百年战争"，直到 1454 年《洛迪合约》的签订，才重新确立起意大利北部的均势。③在阿瑞吉看来，正是在这个混乱的阶段，处于内外冲突中的城市国家统治阶级意识到，政治权力的稳固对于资本权力伸张的重要性，"这加强了资本主义利益对这些国家的控制"，城市国家一步步让渡给金融利益。"在这种背景下，资本主义作为历史社会制度诞生了。"④

在这个金融扩张的早期，大量剩余资本被用于资助城市国家间的战争。金融资本支持下的武力接管了竞争者的市场，甚至领土。1381 年，《都灵合约》签订，威尼斯把热那亚逐出了地中海东部地区最有利可图的市场，米兰接管了伦巴第，佛罗伦萨成为托斯卡纳，资本主义的地图得以大大简化。

在此情况下，继续进行武力争夺将变为更大的竞争对手之间的对决，即便在政治上获得胜利，从资本的角度来看也将是不划算的。考虑到在此前的斗争中，主要城市国家的大部分资产和未来的岁入已经被抵押给了金融利益，

---

① ［意］杰奥瓦尼·阿瑞基：《漫长的 20 世纪》，姚乃强、严维明、韩振荣译，南京：江苏人民出版社，2001 年版，第 111 页。

② Martines 提供了这个阶段热那亚港税款包收入提前征税的中转货物的总价值，从 1293 年的 400 万热那亚镑，减少到 1334 年的 200 万镑。在这个世纪剩余的时间里，后一个数字也很少被超越，尽管它本身只有 13 世纪末期的一半。

③ Fernand Braudel, *The Mediterranean and the Mediterranean World in the Age of Philip II*, vol.1, New York: Harper & Row, 1976, P.388.

④ ［意］杰奥瓦尼·阿瑞基：《漫长的 20 世纪》，姚乃强、严维明、韩振荣译，南京：江苏人民出版社，2001 年版，第 114 页。

那么让战争在恰当的时间和空间上受到限制也就是资产阶级应该做出的最佳选择。于是，一种新的合作形式在数量已经大大减少的资产阶级统治集团之间再次建立起来：各积累中心就阻止新的利润重新投资到已趋饱和的贸易扩张中达成默契，因为继续增加对此的投资，将大幅度地降低资本家阶级能够获得的利润率；同时过剩资本也再不能用于对城市国家间战争的资助，因为这不仅对利润率恢复毫无作用，而且还会损失已经积累起来的资本。

但是对于究竟如何使用这些积累起来的巨额资本，各主要的城市、国家并没有一致的想法。资助文化艺术的创造、建造规模庞大、气势恢宏的城堡成为过剩资本的投资领域之一。佛罗伦萨和威尼斯的巨额资本成为文艺复兴的物质基础。在其他方面，则表现不一。有的成功了——比如威尼斯，有的则在享受了短暂的辉煌后被彻底地挤出了欧洲政治版图——比如佛罗伦萨，有的则在失败后最终引领了具有体系意义的下一轮扩张——比如热那亚。我们把这视为资本主义作为一种主导形态登上历史舞台前的一个试错过程。在此过程中，金融资本吸取了教训，积累了经验。

（4）佛罗伦萨引领的金融扩张

阿瑞吉曾指出："巨额融资（high finance）作为一种现代的资本主义形式，是佛罗伦萨人的发明。"[①] 佛罗伦萨资本曾经非常成功。它们扮演着教皇的银行家和羊毛贸易垄断者的角色，收获了高额的利润。到14世纪40年代的时候，佛罗伦萨意识到羊毛贸易已经趋于饱和，利润率开始下降，它们主动削减了生产能力，并向附加值更高的优质布领域集中。但更主要的行动是围绕金融领域展开的。大量资本从采购、加工和销售等实体经济领域中转移出来，主要用于向国内外的公共债务提供融资。

佛罗伦萨资本做出了正确的选择，但选择了错误的时机。大量资本通过佛罗伦萨金融资本家，尤其是巴迪和佩鲁齐家族之手被用于资助英王爱德华三世对法国的领土征服，最后深陷其中。虽然欧洲局势仍不稳定，但各主要君主国家为流动资本而展开的竞争还远没有达到14世纪末和15世纪初的激烈程度。因此，爱德华三世并不认为拖欠贷款对他有多大的损失。在战争开始两年后，爱德华三世宣布无力还债。在1345年，巴迪和佩鲁齐的公司宣告

[①] ［意］杰奥瓦尼·阿瑞基：《漫长的20世纪》，姚乃强、严维明、韩振荣译，南京：江苏人民出版社，2001年版，第119页。

破产。巴迪和佩鲁齐的失败证明,至少在此时,金融资本在欧洲的权力斗争中尚不是一个有分量的选手。

差不多半个世纪之后,体系条件已经变得明显有利于幸存下来的金融资本。佛罗伦萨的美第奇家族便在这样的条件下脱颖而出。14世纪末和15世纪初美第奇家族巨大的跨国扩张,以严格的资本逻辑为导向,既要考虑到投资回报,更要回避风险。这种战略优先考虑与政府的金融交易,"跟罗马做的生意以及替罗马做的生意",成为美第奇金融帝国的支柱。此外,美第奇家族也参与立国进程,美第奇家族的金融力量与佛罗伦萨国家的政治形象已经高度融合。马丁利曾指出,在1434年之后,就越来越难区分谁是美第奇家族银行的常驻代表,谁是佛罗伦萨国的政治代理人。[1]

爆发布罗代尔所称的"意大利的百年战争"的世纪,同时还是爆发英法百年战争(1337-1453)、天主教会体系发生大分裂(1378-1417)、伊比利亚半岛上一再发生无政府主义的政治混乱和北欧爆发一长串战争的世纪。所有的战争都恶化了战争各方的财政困局,激化了为流动资本展开的竞争。这一切都为商业和金融资本创造了史无前例的机会,将以美第奇为代表的佛罗伦萨银行家推上了历史的制高点。然而,在此过程中,他们在政治事务中越陷越深,从商业家变成食利者,跻身欧洲最显赫的贵族行列,但也让自身的商业和金融帝国陷于停滞。

按照皮伦尼的说法,这并非表示金融资本不能适应变化中的体系条件,反倒是对之做出的正确反应。然而,一旦蜕变发生,这些精英分子在随后的资本主义世界经济扩张中就将扮演完全被动的角色。[2] 历史资本主义将迎来最高层的一次换岗,继任者是已经为此做好准备的热那亚资本家阶级。

2. 热那亚体系积累周期

布罗代尔将热那亚资本视为荷兰和英国金融资本的真正前辈,而不是看起来更加风光的威尼斯和佛罗伦萨资本,阿瑞吉更进一步地认为热那亚资本

---

[1] [意]杰奥瓦尼·阿瑞基:《漫长的20世纪》,姚乃强、严维明、韩振荣译,南京:江苏人民出版社,2001年版,第130页。
[2] [意]杰奥瓦尼·阿瑞基:《漫长的20世纪》,姚乃强、严维明、韩振荣译,南京:江苏人民出版社,2001年版,第134页。

领导了历史资本主义的第一个体系积累周期。这多少有些奇怪。布罗代尔没有说明他做出这种取舍的原因，阿瑞吉则提供了较为充分的理由。

在阿瑞吉看来，热那亚的成功建立在它的资产阶级始终保持了其作为资本家的本色——不管是对权力的驯服还是对领土的控制，始终以追求利润为目的。他们在获得权力和立国过程中的失败更加强了上述倾向。正是这种失败使得热那亚资本保持了资本的灵活性，走上了一条与威尼斯、佛罗伦萨和米兰截然不同的道路。后三者在斗争获胜后几乎都朝着立国方向，朝着日趋僵化的资本积累战略和结构的方向发展。①

（1）资本逻辑与领土逻辑间的政治交换

长期以来，热那亚的资本主义受困于一种权力二元性和政治不稳定性的困扰。权力二元性根源于热那亚统治阶级在社会构成上的二元性，即老贵族和新贵族的差异，它直接导致了热那亚国内政治局势的不平衡，老贵族力量强大，但保守，新贵族富于进取，但力量薄弱。前者多是土地贵族，后者更多地从贸易领域发家。

在13—14世纪的贸易扩张中，"拥有土地的贵族曾经为热那亚的商业扩张提供了最初创业的动力"②。然而随着基奥贾战争（1378-1381）的失利，热那亚人建立的军事—商业帝国解体，土地贵族选择了撤离商业活动，"重新实行封建主义"，城市商人转化为土地贵族的道路被堵死。热那亚资产阶级被逼到了一种进退维谷的境地。在国内被排挤，大量资本和娴熟的商业技巧没有用武之地；在对外贸易中，强敌环视，没有足够的力量来保护自己的贸易路线。最终，热那亚资本选择了脱离已经不能提供保护和投资空间的热那亚国家，寻找新的"权力容器"。通过与伊比利亚半岛上的地主阶级统治国家达成"政治交换"，一个新的、带有双重色彩的工商业机构促进和组织了新的贸易扩张。

虽然王朝国家的领土逻辑和资产阶级的资本逻辑在目的和手段上存在明显的倒置，但正是这种倒置为二者的结合提供了逻辑上的可能。阿瑞吉通过发展马克思的资本积累的一般公式解释了这种结合的可能：我们可以分别通

---

① ［意］杰奥瓦尼·阿瑞基：《漫长的20世纪》，姚乃强、严维明、韩振荣译，南京：江苏人民出版社，2001年版，第136页。
② ［意］杰奥瓦尼·阿瑞基：《漫长的20世纪》，姚乃强、严维明、韩振荣译，南京：江苏人民出版社，2001年版，第137页。

过 TMT' 以及 MTM' 这两个公式,来展示这两种权力逻辑之间的差异。根据第一个公式,抽象的经济控制或者货币(M)是旨在获得额外领土过程中的一种手段或中介。根据第二个公式,领土(T)是旨在获得额外支付手段过程中的一种手段或中介。①

资产阶级和地主阶级这种目标和手段上的倒置使得他们至少能在某个特定的时期内结成紧密的战略联盟。在热那亚体系积累周期,这一联盟有各自明确的分工。伊比利亚的地主统治阶级为热那亚的资产阶级提供保护,并在这个过程中扩张其领土;热那亚的资产阶级专事贸易,获得高额利润,并用其中一部分用以支付前者的保护成本;一个阶级在经济上支持另一个阶级。然而,支持是相互的,一个阶级反过来又在政治上支持另一个阶级。"这两个专门化的成分相辅相成,共同的利益驱使这两个不同的成分走到一起,建立政治交换关系,组成进行扩张的机构。"②

热那亚资本在选择伊比利亚半岛上的地主统治阶级为合作伙伴显然是深思熟虑的结果。其原因在于:第一,伊比利亚半岛及其对岸的马格里布地区向来是热那亚资本和贸易活动垄断得比较彻底的地区,甚至是热那亚资本活动的最后堡垒;第二,它又是一个前哨基地,随后被开辟出来的大西洋航线以之为起点;第三,也是最重要的方面,在15世纪的伊比利亚半岛上有热那亚资本最渴求的东西,那就是有胆有识、能有效地提供武装保护的伙伴——葡萄牙和西班牙的地主统治阶级。他们既富有宗教热情,又兼有政治家和企业家的冒险精神,乐于和富有的热那亚资本家建立一种亲密无间的合作关系。③

(2)热那亚体系积累周期的贸易扩张

热那亚的金融资本主义和其他意大利城市国家的金融资本主义都是在14世纪不断激化的体系环境中形成的。但在如何使用这些巨额的剩余资本上,由于热那亚资产阶级面临着更加严峻的形势,因而在最终走向上,热那亚和

---

① [意]杰奥瓦尼·阿瑞基:《漫长的20世纪》,姚乃强、严维明、韩振荣译,南京:江苏人民出版社,2001年版,第41-42页。
② [意]杰奥瓦尼·阿瑞基:《漫长的20世纪》,姚乃强、严维明、韩振荣译,南京:江苏人民出版社,2001年版,第41-42页。
③ [意]杰奥瓦尼·阿瑞基:《漫长的20世纪》,姚乃强、严维明、韩振荣译,南京:江苏人民出版社,2001年版,第145-146页。

其他城市国家最终出现了分流。

通过政治交换，热那亚通过购买伊比利亚半岛提供的武装保护，将保护成本外部化，重新获得了对其贸易网络和贸易航线的控制；热那亚资本家阶级则化身为跨越国界的"流动国家"，资助并控制了15世纪末和16世纪早期的贸易扩张，开辟了大西洋远洋贸易，并将欧洲传统的地中海贸易圈、北海—波罗的海贸易圈有机地联系起来；在16世纪后半叶，竞争加剧，贸易利润率大幅降低，大量热那亚资本从生产、贸易领域退出，"商人化身为食利者"，通过控制欧洲过剩资本的流向，真正迎来了长达70年的"热那亚人时代"（1557—1627），直到17世纪危机的再次来临，才在又一次的体系混乱中被荷兰所取代。

"流动"国家间的合作。在1454年《洛迪合约》之后，资本家阶级之间的合作和竞争关系日趋复杂，并不再以城市国家为载体。多数的资产阶级城市共和国在此之前已经越来越封建化，甚至连热那亚国也不再是热那亚资本的积累中心。新的富有活力的城市的确出现了，如安特卫普、里昂和塞维利亚，但它们仅仅作为生产或交易的地点而存在，既不是自治的政府组织，也不是自治的商业组织，在经济上受流动的跨国资本的控制，在政治上则受到西班牙和法国等强大君主国家的管辖。

在有关这一时期贸易扩张的大多数研究中，占据叙述中心的是葡萄牙、西班牙等领土国家，流动的资本家阶级的身影则隐藏在历史的阴影背后。原因在于，自从热那亚资本"出走"热那亚国之后，它们便始终以流动的形式存在。但鉴于其影响的巨大，近年来的经济史家们已经开始将它们称为跨国的、流动国家[①]，主要包括热那亚"国家"、佛罗伦萨"国家"和德意志"国家"。它们避免任何有可能将其陷于困境的领土争端，却牢牢地把握着资本流动的空间，并建立起复杂的协调关系。通过资本流动的空间，相隔遥远的资本家群体可以清算支付，降低货币输送额；互通信息，影响价格的涨落和兑换率的变换；资助或参与政治活动，影响欧洲均势；将安特卫普、里昂和塞维利亚等生产中心和主要市场掌握在自己的控制之中，推动贸易扩张。在16世纪上半叶的大部分时间里，主要在热那亚资本的协调下，每个"国家"都

---

① M.T.Boyer-Xambeau, G. Deleplace, and L.Gillard, *Banchierie Principi. Moneta e Credito nell'Europa del Cinquecento*, Turin: Einaudi 1991.

占据了一个特定的市场，主要经营一种商品——英国人的纺织品，德国人的明矾、银和铜，米兰人的金属制品和武器装备业。随着美洲被征服，更重要的贸易扩张与大西洋航线的开辟联系在一起。这些扩张大多被记载于葡萄牙人和西班牙人的名下。

葡萄牙引领贸易扩张。葡萄牙人向来具有冒险精神，他们的深海渔业传统为其海上探险活动做了人员、技能和知识上的储备，西班牙对"新基督教徒"的驱逐使得大批的商人、银行家和学者投奔于此。① 所有的因素都使得葡萄牙在早期的冒险活动中独占鳌头。

葡萄牙王国率先探索和开发了大西洋群岛及其制糖业，将大西洋群岛马德拉、圣多美和普林西比打造成蔗糖生产中心。② 种植园对劳动力的大量需求使得葡萄牙人开辟了罪恶的奴隶贸易。"在1450—1600年间，大约17.5万个奴隶被船运送到葡萄牙及其大西洋岛屿。"③ 葡萄牙人在航海和造船技术上的进步为后来繁盛的亚洲贸易奠定了基础。④ 在1503年10月，达·伽马的船队从印度群岛返航，带回了将近1700吨的香料，这相当于15世纪末威尼斯一年的进口量，而且葡萄牙人所获利润更高。⑤ 葡萄牙人很快取代威尼斯人成为大西洋沿岸国家的香料供应商。⑥ 到了1505年，葡萄牙已经取得在印度的贸易权，并把印度一些较小的邦国变成它的附属国。1511年，控制马六甲，

---

① ［英］安格斯·麦迪森：《世界经济千年史》，伍晓鹰等译，北京：北京大学出版社，2003年版，第46—47页。
② 马德拉岛位于摩洛哥海岸进入大西洋约560公里处，于1420年被发现。该岛土地肥沃，被发现时尚无人居住，特别适合于甘蔗种植。葡萄牙人将它租给热那亚人和"新基督教徒"后获得很大发展。到1500年，该岛的糖产量已经是塞浦路斯糖产量的6倍多。圣多美和普林西比位于佛得角东边的几内亚海湾中。1480年，葡萄牙人在此建立定居点，并引入糖料生产，到16世纪50年代，成为大西洋蔗糖生产的中心。
③ ［英］安格斯·麦迪森：《世界经济千年史》，伍晓鹰、等译，北京：北京大学出版社，2003年版，第48页。
④ ［英］安格斯·麦迪森：《世界经济千年史》，伍晓鹰、等译，北京：北京大学出版社，2003年版，第48页。
⑤ ［英］安格斯·麦迪森：《世界经济千年史》，伍晓鹰、等译，北京：北京大学出版社，2003年版，第53页。
⑥ ［英］E.E.里奇、C.H.威尔逊：《剑桥欧洲经济史》，第4卷，张锦东等译，北京：经济科学出版社，2003年版，第147页。

扼守了亚欧海上贸易的关键通道。① 在整个16世纪，欧洲和亚洲间的商业往来几乎完全由葡萄牙控制。"不过说葡萄牙人'统治'了东方贸易线路则是一种夸大。他们控制了从欧洲到印度的海上交通线，因为100年来他们没有竞争者；但在亚洲水域他们很快接受了他们只是许多商人团体中的一个的地位。"②

葡萄牙帝国对大西洋和通往亚洲的远洋贸易航线的探索奠定了其后几个世纪的贸易网络的基础，但它们本身从这种贸易中收获有限。利润多被私商、贸易商所截留，热那亚人几乎完全控制了里斯本的批发贸易，实际上也掌握了由当地人经营的零售业。③ 在葡萄牙远离本土的殖民帝国中，热那亚资本的身影隐藏在种植园的背后。更本质地看，葡萄牙不过是16世纪初贸易扩张活动的执行者。和体量更大的君主国家比起来它太弱小了；相对于更加灵活的资本流动"国家"而言，它太僵化了；而且他们的运气也赶不上西班牙，未能在巴西发现墨西哥和秘鲁那样富庶的黄金和银矿。要真正解开16—17世纪热那亚体系积累周期之谜的关键还得要回到热那亚资本国家和西班牙地主国家之间的联盟战略上来。

表3-1 欧洲国家船只抵达亚洲的数量：1500-1800年

	1500-1599	1600-1700	1700-1800
葡萄牙	705	371	196
荷兰	65a	1770	2950
英格兰		811	1865
法国		155	1300
其他		54	350
合计	770	3161	6661

（a）16世纪90年代。

资料来源：麦迪森：《世界经济千年史》，表2-6。

热那亚体系积累周期的贸易扩张。1522年，热那亚被西班牙及其盟友所

---

① 沈汉：《资本主义史》第1卷，北京：人民出版社，2009年版，第157页。
② ［英］E.E.里奇、C.H.威尔逊：《剑桥欧洲经济史》第4卷，张锦东等译，北京：经济科学出版社，2003年版，第172页。
③ 吕清华：《热那亚兴衰原因论》，湖南师范大学硕士学位论文，2005年，第37页。

占领。从此以后，热那亚不再谋求政治上的独立，转而更加依赖同西班牙的盟属关系，以发展和巩固自己在西地中海的商业和贸易霸主地位。1528年，热那亚派遣著名海军将领多利亚帮助西班牙国王查理一世。作为回报，热那亚人获准在西班牙本土从事商业贸易活动，西班牙传统的羊毛、丝绸、铁块、肥皂等主要工业品，都被热那亚人垄断了。1551年，在安特卫普从事商业经营的93家意大利商号中，热那亚拥有37家，占了40%。

16世纪热那亚的贸易相当发达。刘景华曾指出，整个地中海贸易在16世纪仍主要控制在意大利人手中。贸易品种包含最重要的粮食，作为奢侈品因而利润丰厚的高档红酒和糖类；在工业原材料方面，16世纪意大利毛纺业所用优质羊毛主要来自西班牙，低档羊毛来自北非、巴尔干以及黎凡特，丝织业所用的生丝来自的黎波里，皮革业的生皮来自北非的阿尔及利亚等地。这些都由威尼斯、热那亚和佛罗伦萨等城市的商船队运输。后在意大利南部开挖明矾矿，满足本地需要外还有剩余，又由热那亚商船运往英国和低地国家；在矿产资源方面，威尼斯和热那亚人还在16世纪里将英国的锡和铅带入地中海贸易；在工业制造品方面，热那亚生产的纸张，在地中海有广阔的市场。①

大西洋贸易航线的开通，为欧洲工业品提供了巨大的外部市场。但葡萄牙在其国内拿不出什么自己的东西与大西洋对岸进行交换，因而他们不得不依赖热那亚人的商业网络，塞维利亚、里昂和安特卫普就是在这样的背景下获得巨大发展的。塞维利亚因其有利的地理位置，成为连接三大贸易圈的一个关键节点，安特卫普和里昂则是贸易和生产中心，其周边有大量专事贸易、生产或两者兼而有之的卫星城镇拱卫着。但是，这些新兴的城市几乎不享有意大利城市国家那样的地位，它们是作为生产和交易的中心地点和机构而存在，而非作为积累的中心而存在。因此，一旦贸易领域的竞争变得激烈，作为贸易和生产中心的里昂和安特卫普的利益被牺牲也就成为一种必然。从1557年的危机开始，热那亚资本开始大规模地撤离贸易领域，这些城市也就随之衰落下去。

综合地看，热那亚资本主导之下的贸易扩张，其最重要的成果是通过大

---

① 刘景华：《16世纪意大利城市衰落的历史考察》，《长沙电力学院社会科学学报》，1997年第3期。

西洋航线的开辟,一方面开拓了新的市场,另一方面则使之前联系不那么紧密的贸易圈相互依赖,一个扩大了的全球贸易网络已经初步形成。

(3)热那亚体系积累周期的金融扩张

从16世纪中期开始,竞争加剧,很快给意大利的商业城市造成致命的打击——因为参与竞争者不但有汉萨同盟这样松散的商业组织,更有西北欧新型的民族国家——荷兰、英国和法国。它们参与到竞争中来,不是像热那亚资产阶级一样通过向西班牙购买的舰队进行护航,它们打造自己的舰队,将枪炮掌握在自己的手中,而且有时还化身海盗和私掠船进行直接的劫掠,这一切都让西班牙舰队和热那亚商人头痛。

在应对这种加剧的竞争局面上,热那亚人再次显示了他们的与众不同。威尼斯、米兰和佛罗伦萨将投入到贸易中的大量过剩资本回流到工业领域,造成16世纪中叶意大利城市工业的发展高潮。威尼斯的毛纺业、玻璃制造业,佛罗伦萨的皮革业和米兰的武器甲胄制造业,在此期间生产规模都获得了大幅度的增长。然而,这种权宜之计加重而不是缓解了利润率下降的趋势。因为,意大利的工业素来依赖于转运贸易,贸易的衰落使得其工业既失去了原料基础,也丧失了销售市场。① 当这些盛极一时的城市国家重新工业化的时候,意味着他们已经失去了积累中心的地位,降格为热那亚体系中的生产机构和交易地点。此时的热那亚,虽然也曾经有资本撤回到它具有优势的珊瑚饰品和造纸业,但这些过剩资本的真正流向是金融领域。在1550至1570年间,热那亚又变成了"头等"强国,并将这种地位一直保持到17世纪20年代后期。从1557年到1627年的70年里,热那亚的商人兼银行家通过操纵资金和信贷,得以主宰欧洲范围内的支付和清账,迎来了公认的"热那亚人时代"。②

自16世纪20年代起,热那亚资产阶级与西班牙的统治阶级联系得更加紧密。后者正在多条战线上作战,亟需庞大的金融支持。为了维持其对尼德兰地区的控制,西班牙派出了大量的武装力量用于震慑当地的分离倾向。驻尼德兰的士兵要求他们的军饷大部分用黄金支付。这就需要把大量钱款送到

---

① 刘景华:《16世纪意大利城市衰落的历史考察》,《长沙电力学院社会科学学报》,1997年第3期。
② [法]费尔南·布罗代尔:《15至18世纪的物质文明、经济和资本主义》第3卷,施康强、顾良译,北京:生活·读书·新知三联书店,1996年版,第165页。

安特卫普，并必须不断地把银币换成金币。这并非任何人都能完成的任务。兑换大量黄金需以完善的流通渠道、安全的商路、发达的信息交换、大量白银的筹措、汇票的自由流通为基础。此前，德意志的富格尔家族承担着这一任务。虽然从地位上看，富格尔家族在欧洲巨额融资领域的地位类似一个世纪前的美第奇家族，但其命运则更像是破产的巴迪和佩鲁齐家族。富格尔家族最终沦为查理五世财政困境的仆人而不是主人。① 1557年，哈布斯堡家族拖欠巨额债务，这引发了1557—1562年间动摇欧洲金融和贸易基础的危机，富格尔家族的家业彻底衰落了。

在富格尔家族衰落后，热那亚成为西班牙解决上述问题的救星。此时的热那亚金融资本已经足够强大，"足以牺牲筋疲力尽的富格尔家族和其他以安特卫普为基地的奥格斯堡金融家，提出自己控制西班牙帝国的金融的要求"②。热那亚借给西班牙国王的贷款通常按10%计息，再加上利滚利等操作方式，按照天主教国王秘书们的说法，"放款人可有30%的赚头"③。更为重要的是，热那亚通过"契约借款"④控制了西班牙从美洲获得的在塞维利亚登陆的大批白银。通过美洲白银，热那亚资本得以把德意志白银挤出所有欧洲市场。通过对塞维利亚贸易的垄断，热那亚资本实际控制了欧洲大部分资本的流向，意大利城市的资本源源不断地流向热那亚。大批小投资商把他们的存款托付给银行家，以牟取少量的利润；在米兰和托斯卡纳银行家和商人的支持下，1579年汇兑交易会在皮亚琴察落户，确立了塞维利亚、意大利北部、安特卫普之间白银—黄金—汇票合同间的三角流动关系，并逐渐形成制度。该交易所处于热那亚资本的控制之下。交易会发生争执时，由热那亚的元老

---

① ［意］杰奥瓦尼·阿瑞基：《漫长的20世纪》，姚乃强、严维明、韩振荣译，南京：江苏人民出版社，2001年版，第152页。
② ［意］杰奥瓦尼·阿瑞基：《漫长的20世纪》，姚乃强、严维明、韩振荣译，南京：江苏人民出版社，2001年版，第152页。
③ ［法］费尔南·布罗代尔：《15至18世纪的物质文明、经济和资本主义》第3卷，施康强、顾良译，北京：生活·读书·新知三联书店，1996年版，第174页。
④ 契约借款是卡斯蒂亚政府同批发商之间缔结的短期借款合同。卡斯蒂亚政府对此极为依赖，因为从美洲运来的白银总是不能按时到达，因此西班牙国王不得不依赖这种短期借款维持运作，特别是支付军饷和军需。当美洲贵金属运抵塞维利亚之后，再赎回这些契约借款。与之类似的金融产品还包括"调剂债券"等品种。通过这种方式，热那亚商人和银行家实际上控制了西班牙的财政。

院做最后的裁决。① 就这样,热那亚金融家创造并管理着伊比利亚权力和意大利金融之间的这种体系联系,并从中牟取利润。在1557—1627的70年间,"热那亚的商人银行家对欧洲金融实施了可与20世纪的巴塞尔国际清偿银行相比的那种统治","那种统治是如此地不显眼,如此技术熟练,历史学家在很长时间里竟然毫无觉察"。②

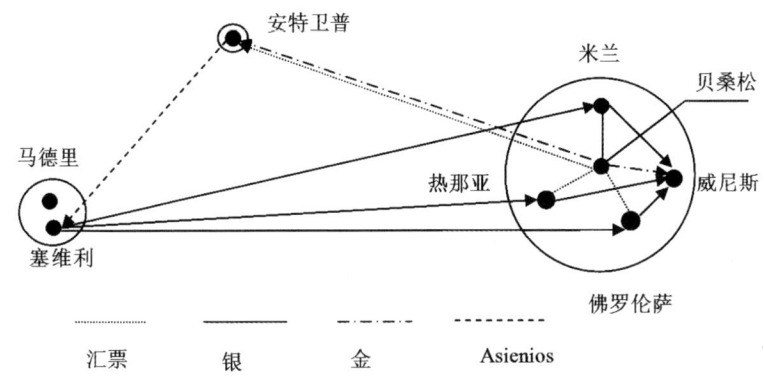

图3-1 简化的塞维利亚、意大利北部、安特卫普三角流动关系

热那亚体系积累周期发端于14世纪末期佛罗伦萨引领的金融扩张阶段,完成于17世纪初热那亚资本引领的金融扩张。然而与佛罗伦萨和其他欧洲显赫的资本家族不同,"热那亚领导的金融扩张构成了一种资本积累形式的顶峰……不但具有广泛的体系,而且拥有和谐的机构和结构";他们和政治权力结盟,但避免了沦为政治附庸的覆辙。自此之后,资本开始成为一种独立的力量崛起于世界历史的舞台;它们监督和推动了两次扩张,经历了多次的危机,依然存活下来,并从中获得大量利益。直到17世纪上叶,欧洲加剧的竞争,民族国家的觉醒,都使得热那亚建立在政治交换基础上的积累策略优势不再。热那亚在欧洲巨额融资领域的支配地位日渐消失,西班牙帝国的势力日趋削弱,热那亚—伊比利亚联盟终于解体,荷兰资本主义上升为欧洲世界经济的主导结构。

---

① [法]费尔南·布罗代尔:《15至18世纪的物质文明、经济和资本主义》第3卷,施康强、顾良译,北京:生活·读书·新知三联书店,1996年版,第744-745页。
② [意]杰奥瓦尼·阿瑞基:《漫长的20世纪》,姚乃强、严维明、韩振荣译,南京:江苏人民出版社,2001年版,第154-155页。

在于，荷兰资本同样热衷于战争和立国活动。① 虽然如此，在二者之间却还是存在一个关键性的差别。意大利城市国家中的资产阶级，除了热那亚这个显著的例外，都是在贸易扩张的末期才展开此种活动。因而这种活动具有"封建主义"的立国活动的性质，其结果是使资产阶级丧失了灵活性和进取心，变成为保守的贵族。荷兰资本却不一样，他们的立国行动建立在波罗的海贸易兴盛之时，其目的是建立一个为资本主义服务的政府组织，因而是一种富于进取精神的"资本主义"的立国活动。这一点，即使是阿瑞吉也未能完全洞察。

或许是意识到了热那亚—伊比利亚同盟内在的不稳定性和风险，因此，荷兰人谢绝了伊丽莎白提出的在英荷之间建立联合政体的建议，转而支持荷兰本土的奥兰治家族，并最终建立联省共和国。② 联省共和国的建立使得政治权力与资本权力之间外在的政治交换关系内部化，"使荷兰资本主义能在战争和立国活动方面自力更生，并把巩固本地区和向世界范围扩张荷兰贸易和金融两个目标结合起来"③。这是荷兰资本主义能够在竞争中胜出的关键优势所在。特许公司实际上则是这一机制在微观层面的具体应用。

在荷兰积累体制中很容易地找到威尼斯积累战略和热那亚积累战略的影响，它实际上是对二者的一个综合。当联省共和国需要巩固其在欧洲的政治地位和加强对欧洲贸易网络的控制时，威尼斯积累战略对立国和战争活动的重视是荷兰人学习的主要榜样；一旦这种地位得到巩固，荷兰人需要在全球范围内推动其贸易和金融扩张的时候，热那亚积累战略对于利润的重视就上升为荷兰积累战略的主要方面。在欧洲，荷兰以国家（垄断）资本主义的面目示人；在世界，荷兰以国际（金融）资本主义的面目示人。

在荷兰的商业体系从波罗的海的地区贸易发展到全球的过程中，依赖于

---

① 除了上述两个主要投资方向，荷兰过剩资本的另一个主要投资方向是大力资助艺术和其他智力事业，投资于文化产品的大量消费。阿姆斯特丹成为从发端于15世纪威尼斯和佛罗伦萨的"文艺复兴"向18世纪的"启蒙运动"过渡的一个主要中心。
② 对荷兰人自主追求政治独立的意识不应估计过高，如果说有这种自主要求的话，也经历了一个发展过程。1585年，荷兰人曾盛情地向法王亨利三世请求"托管"，但是被拒绝，于是又向英国提出类似的要求。在1614年和1619年间，经伊丽莎白女王授意，荷兰人再次提出建立联合政体的建议，可荷兰人自己又否绝了。
③ ［意］杰奥瓦尼·阿瑞基：《漫长的20世纪》，姚乃强、严维明、韩振荣译，南京：江苏人民出版社，2001年版，第168页。

三项相互关联政策的共同推动和支撑：

第一，依托对波罗的海贸易的控制，把阿姆斯特丹变成欧洲和世界商业的货物集散中心；

第二，一旦第一个目标达成，就立即尝试把阿姆斯特丹变成欧洲世界经济的金融和资本中心市场。其主要手段是在阿姆斯特丹建立世界上第一家永不停业的证券交易所，以及于1609年创立具有中央银行性质的维塞尔银行。证券交易所并非荷兰人的首创，但阿姆斯特丹证券交易所有着别的交易所无法抗衡的优势：巨大的交易量、灵活性以及交易中的投机自由程度。① 借此，阿姆斯特丹很快脱颖而出，吸引着全欧洲对闲散资金和贷款的供应和需求。

第三，创立规模巨大的特许股份公司，以便对广阔的海外商业空间行使专营权和统治权。特许公司是商业企业，以追求利润为导向，但它又不是一般的商业企业，它还代表荷兰政府去完成战争和立国活动。此种活动服务于利润和资本积累的目标，既表现为手段，但同时也是目的，二者相互加强。通过特许公司，荷兰资本家在阿姆斯特丹这个货物集散中心就可以和全世界的制造商之间建立直接的联系。同时，特许公司发行的股票使得阿姆斯特丹的证券交易所成为第一家永不停业的证券市场，这对荷兰成为欧洲世界经济的金融中心和资本市场具有决定性的作用。

通过组建特许公司，荷兰资本主义实现了"保护成本内部化"，从而实现了对热那亚积累体制的超越。"保护成本内部化"用于解释特许公司取得成功的原因，意指在使用和控制武力方面，特许公司采用自给自足和提高竞争力的方法来提供自我保护。这种方式"使得荷兰资本家阶级能比热那亚资本家阶级把体系资本积累过程推进一步"②。再次通过将荷兰体制与威尼斯和热那亚体制的比较，我们可以更清楚地看到这一点。

"在威尼斯，国家是一切；在热那亚，资本是一切。"在威尼斯，资本的力量毫不含糊地依靠强制性国家机器的独立自主和竞争能力；而在热那亚，

---

① Fernand Braudel, *The Wheels of Commerce*, New York: Harper & Row, 1982:100–101.
② ［意］杰奥瓦尼·阿瑞基：《漫长的20世纪》，姚乃强、严维明、韩振荣译，南京：江苏人民出版社，2001年版，第179页。

资本尽管也依靠热那亚国的实力，却更依赖热那亚资本的使用和能力。① 从短期来看，威尼斯的策略似乎更为成功。但这种成功却成为负累。"它使得威尼斯资本主义的内向个性得到强化，更加缺乏革新动力。"② 热那亚则相反，它时刻受到一种富有革新精神的离心力的影响。这种离心力将热那亚资本家的触角遍布欧洲，最终使它能够控制一个在规模和范围上都远非威尼斯可以比拟的国际商业和金融体系。

"威尼斯逐渐成为未来所有形式的'国家垄断资本主义'的原型，而热那亚逐渐成为未来所有形式的'国际金融资本主义'的原型。这两种组织形式不停地相互结合，相互对立；更为重要的是，它们将一种社会功能'内部化'，而且规模越来越大，情况越来越复杂。这构成了历史资本主义如何演变成一种世界制度的中心内容。"③

对于热那亚而言，通过它和伊比利亚统治阶级之间的政治交换关系，在立国和战争方面的能力进一步削弱了，其保护成本一步步向"外部化"的方向发展。在一段时间里，热那亚人享受了这种外部化的好处，但这也成为其获得更大成功的制约因素——热那亚人对于其前进方向几乎没有控制权。他们唯一能做的，就是在能够预见到风险的时候，从搭乘的那艘船上跳下来。

荷兰体制一开始就更接近于威尼斯，具有浓烈的自力更生精神和竞争意识，然而视野更为开阔。通过组建特许公司，荷兰将大范围的军事行动和领土征服活动扩张到全球。与之前的葡萄牙和西班牙的扩张不同，荷兰人的扩张更加受到功利主义法则的影响。他们在奴役当地人民时的残酷，丝毫不逊于富于宗教狂热精神的伊比利亚人对待异教徒，但在目的上却相去甚远。荷兰人将宗教的虔诚抛诸脑后，一心追求的乃是利润。这样，"荷兰东印度公司在印度洋效法了荷兰商人精英已经在欧洲成功地实践过的国家（垄断）资本

---

① ［意］杰奥瓦尼·阿瑞基：《漫长的20世纪》，姚乃强、严维明、韩振荣译，南京：江苏人民出版社，2001年版，第180页。
② ［意］杰奥瓦尼·阿瑞基：《漫长的20世纪》，姚乃强、严维明、韩振荣译，南京：江苏人民出版社，2001年版，第182页。
③ ［意］杰奥瓦尼·阿瑞基：《漫长的20世纪》，姚乃强、严维明、韩振荣译，南京：江苏人民出版社，2001年版，第184页。

主义",决定性地控制了战略物资的供应。①

2. 荷兰体系积累周期的贸易扩张

布罗代尔认为,荷兰建立商业支配地位需要两个条件,第一个条件是欧洲,第二个条件是世界。迪福(Daniel Defoe)在差不多两个世纪之前一针见血地指出了荷兰贸易扩张战略的核心:"必须了解荷兰人的真实面目,他们是贸易方面的中间人,欧洲的代理商和经纪人……他们买进是为了再次卖出,拿进来是为了送出去。在他们规模巨大的贸易中,最大的部分取于世界各地,再销于世界各地。"②在欧洲,荷兰人像"北方威尼斯人"一样行动,通过对波罗的海贸易的控制,扮演着紧缺的粮食和军需物资在东北欧与西欧之间流通的经纪人角色;在其后,荷兰人变得像"北方热那亚人",作为全球贸易的"中间人"发挥作用,全球贸易联系在荷兰体系积累周期中达到新的高度。

(1)现代国际关系的确立

1557年的危机之后,热那亚资本大规模地撤离了直接贸易领域,欧洲内部贸易的中心也日渐从地中海贸易圈向北海—波罗的海贸易圈转移。荷兰人抓住了这一机会,在与先到的汉萨同盟和后起的英国贸易商的竞争中,很快拔得头筹。表3-2列出了1470—1824年间荷兰商船队与其直接和间接竞争对手在总运载量上的变化。表中数据显示,到了1570年的时候,荷兰商船的运载量已经相当于法国、德国和英国商船运输量的总和。如果将人口因素考虑进去,会得到一个更加惊人的结果,荷兰的人均运载量是这三个国家人均运载水平的25倍。③荷兰人将这种优势保持了超过一个世纪。

---

① [意]杰奥瓦尼·阿瑞基:《漫长的20世纪》,姚乃强、严维明、韩振荣译,南京:江苏人民出版社,2001年版,第193页。
② [意]杰奥瓦尼·阿瑞基:《漫长的20世纪》,姚乃强、严维明、韩振荣译,南京:江苏人民出版社,2001年版,第168页、
③ [英]安格斯·麦迪森:《世界经济千年史》,伍晓鹰等译,北京:北京大学出版社,2003年版,第69页。

表 3-2　荷兰和其他欧洲国家商船队的运载量：1470-1824（单位：吨）

	1470	1570	1670	1780	1824
荷兰	60000	232000	568000	450000	140000
德国	60000	110000	104000	155000	
英国	——	51000	260000	1000000	
法国	——	80000	80000	700000	
意大利、葡萄牙、西班牙			250000	546000	
丹麦、挪威、瑞典				555000[a]	
北美洲				450000	

（a）1786—1787 年。

资料来源：麦迪森：《世界经济千年史》，表 2-15，第 69 页。

从贸易数量上看，占据荷兰贸易中心的是以波罗的海为基础的区域贸易。这从表 3-3 中可以反映出来，虽然远洋贸易利润更高，但区域贸易始终是荷兰贸易网络的基础。在 16 世纪的大部分时间和 17 世纪上叶，在击败汉萨同盟之后，通过对欧洲世界经济最重要的战略市场以及物资供应渠道的控制，荷兰商人获得了高额的利润回报。荷兰人知道如何使用这些积累起来的资本。他们明智地将大量资本剩余资本投向立国和战争行动以及重组国内经济。

表 3-3　1670 年前后按经营范围划分的荷兰商船数量

	船只数	总运载量（吨）	平均每船运载量（吨）
挪威	200	40000	200
阿尔汉格尔斯克	25	9000	360
格陵兰	150	40000	267
地中海	200	72000	360
波罗的海和其他欧洲地区	735	207000	282
鲱鱼业	1000	60000	60
沿海交通	1000	40000	40
西非和西印度群岛	100	40000	400
亚洲	100	60000	600
合计	3510	568000	162

资料来源：麦迪森：《世界经济千年史》，表 2-16，第 69 页。

在长达八十多年（1566—1648）的荷兰独立战争中，荷兰人获益良多：一方面拖垮了庞大的西班牙帝国，赢得国家独立。另一方面，则通过战争的不断升级保持了欧洲大陆上的混乱格局。只要这种格局存在一天，其他国家就不能摆脱对于波罗的海粮食和战略物资的依赖，也就不能获得重组国内经济的有利外部条件，荷兰人就能继续大发横财，影响欧洲均势。到战争结束的1648年，荷兰人不仅已经完成了经济上的重建，而且在争取独立的战争过程中确立了对西北欧各王朝国家在知识上和道德上强有力的领导地位。[①]《威斯特伐利亚合约》的签订标志了荷兰的完胜，一种有利于荷兰人的贸易扩张事业的欧洲统治体系被确立起来，现代国际体系就此发端。17世纪早期的体系混乱在荷兰人的主导下重新走向治理。

《威斯特伐利亚合约》具有政治和经济上的双重内涵。在政治上，统治者们获得了相互排斥的领土范围内合法的、绝对治理权；在主权国家之上再无权威。因而，从表面上看，《威斯特伐利亚合约》确立的是一种无政府主义的国际交往原则。然而对于荷兰的资产阶级而言，更重要的则在于，通过废除三十年战争期间形成的贸易壁垒，确定了恢复商业自由的条款。这是一个皆大欢喜的结局，但获利最大的还是荷兰的资产阶级，它"反映了荷兰资本主义政治寡头在无节制的资本积累方面的特别利益。这种出于资本积累的考虑而重组政治空间的做法，不仅标志现代国际关系的诞生，也标志作为世界体系的资本主义的开始"[②]。在我们看来，它同时标志了资本权力对政治权力的一次胜利。在此之前，国家将资本权力置于自身的控制之下，即便是极力想摆脱这种控制的热那亚资本，也不得不在外部寻找一个可以依赖的政治权力基础，热那亚资本积累的逻辑（MTM'）尚不足以完全驯服伊比利亚统治阶级的领土逻辑（TMT'）；在此之后，国家已经转变为资本主义的国家。资本主义的完全形态要求它以"政治资本主义"的面目示人，在联省共和国取得独立的时候，它完成了这一转变。

在这一体系之下，民族国家获得了表面的平等权力，但在实际上却从来不曾有任何一个国家享有完全的主权，主权总是受到国家间体系一系列规则的制约，其合法性也有赖于外界的承认。在国家间体系中，占据支配地位的是霸权国家，而荷兰是第一个享有这种地位的现代资产阶级共和国。

[①] ［意］杰奥瓦尼·阿瑞基：《漫长的20世纪》，姚乃强、严维明、韩振荣译，南京：江苏人民出版社，2001年版，第53页。

[②] ［意］杰奥瓦尼·阿瑞基：《漫长的20世纪》，姚乃强、严维明、韩振荣译，南京：江苏人民出版社，2001年版，第54页。

表 3-4　荷兰人的立国和战争活动：1560-1815

立国活动（与西班牙的交战）	经济争端（英荷战争）	权力争斗、领土和宗教战争
16世纪60年代-1609年	1652-1654	1618-1648：三十年战争
1621-1648	1665-1667	1688-1697：奥格斯堡联盟战争
	1672-1674	1701-1713：西班牙继承权战争
	1780-1783	1756-1763：七年战争
		1795-1815：革命战争和拿破仑战争

资料来源：麦迪森：《世界经济千年史》，表2-18a，第73页。

（2）荷兰在欧洲以外的贸易扩张

在巩固对波罗的海贸易控制的同时，荷兰人已经着力于全球贸易扩张。在非洲，重点在于控制几内亚海岸的黄金、奴隶贸易以及建立通往亚洲的前哨基地；在美洲，着力拓展其殖民事业；在前两个地方，荷兰人并不成功，但是在亚洲，通过建立荷兰东印度公司（Dutch East India Company，荷文原文为Vereenig de Oostindische Compagnie，简写为VOC），荷兰人收获颇丰。

荷兰人的非洲事业。1637年，荷兰人成功占领了葡萄牙在西非从事黄金和奴隶贸易的基地，并一度控制安哥拉。在好望角，他们建立了一个关键的前哨基地和补给站，为其亚洲冒险事业提供支持。总的来看，荷兰在非洲收获有限，主要的经济收益来自于奴隶贸易，但与英国和法国的奴隶贸易比较起来，还不到这二者的零头。

表 3-5　大西洋贩奴贸易：1701-1800（单位：千人）

英格兰	2532	北美洲	194
葡萄牙	1796	丹麦	74
法国	1180	其他	5
荷兰	351	合计	6132

资料来源：麦迪森：《世界经济千年史》，第47页，表2-18a。

荷兰人在美洲的发展。荷兰人在17世纪上叶才开始进入美洲。在1630—1654年间，占据了巴西东北部地区的蔗糖产区。糖料直接送回荷兰进行加工，到1650年时，荷兰已经拥有了40个糖料加工厂。在葡萄牙获得独立之后，荷兰人被驱逐到了加勒比地区。但荷兰人对这一地区的控制也不持久，在17世纪60和70年代，英国人和法国人将荷兰人赶出了该地区，荷兰人不得不将其甘蔗种植园迁移到苏里南。与他们在非洲的遭遇一样，面对着广袤的未开发土地，受制于有限的人口，与英国和法国的殖民事业比较起来，荷兰人从种植园贸易中收获有限。即便是误打误撞地发现了新阿姆斯特丹（纽约），最后也只得转让给英国，以换取后者对荷兰在苏里南地区糖料生产支配权的承认。

荷兰东印度公司与亚洲贸易。荷兰在人口上的劣势是他们在面对一片广袤而荒凉的"新大陆"时无法克服的障碍，但在贸易繁荣、经济发达的亚洲地区，荷兰人为自己高超的商业和金融技能找到了用武之地。

1602年，在官方压力下，所有参与亚洲贸易的荷兰商人都被迫加入荷兰东印度公司（VOC）。VOC 成为荷兰垄断贸易帝国主义在亚洲霸权的主要代理机构。"该公司享有贸易垄断权利，并被授予建立海外军事基地以及与外国统治者谈判的权利。"[①]1603年，VOC 将葡萄牙人赶出德那第岛；1621年在爪哇海岸的巴达维亚（即今天的雅加达）建立总部；1641年，捣毁了葡萄牙人在马六甲的贸易基地。对葡萄牙的胜利奠定了荷兰贸易垄断帝国主义的基础，但对于荷兰人雄心勃勃的亚洲事业来讲，这远远不够。他们的目标绝不仅仅是像葡萄牙一样成为"在印度尼西亚群岛的浅海里许多相互竞争和交战的海洋大国之一"[②]。他们要做的是垄断，不仅是对海上贸易通道的垄断，而且要做到对主要供应来源，尤其是利润高昂的香料来源的垄断。因此，在亚洲，荷兰毫不忌惮地进行大规模的军事行动和领土征服，以重组当地的贸易和权力体系。某些行动旨在消除别的供应来源，更多的行动被用于促进和强迫不同的海岛实行专业化，其次则保证不让竞争对手得到自己无法直接控制的供应来源，或者消灭实际的或潜在的与之竞争的商品交换中心。[③]这些活动就残酷性而言，和具有宗教狂热精神的伊比利亚人对异教徒的征服相比也有过之而无不及，但这些行动却完全是以利润为导向的，对武力的使用同样奉行着"节约"的新教传统，避免全面卷入军事冲突和单纯的领土占领，除非这

---

① ［英］安格斯·麦迪森：《世界经济千年史》，伍晓鹰等译，北京：北京大学出版社，2003年版，第75页。
② Parry, J.H., *The Age of the Reconnaissance. Discovery, Exploration and Settlement*, Berkeley, CA: California University Press, 1981: 242.
③ Parry, J.H., *The Age of the Reconnaissance. Discovery, Exploration and Settlement*, Berkeley, CA: California University Press, 1981: 250–252.

种行动能够带来令人满意的赢利。

通过几十年持续不懈的努力，VOC重现了荷兰商人在更早时期对波罗的海贸易中关键性物资——粮食和军需物资的控制，只不过在亚洲，具有战略意义的物资是香料。下表清晰地显示了荷兰积累战略的成功。还在17世纪的20年代，香料贸易已经成为荷兰亚洲贸易的大宗。他们对此的依赖一直持续了差不多一个世纪。

在东亚，荷兰是1639—1853年间唯一被允许在日本进行贸易活动的欧洲商人，但其价格和贸易量都受到日本政府的控制，利润有限。VOC也未能将葡萄牙人赶出澳门，只能在澎湖列岛建立一个贸易基地，1624年被迁往台湾，1662年被赶出，从此之后未能在中国获得任何贸易基地。在东亚，VOC的地位正像之前的葡萄牙一样，不过是当地发达的贸易网络中的一个组成部分。

表3-6　欧亚贸易结构的变迁：1513—1780

葡萄牙			荷兰东印度公司（VOC）			英国东印度公司（EIC）		
	1513—1519	1608—1610		1619—1621	1778—1801		1668—1670	1758—1760
胡椒	80.0	69.0	胡椒	56.4	11.0	胡椒	25.3	4.4
马鲁卡香料	9.0	0.03	其他香料	17.6	24.4	纺织品	56.6	53.5
其他香料	9.4	10.9	纺织品生丝	16.1	32.7	生丝	0.6	12.3
纺织品	0.2	7.8	咖啡和茶叶		22.9	茶叶	0.03	25.3
靛青		7.7	其他	9.9	9.0	其他	17.5	4.5
其他	1.4	4.6						

说明：表中数据为该贸易品种的贸易额占该国从亚洲进口商品总价值的百分比。
数据来源：依据麦迪森：《世界经济千年史》，表2-20，第76页，整理而得。

从17世纪30年代开始，VOC开始经营在孟加拉的纺织品贸易。但到了这个世纪的最后25年，VOC的纺织品贸易就已经被英法超越。在逐渐开始兴盛起来的咖啡和茶叶贸易中，VOC也日渐优势不在。到了18世纪的下半叶，VOC就已经不再是一个盈利的公司。1757年英国取得决定性的普拉西战役的胜利之后，VOC在印支半岛上的贸易条件显著恶化，并最终在1795年破产。而差不多半个世纪之前，荷兰资本的主要部分就已经开始撤离贸易领域，转向了金融扩张。

如果单纯从拓展资本主义世界体系的地理空间来看的话，荷兰人贡献有限，因为这实在不是荷兰资本的优势所在。荷兰的所有扩张活动无不受到其资本积累战略的指导。在欧洲，他们重组政治空间，创立了现代国际关系的基本准则，但更重要的还在于将商业利益（资本利益）从王朝国家的桎梏之下解放出来，给了寡头资本积极行动的自由。这是一种更重要的对"资本流动空间"的扩张；在欧洲之外，他们毫不忌惮地使用武力，将他们在欧洲所倡导的国际法则抛诸脑后，转变为一个彻底的帝国主义者。通过强制地推行专业化的做法，破坏当地的经济结构，使得美洲、非洲和亚洲诸多国家和地区开始按照荷兰的资本积累战略组织生产。一种符合资本积累中心积累战略要求的劳动分工和劳动控制方式被正式确立，沃勒斯坦所强调的"中心—半边缘—边缘"结构日渐成型。荷兰人通过其"国家—公司"型的积累战略，领导了资本主义世界体系第一次"生产空间的深化"。

3. 荷兰体系积累周期的金融扩张

（1）重商主义对荷兰的打击

荷兰的成功，带动了大批的效仿者，它们最终削弱了荷兰世界贸易体系无限扩展的能力。荷兰在贸易领域的丰厚利润得益于两个体系条件：第一是欧洲本土上不断激化的王朝国家间的竞争，这强化了荷兰作为物资供应中间人的地位；第二是VOC对亚洲贸易的垄断经营，源源不断地将大量利润集中到阿姆斯特丹，使得该城市很快地变成欧洲的商业中心和金融中心。

但是对于荷兰国家固有的格局来讲，它只能抓住机会，而不能创造机会。在西班牙王位继承战（1701—1713，见表3-4）之后，欧洲的军事紧张局势开始缓解，这使得那些更强大的主权国家，尤其是英国（在1688年，经过光荣革命之后，英国已经成为资产阶级共和国）和法国，可以腾出手来把更多的力量用于海外扩张。"越来越多的欧洲国家通过这种或那种重商主义，试图在自己领土内部吸收使荷兰富强的源泉。"[①] 一种被称为"重商主义"的

---

① ［美］乔万尼·阿瑞吉、贝弗利·J.西尔弗等：《现代世界体系的混沌与治理》，王宇洁译，北京：生活·读书·新知三联书店，2006年版，第57页。

政策开始威胁到荷兰的贸易垄断地位。

实行"重商主义"的国家开始有意识地模仿荷兰人,走资本主义道路,把它作为实现自身目标的最有效途径,最典型者如英国。克伦威尔时代颁布的《航海法案》①,便是这一指导思想下的产物。阿瑞吉将英国的政策称为"海上重商主义",与之相对将法国的政策称为"领土重商主义"。② 法国以"建立国民经济"的新形式来重申或重建其国内经济以摆脱对于荷兰的依赖,甚至谋求通过武力将荷兰及其贸易网络直接"兼并"过来。"到 17 世纪末的时候,英国和法国的重商主义取得很大成功,已经对荷兰世界贸易体系继续扩张其范围和规模的能力起着极大的制约作用。"③ 到 1720 年左右,重商主义影响到了荷兰的"母亲贸易",成为荷兰世界贸易体系在 18 世纪二三十年代决定性地走向衰落的根本原因。"从大约 1740 年起,这个阶级的先进分子开始放弃贸易,越来越专门从事巨额融资。"④

(2)荷兰体系积累周期的金融扩张

事实证明,对于荷兰的资产阶级而非荷兰国家而言,这是一个正确的选择。通过这一行动,荷兰资产阶级在失去了商业霸主地位之后,还经历了一段并不算太短的金融资本的"美好时代"。

1740—1748 年奥地利王位继承战的爆发,再次激化了欧洲的竞争烈度。但对荷兰的资产阶级而言,这是一个扩张机会。荷兰人抓住了它,金钱再次获得了"生殖力"。不用辛苦地经过 MCM' 的循环,钱自己就能生出钱来(MM')。"到 1758 年,据说荷兰投资者掌握了英格兰银行、英国东印度公司

---

① 《航海法案》是 1651 年 10 月克伦威尔领导的英吉利共和国议会通过的第一个保护英国本土航海贸易垄断的法案,以后该法案经多次修订。主要内容包括:只有英国或其殖民地所拥有、制造的船只可以运装英国殖民地的货物;政府指定某些殖民地产品只准许贩运到英国本土或其他英国殖民地,包括烟草、糖、棉花、靛青、毛皮等;其他国家制造的产品,必须经由英国本土,而不能直接运销殖民地;限制殖民地生产与英国本土竞争的产品,如纺织品等。该法案导致了英荷之间的四次贸易战争。直到 1854 年,该法案才被完全废除。
② [美] 乔万尼·阿瑞吉、贝弗利·J. 西尔弗等:《现代世界体系的混沌与治理》,王宇洁译,北京:生活·读书·新知三联书店,2006 年版,第 69 页。
③ [意] 杰奥瓦尼·阿瑞基:《漫长的 20 世纪》,姚乃强、严维明、韩振荣译,南京:江苏人民出版社,2001 年版,第 175 页。
④ [意] 杰奥瓦尼·阿瑞基:《漫长的 20 世纪》,姚乃强、严维明、韩振荣译,南京:江苏人民出版社,2001 年版,第 175-176 页。

（British East India Company，简写为 EIC）、南海公司三分之一的股份。四年之后……荷兰拥有英国四分之一的债券，数额为一百二十亿英镑。"① 而且，绝不仅英国才有这种对荷兰资本的强烈需求。"到 18 世纪 60 年代，所有欧洲国家都排着队，等候在荷兰放款人的办公室前。"② 荷兰人醉心于自己的这种金融霸权地位，向越来越多的国家贷款，就像两百多年后的华尔街金融资本无节制地发放次级证券一样。但是在其后的日子里，他们收获了越来越多的危机：七年战争（1756—1763）后期，因为放贷过度，一家著名银行破产，随之引发金融系统崩溃；十年之后，一家英国银行破产，英格兰银行停止贴现，危机的压力全部转嫁到阿姆斯特丹；1781—1784 年第四次英荷战争爆发，维塞尔银行因为在战争条件下向阿姆斯特丹大幅放款而倒闭。1788 年，法国拒绝还债，而英国在 1757 年普拉西战役获胜之后，源源不断地获得了来自印度的财富，到 1783 年的时候，全部还清欠款，伦敦开始上升为资本主义世界体系的中心。③ 而在此之前，英国政府每年要支付 900 万英镑的债务利息，占政府预算的 75% 和贸易总值的四分之一以上。④ 这些利息支出大部分流入荷兰金融资本的手中。在荷兰金融霸权的尾声，阿姆斯特丹遭遇了作为放款人最害怕的两类债主：一类债务人无力偿付，拒绝偿付，比如法国；另一类没有违约风险，却选择了将本息全部付清，比如英国。荷兰"夹在了英国和法国之间，成为两个大国较量的战利品"——诚如布罗代尔所言。

（3）荷兰体系积累周期中金融技术的进步

在荷兰体系积累周期的贸易扩张阶段，荷兰人通过其"国家—公司"型的积累战略，领导了资本主义世界体系第一次"生产空间的扩张"，重组了全球生产格局；在金融领域，荷兰的金融体系同样做出了诸多创新，并将阿姆斯特丹建设成当时世界上最发达的金融市场。"在 1639 年，至少有 360 种商品在阿姆斯特丹交易所交易。1685 年交易商品上升到 550 种。"⑤ 该市场的繁

---

① Charles R Boxer. *The Dutch Seaborne Empire*，1600–1800.New York: Knopf，1965:110.
② ［法］费尔南·布罗代尔：《15—18世纪的物质文明、经济和资本主义》，第3卷，施康强、顾良译，北京：生活·读书·新知三联书店，2002年版，第273页。
③ ［美］乔万尼·阿瑞吉、贝弗利·J. 西尔弗等：《现代世界体系的混沌与治理》，王宇洁译，北京：生活·读书·新知三联书店，2006年版，第61—63页。
④ ［意］杰奥瓦尼·阿瑞基：《漫长的20世纪》，姚乃强、严维明、韩振荣译，南京：江苏人民出版社，2001年版，第199页。
⑤ 沈汉：《重新认识金融资本形成和资本输出时间》，《史学理论研究》，2012年第1期。

荣可见一斑。

在 1545—1570 年间，谷物远期贸易就已经从向生产者预付款的季节性交易转变为在海外码头建立仓储或经海运到港后进行的定期性交易。在 17 世纪初，远期交易已非常盛行，并出现了可转让的标准化远期交易合约。交易品种包括尚未捕捉到的鲱鱼、未生长出来的谷物、可可和咖啡等。保险业的规则也开始建立，并于 1598 年以立法形式确定了交易程序，1612 年，在市政府监督下成立"保险协作室"以进行监管。[1]

1602 年，荷兰东印度公司依据此前荷兰航海家组织远航的做法建立公司章程，与公司股票相应的远期合约交易随即兴起；活跃的交易为期货市场的出现铺平了道路，VOC 的股票期货市场诞生于 1650 年，并任命专门的簿记员负责交易登记和差额清算。其他的衍生金融工具如期权等也得到发展。由于这一时期短期价格波动较小，少有人签订期权合约，而远期交易期限在 1 至 3 年之间，因而商人采用长期策略来改变头寸而非根据价格变动进行交易。到了 17 世纪 30 年代，6 个月期限的合约逐渐普及起来，这一策略才有所改变，进而发展了借入股票卖空结合期权合约的投机交易策略。经纪人在缺乏证券交易机会时散布战争、船只沉没等各类谣言以制造价格波动，从而强化了市场对期权的需求和复杂交易策略的发展。从签订期权合约到履行合约这段时间的风险评估成为阿姆斯特丹股票市场混乱的根源。作为对此的应对，荷兰政府通过选择型税收来控制衍生产品交易；1689 年，阿姆斯特丹城市议会开始对所有的证券交易征收印花税，对荷兰东印度公司和西印度公司的股票期权征收从量税。

三、工业、帝国和自由贸易：英国体系积累周期

伦敦为了赶上阿姆斯特丹成为最重要的巨额融资中心用了超过一个世纪的时间。为了达到这一目的，它先是在与法国的竞争中取得了对欧洲以外地

---

[1] Marjolein T Hart, Joost Jonker, and Jan Luiten Van Zanden, *A Financial History of the Netherlands*, Cambridge University Press, 1997, pp.53-54.

区贸易的绝对控制权,然后成功地将荷兰的剩余资本吸引过来为己所用,不断壮大自己的实力。在1780—1783年的荷兰危机之后,阿姆斯特丹在巨额融资领域的统治地位就已经结束,但这并非荷兰资本的毁灭。在整个18世纪80和90年代,巨额融资领域经历了一段阿瑞吉称之为"双元化"的过渡时期。这也是在整个历史资本主义的体系积累周期更迭中反复出现的一幕。在20世纪20年代和30年代是英美双元化;在今天,我们可能正在经历美欧双元化,或更多元化的一个时期。

除了双元化这一特征为我们所熟知外,另外一个特征则尤其值得我们警醒。历次的过渡阶段在竞争加剧的情况下,都以战争作为最终决出胜负的手段(依次是三十年战争、拿破仑战争和"二战")。战争成为体系积累周期结束(MM')阶段的标志,也成为新的体系积累周期重启物质扩张(MCM')阶段的起点。

历史总在重复,但历史从不完全重复。重复中包含着替代和发展。就以英国为中心的体系积累周期而言,"工业""帝国""自由贸易"成为它的关键词。在马克思的框架里,英国才是资本主义的真正老家。然而,自亚当·斯密以来的众多经济学家们,很少将这些关键词整合在一起做通盘的考察。

在19世纪下叶,马克思和恩格斯敏锐地捕捉到了资本主义在生产组织过程中的重大变迁,号召我们"离开这个嘈杂的、表面的、有目共睹的(市场)领域,跟随(货币所有者和劳动力所有者)进入……隐蔽的生产场所"[①],在那里,通过对"剩余价值"的发现,他将为我们揭开资本积累和利润的真正来源;而马克思之后的马克思主义者,尤其是列宁,转移了话题的方向,将重点放在那个时代不断激化的帝国主义争斗和方兴未艾的资本输出。因而也就有了把商业资本主义、工业资本主义和金融资本主义作为资本主义发展不断推进的三个阶段的认识,并且乐观地断言,在19世纪末20世纪初,资本主义已经进入它的最高阶段(因而也是最后阶段);而新古典和新制度学派的经济学家们则声称他们忠实地继承了亚当·斯密的传统,将英国所实施的自由贸易政策视为英国得以兴盛的根源,并由此在资本主义与市场经济之间划上等号。

---

① [德]马克思:《资本论》第1卷,北京:人民出版社,2004年版,第199页。

事实是，只有将上述三个关键词结合起来，我们才能理解英国体系积累周期之所以能在漫长的 19 世纪引领资本主义世界体系的奥秘。

1. 英国积累周期的积累战略

直到今天，在谈及英国在其最辉煌的 19 世纪留给世人的印象时，"世界工厂"依然是提及频率最高的一个词。但事实是，"英国起到的世界经济的交流中心作用，在重要性和时间上都超过了它作为'世界车间'的作用"[①]。这两种评价代表了对 19 世纪英国资本主义存在的两种主要看法。一种以布朗（Barrat Brown，1988:32）为代表，强调其帝国和工农业基础；一种以英厄姆（Ingham，1984:9）和安德森（Anderson，1987:33）为代表，更加看重英国在商业和金融上的主导地位。

但如果从体系积累周期的观点来看，英国实际上将上述战略结合在了一起，但在不同的阶段，两种战略在积累中心的政治和商业决策者中的权重是不同的。可以再次用新霸权在崛起和发展中的"双向学习"过程来解释英国的这种复合战略。从中我们既可以看到威尼斯和荷兰道路的影响，也能发现热那亚—伊比利亚之间的资本主义—地主阶级统治联盟被更紧密、和谐地融合在了一个"民族国家"之内。因此，真正应该批判的不是布朗或英厄姆中的任何一个，而是新古典经济学中始终如一的对市场"无形之手"的过度偏爱，以及对英国国家"守夜人"角色的不遗余力的塑造。"这个守夜人为楼里居民的每项活动铺平道路，不但防备外界的不友好举动，而且在有效地统治着四大洋，在每个大陆建立了殖民前哨阵地。这是一个什么样的守夜人？"——布朗这样问道。这个"守夜人"为英国的资产阶级提供了有史以来具有最大领土和最多人口的帝国基础。

英国的"工业资本主义"和"自由贸易资本主义"建基在"英国殖民帝国主义"的庞大结构之上，从而实现对热那亚—伊比利亚联盟积累战略和荷兰积累战略的超越。更加具体地讲，英国的积累战略既实现了保护成本的内部化（对热那亚—伊比利亚联盟的超越），也实现了生产成本内部化（对荷兰

[①] ［意］杰奥瓦尼·阿瑞基：《漫长的 20 世纪》，姚乃强、严维明、韩振荣译，南京：江苏人民出版社，2001 年版，第 217 页。

的超越)。

（1）工业资本主义与生产成本内部化

荷兰体系因将保护成本内部化而取得了对热那亚资本主义的优势，在这一点上荷兰看起来更像是威尼斯的放大。到了18世纪末19世纪初的时候，英国则通过生产成本内部化而最终超越了荷兰。生产成本内部化指的是生产活动被纳入资本主义企业的组织范畴，并服从这类企业所特有的厉行节约的倾向。这一趋势在英国引发了一场深刻的"组织革命"。"工厂"成为在全球竞争中的关键因素。而在此前，热那亚和荷兰周期的主要资本主义企业都以贸易和巨额融资为自己的主要利润来源，只在少数的领域，如造船工业、奢侈品工业、建筑工业和现代农业等领域存在例外。

在此，我们需要纠正一种流传广泛的倾向。在经济史领域，一种通常的倾向是在工业革命与英国资本主义之间建立紧密的联系，并且认为工业资本主义对商业资本主义的取代标志着资本主义一个新的发展阶段。对此，阿瑞吉提出了一个几乎与之完全对立的观点："在历史上，作为一种世界制度的资本主义诞生于与工业的脱钩，而不是与工业的结合。"[①]

阿瑞吉提出了支持他做出这种结论的历史依据：威尼斯在16世纪末经历了一个快速工业化的过程，以作为对威尼斯在城市国家间展开的竞争中落败后的一种不得已而为之的替代和补偿。当它再次启动工业化进程的时候，它不过是以从属的身份成为由胜利者热那亚构筑的资本自我扩张网络中的一个不甚重要的一员。今天，我们可以为阿瑞吉的论点提供一个更加具有说服力的案例。2010年3月，美国总统奥巴马正式提出了美国的"出口倍增计划"，计划用5年的时间将美国出口额提高一倍，主要的努力方向放在了制造业上。这或许可以视为美国试图重新工业化的一个信号。鉴于该计划还处于实施的中期阶段，我们无法对其最终结果做出判断，但威尼斯的历史经验提供了一个恰当的参考。不管这一倍增计划能否实现，在事实上都意味着美国对全球贸易和金融领域控制力不断下降的趋势越发明显，意味着美国最大宗的出口产品——美元和美国债券——日益丧失了吸引力。因此，我们的观点与阿瑞吉的结论非常接近：工业化不是导致资本主义力量强大的充分条件，再工业

---

① ［意］杰奥瓦尼·阿瑞基：《漫长的20世纪》，姚乃强、严维明、韩振荣译，南京：江苏人民出版社，2001年版，第219页，第223-224页。

化尤其不是——除非它能够转化为强化该国在贸易和金融领域的力量。因此，对我们观点的运用需要对工业化的性质做出区分——一种是后进国家的工业化，一种是已趋衰落的霸权国家的再工业化——为前提。在历史上，英国提供了支持该结论的并不太有说服力的案例，德国提供后进国家追赶失败的反面教材，尽管德国的工业化是如此成功；在20世纪的东亚——日本，尤其是中国可能提供一个更加完美的范本。

说英国的案例并不太具有说服力，原因在于英国在"原工业化"时期经历了很大的挫折，只能以从属的地位受制于热那亚和荷兰的贸易霸权。但与威尼斯不同的是，"威尼斯是一个已经成为自己过去成功的牺牲品的资本主义国家，而英国是一个已经成为自己过去失败的牺牲品的地主阶级统治国家"[1]。失败的经历使英国的贵族阶级统治者慢慢地转化为一个资产阶级，夯实其立国基础。一旦英国的国家力量可以打败荷兰的海上霸权，英国的工业化就能进一步地增强国家力量，从而将之前失败的恶性循环转化为成功的良性循环，奠定其在未来的一个多世纪里的统治基础，并最终成为有史以来最强大的资本主义国家。

（2）贸易自由主义与殖民帝国主义

荷兰人从资本主义的资本逻辑出发，朝着海外扩张的方向迈进，其主要的扩张机构即特许股份公司。但这一成功所具有的示范效应最终却使得荷兰人对《威斯特伐利亚条约》的"治理"成为"违背领导者意愿的领导"。这种示范效应引起的效仿削弱了而不是加强了荷兰的实力。荷兰的霸权不过是昙花一现，在接下来的一个半世纪里（1652年英荷开战到1815年拿破仑战败），英法争霸作为新阶段的核心事件贯彻始终，斗争中的胜利者将取代荷兰，成为资本主义世界体系的新领导者。这一过程分三个阶段进行：

第一阶段，作为实力更加强大的王朝国家，英国和法国展开了对荷兰的争夺，都试图将后者纳入自己的版图。最终荷兰倒向英国。

第二阶段，英法对大西洋贸易控制权的斗争。这一阶段的斗争再次使得资本主义世界体系作为一个整体实现了地理空间上的大规模扩张。[2]对英国

---

[1] ［意］杰奥瓦尼·阿瑞基：《漫长的20世纪》，姚乃强、严维明、韩振荣译，南京：江苏人民出版社，2001年版，第226页。

[2] 19世纪初，西方国家声称拥有地球表面55%的陆地，但实际拥有的不过35%。到1878年时，已经上升到了67%，在1914年时，已经达到85%。

而言，对印度莫卧尔帝国的征服尤为关键，奠定了其最终战胜法国的基础。新属地的获得使英法可以在18世纪里采取重商主义的政策与荷兰对抗并超过荷兰。重商主义看似保守，但在移民殖民主义、资本主义奴隶制和经济民族主义的配合下却仍然能保持最低限度的经济内循环，并最终成长壮大。正如施莫勒（Gustav von Schmoller）所强调的："从最核心的方面来说，'重商主义'只是一种立国活动而已——不是狭义上的立国，而是立国和国民经济开发同时并进。"① 通过将保护成本转化为税收，以战养战的战争—军事工业体系获得蓬勃发展。英国在此方面尤为成功。七年战争（1756—1763）的结束，它和法国之间的斗争也就告一段落。

第三阶段，体系混乱与英国主导的秩序重建。1776年英国失去了它在北美的13个殖民地。这导致英国开始调整其在北美和欧洲大部分地区的统治策略，并建立了新的霸权秩序——英国自由贸易帝国主义（对于荷兰，阿瑞吉视之为贸易垄断帝国主义，从中我们可以发现二者的区别）。英国在对拿破仑法国的斗争中成长为霸权，并对体系进行了重大改组，以适应新的权力格局，扩大并替代了威斯特伐利亚条约体系。②

在欧洲实现了"英国治下的和平"（Pax Britannica）（1815-1914）。而在欧洲和平的背后，"是整个19世纪英国在非欧洲世界不断地进行战争"③。英国收获了印度莫卧儿帝国，在19世纪中叶，清王朝也成了欧洲殖民国家的角斗场，沦为半殖民地。"从殖民地榨取的帝国贡品，经过再循环变成了投资到世界各地的资本，从而提升了伦敦作为世界金融中心对于阿姆斯特丹和巴黎的优势地位"，使得联合王国能够单方面采取自由贸易政策。该政策和英国成熟而且领先的工业生产能力相结合，将整个世界按劳动分工的原则有效地组织在自己的周围。英国在经济方面的领先地位，使其可以绕过其他主权国家看似绝对独立的治权而发生影响，经济的力量转化为它对整个世界进行统治的非正式工具。

---

① ［意］杰奥瓦尼·阿瑞基：《漫长的20世纪》，姚乃强、严维明、韩振荣译，南京：江苏人民出版社，2001年版，第62页。
② ［意］杰奥瓦尼·阿瑞基：《漫长的20世纪》，姚乃强、严维明、韩振荣译，南京：江苏人民出版社，2001年版，第65页。
③ ［美］乔万尼·阿瑞吉、贝弗利·J.西尔弗等：《现代世界体系的混沌与治理》，王宇洁译，北京：生活·读书·新知三联书店，2006年版，第67页。

因此，在我们看来，贸易自由主义的英国、殖民帝国主义的英国和工业资本主义的英国同为英国在19世纪的面孔。三者共同服务于英国资本积累的目的。其中，殖民帝国主义是基石，进一步扩张了资本主义世界体系的地理空间；工业资本主义是手段，贸易自由主义是政策，二者合力再次重组了全球生产空间，马克思主义所定义的资本主义生产方式在全球范围内得以推广，其影响远远超过了在荷兰体系积累周期中基于地域的专业化分工，实现了资本主义世界体系在全球范围内生产空间的深化，贸易—生产的全球化趋势已经初露端倪。

2. 英国体系积累周期的物质扩张

英国的发展被认为是提供了国家生命周期的典范：贸易、工业、金融依次迅速增长，逐步达到顶点，并成为世界经济的霸主，然后缓慢衰落。[①]

这一以英国为中心的新的体系积累周期同样符合阿瑞吉对一个完整周期所做的两阶段划分。但是需要提醒的是，我们对第一阶段进行分析时在用词方面的一个变化。在对热那亚和荷兰周期的第一阶段分析中，使用的是"贸易扩张"这个词，而从英国周期开始，改成了"物质扩张"。后面一词涵盖了"贸易扩张"和"工业扩张"两个含义，以更好地体现从英国周期开始，日渐显现其重要性的工业化进程在推动资本主义世界体系全球扩张的作用。

（1）英国体系积累周期的国内准备

在前文中我们已经对从1652年英荷开战到1815年拿破仑战败这一个半世纪中，以英法争霸为核心事件的英国对外斗争分阶段做了简要的分析，而在本小节将对英国创立有利于资本主义发展的现代民族国家和制度做提示性的介绍，其时限大致从15世纪末到17世纪末。

这一阶段英国的开明阶层视荷兰为效仿的楷模，创立类似荷兰的经济制度成为支配国内制度变革的主导方向。从亨利七世开始，削弱了封建土地贵族所拥有的地产规模，并将其赠与上升中的，但身份较低的中上层阶级，剥夺了贵族的私人武装，从而初步破除了封建割据对专制王权的掣肘；亨利八

---

① ［美］查尔斯·P.金德尔伯格：《世界经济霸权1500—1990》，高祖贵译，北京：商务印书馆，2003年版，第201页。

世则与教皇决裂,废除僧侣等级制,没收教产,削弱了教权对于王权的钳制,专制权力集中于国王之手,然而国家财政则主要依赖于由地主和商人中的一些精英所控制的众议院。① 在光荣革命(1688)之后,一种现代意义上的民族国家在英国建立起来。地主阶级统治者与资产阶级之间的联盟关系较之他们效仿的联省共和国更加紧密。

在此期间,英国大力着手重组了国家金融。伊丽莎白时代,在格雷沙姆勋爵的建议和努力下,伦敦建立了一个类似安特卫普的商品和证券交易所,旨在使英国在贸易和信贷方面能独立于"流动国家"。虽然当时它非常弱小,足足用了200年才赶上阿姆斯特丹,但"它标志着巨额融资领域里国家主义的开始"②,一个将金融的力量和枪炮的力量结合在一起的"民族国家"真正诞生了。"一种气势汹汹的经济民族主义开始成为英国谋求强大过程中的特点。"在1560—1561年间,把英镑币值稳定下来。在此后的几个世纪里,每12盎司中银的含量达到11盎司2本尼威特成为"古代的正确标准"。1694年,英格兰银行成立,并于两年后开始大规模重铸银币。1703年,《梅森协定》使葡萄牙背弃法国成为英国的保护国,英国对葡萄牙的贸易顺差使葡萄牙的黄金在18世纪持续流入英国,成为后者建立金本位的一个基础。"英镑的长期稳定,英国对外投资的'自我扩张',是这种强国之道不可分割的组成部分。"③ 通过搜罗得来的财物④,英国开创了"可靠货币"的传统,并使其经受住了发生在1621年、1695年、1774年以及1797年等危机的考验。

从1679年开始,逐步废除包括关税在内的税收承包制度,任命专业的政府税收专员,统一国家财政。经过一系列的变革之后,18世纪初的英国已经建立起一套稳健的公共财政体系和富有效率的金融系统,虽然后者在规模和

---

① [英]安格斯·麦迪森:《世界经济千年史》,伍晓鹰等译,北京大学出版社,2003年版,第83页。
② [意]杰奥瓦尼·阿瑞基:《漫长的20世纪》,姚乃强、严维明、韩振荣译,南京:江苏人民出版社,2001年版,第236页。
③ [意]杰奥瓦尼·阿瑞基:《漫长的20世纪》,姚乃强、严维明、韩振荣译,南京:江苏人民出版社,2001年版,第238页。
④ 凯恩斯曾指出:"德雷克用'金鹿号'载回来的掠夺物总值约60万英镑;有了这笔收入,伊丽莎白可以还清全部外债,还能向黎凡特公司投资大约4.2万英镑。东印度公司的原始资本很大部分就是来自黎凡特公司的利润,而东印度公司的利润是17世纪和18世纪英国对外联络的主要基础。"

影响力上尚不能与阿姆斯特丹竞争。

在15—17世纪末期，英国人口增长了大约4倍，人均收入几乎翻了一番，城市化进程也大幅提高。到1697年时，英国商业船队的规模已经超过2000艘，总吨位达到32.2万吨，成为继荷兰之后的第二大海上强国。

（2）英国体系积累周期的物质扩张

大西洋三角贸易。对于荷兰人来讲，波罗的海贸易有着"母亲贸易"的重要性；对英国而言，母亲贸易是威廉姆斯总结的"大西洋三角贸易"。它是一种循环贸易。在出程阶段，用英国的工业制成品在非洲西海岸换取非洲奴隶；在中程贸易中，用非洲奴隶在美洲换回种植园产品和其他欧洲急需的货物，包括金银等贵金属；在归程贸易中，用美洲产品与英国的工业制成品交换。图3-2提供了大西洋三角贸易路线的一个简单示意。大西洋三角贸易对于英国的重要性除了为英国制造商提供了一条快捷和受保护的扩展途径之外[①]，更重要的还在于，它促使欧洲的转口贸易中心从阿姆斯特丹向英国的转移，成为英国日后重组全球贸易网络、资本积累和权力体系的基础。"到18世纪初时，英国已经控制了大西洋地区烟草、糖、棉花和黄金的供应，尤其是大部分生产这些物资的奴隶"[②]，初步建立起全球商业的霸主地位。

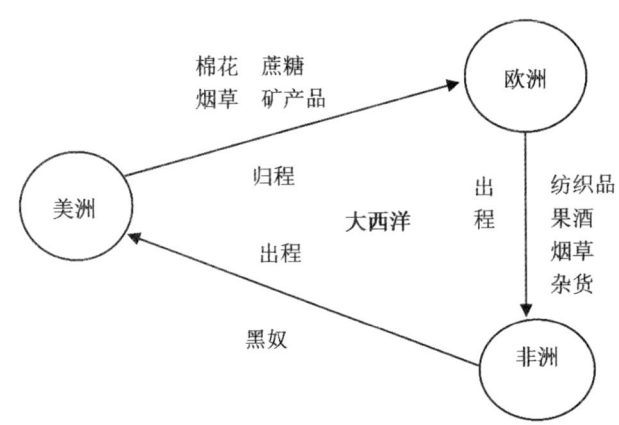

图3-2 大西洋三角贸易路线图

[①] ［意］杰奥瓦尼·阿瑞基：《漫长的20世纪》，姚乃强、严维明、韩振荣译，南京：江苏人民出版社，2001年版，第247页。

[②] ［意］杰奥瓦尼·阿瑞基：《漫长的20世纪》，姚乃强、严维明、韩振荣译，南京：江苏人民出版社，2001年版，第247页。

但阿瑞吉指出了荷兰建立于 16 世纪末期的商业霸主和 18 世纪英国商业霸主地位的一个根本差别：前者遵循严格的资本逻辑（MTM'），而后者却是以领土逻辑（TMT'）和资本逻辑（MTM'）的完美结合为基础。由此英国的政府和商业机构能够把体系资本积累过程大大地往前推进。[①]

荷兰战略的优势在于其灵活性，避免将大量资本用于风险过高的领土征服和涉入当地复杂的政治纠纷中。在东印度群岛，这里早已存在高度发达的贸易—生产网络，荷兰人只要投入有限的人力和资本，收买当地的统治者，就能实现对贸易网络的控制；但在美洲这样一个几乎未开发的大陆，荷兰人需要做的，不是去控制一个现存的贸易—生产体系，而是要去建立一个这样的体系时，荷兰国家在人口和领土上的缺陷就成为一个无法克服的障碍。因此，在 17 世纪的东印度群岛，荷兰人牢牢地控制了利润高昂的香料贸易，涉足其中的英国公司只能在荷兰人无暇顾及的纺织品贸易上挣些辛苦钱；但在大西洋三角贸易中，荷兰西印度公司却不能和英法等更庞大的国家竞争（有关贩奴贸易、香料贸易和纺织品贸易的有关数据详见表 3-5 和表 3-6）。

表 3-7　1650—1807 年间不列颠的奴隶贸易

年份	西非（英镑）	牙买加（英镑）	每个奴隶所获平均利润（英镑）
1651—1675	2.68	23.12	14.68
1676—1700	3.68	22.04	12.85
1701—1720	10.28	24.98	8.46
1721—1740	14.92	24.10	3.61
1741—1760	14.18	30.68	8.83
1761—1780	16.08	37.73 [31.25]	12.22 [1.58]
1781—1808	——	—[48.02]	—[2.88]

数据来源：Engerman, S. L , "The Slave Trade and British Capital Formation in the Eighteenth Century: a Comment on the Williams Thesis " [J]. *Business History Review*, Vo.1 46.pp.438. 转引自于民：《16-18 世纪的大西洋贸易与现代早期世界经济的不平衡发展》，《西华大学学报》（哲学社会科学版），2008 年第 2 期，第 34-41 页。

英国在贩奴贸易上的成功接下来让他们在美洲（加勒比和北美地区）收获了更多。从 17 世纪 20 年代开始，英国开始介入加勒比殖民地的制糖业，

[①] [意] 杰奥瓦尼·阿瑞基：《漫长的 20 世纪》，姚乃强、严维明、韩振荣译，南京：江苏人民出版社，2001 年版，第 247-248 页。

1607—1713年之间在北美的13个殖民地定居。在北美的5个主要依靠奴隶劳动力的殖民地中，奴隶的人口占到当地总人口的40%，而在加勒比，则高达85%。① 所有殖民事业的开展都离不开非洲黑人奴隶的劳动供给。

目前学术界对于奴隶贸易利润率的高低、奴隶贸易对于英国早期的资本积累中的作用等尚存在巨大分歧，本书不涉足这方面的争议，但我们想强调的是，以奴隶贸易为核心的大西洋三角贸易对于英国体系积累体制的基石作用：首先，它促使了全球贸易中心由波罗的海贸易向大西洋贸易的转移，削弱了荷兰的力量而加强了英国对全球贸易的影响力。这与之前的一次转移极为类似，贸易中心由地中海向波罗的海的转移削弱了意大利城市国家的力量而强化了荷兰的力量；第二，不管这些贸易的利润率是高还是低，在英国赢得普拉西战役（1757年）而彻底征服印度之前，得自大西洋三角贸易的利润事实上构成了英国资本积累的主要部分；第三，英国从大西洋三角贸易中既获得大量劳动力，同时也获得了广阔的原料产地及其制成品的销售市场，构成其工业资本主义的基础；第四，通过大西洋三角贸易，英国得以重组全球贸易网络和权力网络，实现了领土逻辑与资本逻辑的完美结合，将资本主义体系积累周期的积累体制推向新的高度，实现了对荷兰体制的彻底超越。

英国东印度公司和对印度的征服。英国东印度公司（EIC）比荷兰东印度公司（VOC）成立得更早。建立东印度公司的原始资本来源于伊丽莎白时代从西班牙手里劫掠来的战利品，其目的在于利用它促进海外的商业和领土扩张。但在EIC建立之后的一个多世纪里，它一直无法和VOC相提并论，因为后者几乎垄断了印度群岛利润最高的香料贸易，至少是香料贸易中利润最高的部分。直到18世纪下半叶情况才开始改善。在这一阶段，一方面在与荷兰的竞争中处于下风，另一方面，印度莫卧儿帝国的军事力量相当强大，其统治也较为稳固。EIC看起来更多的像是一个贸易公司，其主要业务集中在纺织业，而且是进口印度纺织品，它们能向印度输入的商品非常有限，因而只能用贵金属进行支付。② "印度就像一座坟墓，只进不出，就是说不输出金银币。金银在那消耗殆尽，仅仅是为了积累更多的贵金属运到那里，就将榨

---

① ［英］安格斯·麦迪森：《世界经济千年史》，伍晓鹰等译，北京：北京大学出版社，2003年版，第99页。
② 赵伯乐：《从商业公司到殖民政权——英国东印度公司的发展变化》，《华中师范大学学报》（哲学社会科学版），1986年版第6期。

干英国和欧洲的全部贮备。"①

18世纪初，莫卧儿帝国对印度的统治开始动摇，割据局面形成。这给了EIC介入权力斗争取代莫卧儿帝国统治的时机。1740年，公司大幅扩张其军事力量，军人主要由印度人构成，但按照欧洲风格进行组织和训练，并使用当时最先进的武器装备。1757年普拉西战役②和后几年战争的获胜使得EIC成为南亚次大陆的主要治理机构，并劫掠了大量财富。EIC日益转变为庞大的公司国家（company state）。③公司的强制力量被广泛用于打击竞争对手，摧毁印度本土工业，颁布法令要求织工只能为公司生产。早期较为平等的贸易关系，在18世纪来了一个彻底的转变。正如马克思所指出："在整个18世纪期间，由印度流入英国的财富，主要的不是通过比较次要的贸易得手的，而是通过对印度的直接搜刮，通过掠夺巨额财富然后转运到英国的办法弄到手的。"④到18世纪60年代，公司控制印度地方的税收很快超过了贸易额，成为公司收入的主要来源。从1813年起，公司的商业收入就已经微不足道了。

EIC对印度的征服和大西洋贸易网络一起构成了英国殖民帝国的基石。通过对印度的征服，它摧毁了当地的生产—贸易体系，然后将之重组为以英国为中心的边缘地带；通过大西洋贸易网络，它建立起有利于英国生产—贸易扩张的分工体系和劳动控制方式；通过在上述两个地区同时进行的掠夺式资本积累，英国积累起挑战阿姆斯特丹金融统治的力量。在接下来的时间里，英国工业资本主义将占据更加显赫的地位，将英国体系积累周期的物质扩张推向新的高度。

工业革命和自由贸易帝国主义。在有关英国发展的经济史研究中，存在诸多争议。这种争议尤其集中在与"工业革命"有关的话题之上。20世纪80

---

① Bhattacharya.*The East India Company and the Economy of Bengal*，London，1954：165-166.
② 普拉西战役（the Battle of Plassey），发生于1757年6月23日，是英国东印度公司与印度的孟加拉王公的战争。而孟加拉王公西拉杰·乌德·达乌拉有法国为其支持者。普拉西战役的胜利，使得英国东印度公司获得了巨大利益，在孟加拉取得霸权。英军从西拉杰的国库中掠走了三百七十多万英镑的财宝，傀儡米尔·贾法尔登上王位后又"赔款"100万英镑。之后英国人又将矛头转向法国，并在随后的第三次卡纳蒂克战争中将法国的势力从印度彻底清除；自此，印度开始逐渐成为英国的殖民地。
③ ［美］乔万尼·阿瑞吉、贝弗利·J.西尔弗等：《现代世界体系的混沌与治理》，王宇洁译，北京：生活·读书·新知三联书店，2006年版，第121-122页。
④ 《马克思恩格斯全集》第9卷，北京：人民出版社，1965年版，第173-174页。

年代以来涌现出的大量文献资料和研究成果，开始向"工业革命"所具有的"革命性"提出挑战。结论取决于研究者对"革命"这一术语持有的标准，因而始终是一个见仁见智的问题。格拉斯在《工业演进》一书中，认为工业革命是一次"突破"，"它属于罗马帝国瓦解、宗教改革、法国大革命之列，在世界历史上引起了一次不连贯的变化"。① 艾尔弗雷德·马歇尔则说，"本质上不存在任何不连贯性"。但几乎所有的研究者都承认，从18世纪后期开始，大规模的技术创新、大量新产业的出现是一个客观现象。作为结果，英国的经济增长率获得显著的提高，并远远高于同期欧洲其他国家的发展水平。从体系积累周期的观点来看，英国的崛起是对荷兰积累体制的否定和胜利，当然具有一种突变的意味，然而资本主义世界规模的资本积累过程本身具有持续性，因而，连续中的突变可能并不像看上去的那样难以理解。

按照阿瑞吉的框架，被称之为"工业革命"的变革实际上是一个持续多个世纪的工业化历史进程的第三个也是最后一个关头。"第一个关头是英国纺织工业的迅速扩张，它发生在14世纪末和15世纪初佛罗伦萨的金融扩张时期；第二个关头是英国金属工业的迅速扩张，它发生在16世纪末和17世纪初热那亚的金融扩张时期；第三个关头——即所谓的工业革命——是英国纺织工业和金属工业同时迅速扩张，它发生在18世纪荷兰带头的金融扩张时期。"② 这三个关头从英国的角度看都是工业扩张的时期，从体系环境的变革看又都是金融扩张的时期。我们的结论将这二者结合起来便是：只有当体系环境变得有利于英国资本的时候，其工业化才获得了显著的动力而走向成功——一种"革命性"的成功。

17世纪荷兰的世界贸易体系是一个单纯的商业体系，但19世纪的英国体系已经是一个机械化了的商业运输体系和生产体系。③ 英国对全球产业和劳动分工进行的重组，事实上排除了任何一个国家自给自足的余地。大规模的铁路建设，蒸汽船的广泛使用，更现代的通信系统将各大洲联系起来，都

---

① [美]查尔斯·P. 金德尔伯格：《世界经济霸权1500-1900》，高祖贵译，北京：商务印书馆，2003年版，第207页。
② [意]杰奥瓦尼·阿瑞基：《漫长的20世纪》，姚乃强、严维明、韩振荣译，南京：江苏人民出版社，2001年版，第259页。
③ [美]乔万尼·阿瑞吉、贝弗利·J. 西尔弗等：《现代世界体系的混沌与治理》，王宇洁译，北京：生活·读书·新知三联书店，2006年版，第71页。

使得英国主导之下的世界体系和荷兰时代有了本质的区别。在这一体系中，伦敦也已经取代阿姆斯特丹成为全球金融中心。

已经成长起来的英国工业生产能力已经远远超过国内市场的需求，特许股份公司所享有的垄断特权成为英国工业资本扩张的一种限制，重商主义政策同样如此——英国资本已经强大到不需要它的保护了。1813 年，东印度公司对印度的贸易特权被废除，1833 年对中国的贸易特权被废除；1848 年，争论多年的《谷物法》被废除，1849 年，《航海法》被废除。

与此同时，工业资本主义还需要构建有利于其自身发展的要素市场——劳动力、土地和金钱——在波拉尼看来，这些要素的商品性质完全是虚构出来的。1834 年的《济贫法》规定国内劳动力供应受市场定价机制的控制，劳动力被完全地推向市场；1844 年的《皮尔银行法》规定国内经济的货币流通要比以前更严格地受金本位自我调节机制的控制；而早在这之前，英国的土地便已经完全实现了私有化。一种有利于工业资本主义发展和扩张的政策环境和要素市场已经形成，英国的工厂制度建立起来。在之后的几十年里，英国单方面的自由贸易政策将开启一个至今被无数学者所称道的自由贸易的黄金时代。英国像曾经的荷兰一样成为世界的中枢，但已经不再是简单的"买进来，再卖出去"。凭借庞大的殖民帝国和贸易网络、工业上先进的技术能力，英国从全球获取原料，再生产出高附加值的产品销往世界各地；而伦敦金融中心则为全球提供流动性，进一步支持英国贸易—生产体系的深度扩张，赋予英国的物质扩张更广泛也更复杂的结构。

表 3-8　1720-1889 年间欧洲主要国家对外贸易额（单位：万英镑）

	英国	荷兰和比利时	法国	德国	五国合计	英国占比
1720	1300	400	700	800	3200	40.6%
1780	2300	800	2200	2000	7300	31.5%
1800	6700	1500	3100	3600	14900	45.0%
1820	7400	2400	3300	4000	17100	43.3%
1840	11400	4500	6600	5200	27700	41.2%
1860	37500	8600	16700	13000	75800	49.5%
1889	74000	31000	31100	36700	172800	42.8%

资料来源：沈汉：《重新认识金融资本形成和资本输出的时间》，《史学理论研究》，2012 年第 1 期，依据相关数据整理所得。

英国体系积累周期涵盖了第一次产业革命（工业机械化，以纺织业、冶铁业为突破口）和第二次产业革命（工业和运输机械化，以铁路、蒸汽船和电报的大规模建设为代表）的大部分时间。在19世纪，铁路的广泛铺设，电报将各大洲联系在一起，大马力的蒸汽船在更短的时间内横跨大洋，且不用再等待季风的到来就能够起航。"从19世纪40年代中期到70年代中期，欧洲主要国家之间经由海上运输的商品增加了四倍还多，而英国与奥斯曼帝国、拉丁美洲、印度、澳大利亚之间的交易值增加了六倍。"①

马克思和恩格斯清楚地指出了英国工业资本主义的扩张对于革新资本主义世界体系的重要作用：工业革命在整个19世纪经济的空间和时间里引起了生产和交换方式的一系列似乎无穷无尽的、相互关联的革命②，并最终使得全世界市场合并成单一的世界市场，而单一市场反过来又再施加给工业以扩张的压力，赋予各国的生产和消费一种世界特征。③

3. 英国体系积累周期的金融扩张

全世界市场合并成单一市场，给政府和企业提供了前所未有的机遇，但同时也带来了前所未有的挑战。④伴随着物质扩张在全球范围内的推进，有利可图的投资机会越来越少，资本回报降低到合意水平之下。另一方面，资本又是如此的充裕，以至于有经济学家开始"把它想成免费的好事"⑤。但这绝不是什么好事，1873—1896年的大萧条就在这样的背景下不期而至。在阿瑞吉看来，1873—1896年的大萧条是英国体系积累周期的"信号危机"，标志着过剩资本将从物质扩张（MCM'）中撤出，转向金融扩张（MM'）。

---

① ［美］乔万尼·阿瑞吉、贝弗利·J.西尔弗等：《现代世界体系的混沌与治理》，王宇洁译，北京：生活·读书·新知三联书店，2006年版，第70页。
② ［意］杰奥瓦尼·阿瑞基：《漫长的20世纪》，姚乃强、严维明、韩振荣译，南京：江苏人民出版社，2001年版，第310页。
③ ［意］杰奥瓦尼·阿瑞基：《漫长的20世纪》，姚乃强、严维明、韩振荣译，南京：江苏人民出版社，2001年版，第311页。
④ ［意］杰奥瓦尼·阿瑞基：《漫长的20世纪》，姚乃强、严维明、韩振荣译，南京：江苏人民出版社，2001年版，第311页。
⑤ ［美］乔万尼·阿瑞吉、贝弗利·J.西尔弗等：《现代世界体系的混沌与治理》，王宇洁译，北京：生活·读书·新知三联书店，2006年版，第75页。

（1）大国竞争与金融扩张

英国的霸权地位建立在三个基础之上：工业资本主义、殖民帝国主义和贸易自由主义。在19世纪的大多数时间内，这三大支柱都是稳固的。但在这个世纪最后的25年，情况开始发生变化。"世界似乎突然被工业强国充斥，其资源、人力和工业生产都比英国更具潜力"[1]，其中对英国威胁最大的是德国。1870年之后，统一的德国迅速实现了工业化。德国企业的工业生产建立在一种完全不同于英国的政治结构之上。在德国政府不遗余力的帮助下，规模较小的家庭资本主义——这同样是英国工业企业的主要形式，迅速地通过横向合并实现权力和资本的集中。结果是，在很短的时间内，德国得以建立起庞大的军事—工业综合体。在19世纪最后的20多年里，这种关系下诞生的大康采恩和卡特尔与6家大银行的合作已成为德国经济的主要支柱。用恩格斯的话来说，德国已经是"一个大工厂"了。[2] 又一个竞争加剧的时代到来，而且不仅是企业与企业之间纯粹的商业竞争，而是从企业竞争向国家间竞争的方向升级，最终演化为无法控制的全面的国际战争。对于英国来讲，它是这一竞争过程中的失败者——虽然它享有胜利者的荣誉。在两次世界大战之后，英国国家的工业基础和帝国基础都被摧毁了。但对于英国的资产阶级而言，竞争的激化为其过剩资本带来了庞大的需求，英国的资本家阶级也藉此享有了它的最后一段"美好时光"。

从19世纪50年代开始，英国资本便开始了撤离生产领域的步伐，但一直到1873—1896年的大萧条之后，这一过程才开始加速。希法亭注意到了这一"新现象"，并将之视为资本主义发展的一个新阶段。列宁同样认为：资本输出是垄断资本主义阶段才出现的现象。"生产集中和资本集中发展到很高的程度，就会造成垄断，而且已经造成了垄断。""生产的集中；由集中而成长起来的垄断；银行和工业的融合或混合生长，——这就是金融资本产生的历史和这一概念的内容。""自由竞争占完全统治地位的旧资本主义的特征是商品输出，垄断占统治地位的最新资本主义的特征是资本输出。"[3]

---

[1] [美]乔万尼·阿瑞吉、贝弗利·J. 西尔弗等：《现代世界体系的混沌与治理》，王宇洁译，北京：生活·读书·新知三联书店，2006年版，第81页。
[2] [意]杰奥瓦尼·阿瑞基：《漫长的20世纪》，姚乃强、严维明、韩振荣译，南京：江苏人民出版社，2001年版，第329页。
[3]《列宁选集》第2卷，北京：人民出版社，1976年版，第768-769页，第782页。

在阿瑞吉的框架中，金融资本不过是早期形式的资本主义组织扩大了的、更加复杂的变体——国家（垄断）资本主义和国际（金融）资本主义。①希法亭对金融资本的定义符合第一种形式，其典型代表为19世纪末和20世纪初的德国资本的战略和结构；而英国的金融资本则更多地具有国际金融资本主义的特点。

英国的金融扩张由三种资本积累机制所推动：第一，以霍布斯所谓的"外国进贡"的形式流入英国的"剩余资本"，其中最主要的来源是印度。这实质上是一种剥夺式积累，在很长的时间内，东印度公司发行的股票都是伦敦证券交易所可交易股份的主要来源。第二，得自贸易和生产的利润、红利、利息和其他形式的汇款。第三，通过伦敦的金融中心地位吸引而来的大量外国剩余资本。

到1792年时，伦敦已经有了自己的货币市场，但此时的英国仍然是一个资本流出国。到19世纪初，伦敦取代了阿姆斯特丹的地位成为欧洲占主导地位的金融市场。从1822年起，伦敦证券市场的经营开始转向国外证券。同年，伦敦向至少5个外国政府放贷共1470万英镑。到1825年，英国向其他国家的放贷金额已经达到4010万英镑，这些国家既包括欧洲传统强国，也包括新独立的拉丁美洲国家，如智利、哥伦比亚、秘鲁、墨西哥和巴西等前殖民地国家。

金融资产在英国资本存量中的占比越来越高。在1850年这一比例为39%左右，其形式包括抵押契据、银行储蓄、商业信用状和各种政府及企业债券。1912—1913年间，这一比例已经上升64%。其中增长最迅速的部分是英国持有的外国资产，外国资产在英国金融资产中占的份额从1850年的8%上升到1913年的28%。这是英国从19世纪中期开始不断加快资本输出的直接结果。

英国资本向海外净投资占国内生产总值的比例从1873年的0.8%上升到1913年的1.8%。从海外资产得到的收入在1913年达到国内生产总值的8.5%。到第一次世界大战前夜，英国以发行公共债券形式持有的海外资本有37.63亿英镑，此外尚有3亿英镑的海外直接投资。一般认为，在1860年至

---

① ［意］杰奥瓦尼·阿瑞基：《漫长的20世纪》，姚乃强、严维明、韩振荣译，南京：江苏人民出版社，2001年版，第202页。

1911年间，通过公共渠道输出的资本在31亿到48亿英镑之间。从对国外资本输出额来看，英国在19世纪远远超过法国、德国和尼德兰，甚至超过了这三个国家资本输出额的总和。

表 3-9　欧洲各国的资本输出，1825-1915（单位：亿美元）

	英国	法国	尼德兰	德国	总计	英国占比
1825	5	1	3	——	9	55.6%
1855	23	10	3	——	36	63.9%
1870	49	25	5	——	79	62.0%
1885	78	33	10	19	140	55.7%
1900	121	52	48	11	232	52.2%
1915	195	86	12	67	360	54.2%

资料来源：沈汉：《重新认识金融资本形成和资本输出的时间》，《史学理论研究》，2012年第1期，依据相关数据整理所得。

将表3-9与表3-8进行对比可以发现，从1820年开始，英国的资本输出额就已超过了商品输出额。这印证了列宁曾提到帝国主义的一个特点："与商品输出不同的资本输出有了特别重要的意义。"[1] 然而在更重要的方面，它偏离了列宁的结论：资本输出不是在进入所谓的帝国主义阶段才出现的新情况，它是作为资本主义世界体系的周期性发展历程中一再重复的过程。在这之前，佛罗伦萨、热那亚和荷兰都曾不同程度地推动金融资本在全球范围的扩张。

（2）英国世界秩序的解体

在霍布森看来，19世纪末期的金融资本已经成为"帝国机器的调节者"[2]。那些"大企业——银行、经纪、票据贴现、贷款筹募和公司创办——构成了世界资本主义的中心……能够操纵国家的政策。不经它们的同意，不通过它们的代理机构，资本就绝不可能很快找到出路"，没有他们，也就没有"那个欧洲国家能够发动一场大的战争"。然而，这并不意味着金融资本已经获得了完全的行动自由，更不意味着它已经强大到能够完全摆脱与领土国家的政

---

[1]《列宁选集》第2卷，北京：人民出版社，1976年版，第808页。
[2]［意］杰奥瓦尼·阿瑞基：《漫长的20世纪》，姚乃强、严维明、韩振荣译，南京：江苏人民出版社，2001年版，第206页。

治交换关系。它的行动自由，仅仅是放弃一个"盟友"而和新的盟友结盟的自由。

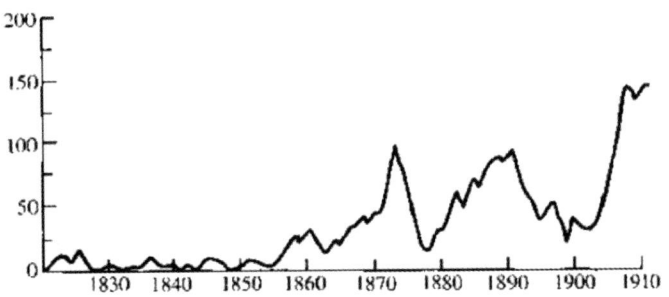

图 3-3　1820—1915 年英格兰的资本输出（单位：100 万英镑）

资料来源：杰奥瓦尼·阿瑞基：《漫长的 20 世纪》，图 7，第 440 页。

在 1873—1896 大萧条的冲击之下，英国国家的绝对实力和相对实力都已经出现了大幅度的下降。就在这个时期，过剩资本开始大规模地撤离伦敦。虽然在第一次世界大战前，伦敦依然享有世界上最大债权人的地位，并从这种地位中收获了巨大的收益，然而一旦历史的天平开始倾斜，想要再次扭转就不是一件容易的事。"一战"的爆发在短短的几年时间内摧毁了英国的金融霸权基础，其海外资产大幅缩水。更加重要的是，英国遭遇了荷兰遭遇过的问题。在"一战"期间，美国向英国供给了远远超过英国支付能力的大量武器、机械、食品和原材料，不仅偿还了其债务，而且早在 1910 年，就已经控制了全世界官方黄金储备的 31%，这已经远远超过了英格兰银行的黄金储备，这将无可挽回地削弱了伦敦金融霸权的基础——金本位。[①]

1931 年 9 月 21 日，英国宣布放弃金本位，全世界其他 21 个国家立即追随。这标志了英国体系积累周期最后一根支柱的瓦解。在接下来的一段时间内，资本主义世界体系将再次进入体系混乱的阶段，在混乱的间隙中，美国上升为新的体系积累中心和世界霸权。

[①] ［美］乔万尼·阿瑞吉、贝弗利·J. 西尔弗等：《现代世界体系的混沌与治理》，王宇洁译，北京：生活·读书·新知三联书店，2006 年版，第 83 页。

第四章　体系积累周期演进的系统动力学分析

按照阿瑞吉的体系积累周期理论，作为世界体系的历史资本主义经由一个个前后相继，但又部分重叠的体系积累周期演进至今。每一个体系积累周期都发展出适合于当时体系条件的积累机制，由一个居于中心地位的积累机构所领导。该机构推动了体系的物质扩张，在深度和广度上拓展着资本主义世界体系的地理空间和生产空间，直到将整个地球纳入一个密集的生产—交换体系。然而，正如马克思所指出的那样："资本主义生产的真正限制是资本自身，这就是说：资本及其自行增殖，表现为生产的起点和终点，表现为生产的动机和目的；生产只是为资本而生产，而不是相反。……手段——社会生产力的无条件的发展——不断地和现有资本的增殖这个有限的目的发生冲突。"① 马克思的这一结论主要是依据英国的经验而获得。在那个阶段，雇佣劳动已经在英国工厂制中占据支配地位，资本积累更多地通过剥削的形式取得。然而，如果我们不那么执著于马克思对于雇佣劳动与他对资本主义定义的直接联系，而更多地将资本主义做布罗代尔式的理解，那么，马克思的上述结论只需要做细微的变动，就可以很容易地拓展为对英国之前的两个积累周期——热那亚周期和荷兰周期资本积累规律的一般抽象。我们将之总结为如下几个方面：

第一，生产扩张、贸易扩张（这构成阿瑞吉体系积累中期理论中的物质扩张概念）和金融扩张都是作为手段而存在的，它们最终服务于资本积累的目的。

第二，物质扩张对于资本积累而言具有决定性的意义。物质扩张构成了体系积累周期第一阶段的主要内容。在这一阶段中，积累主要采取剥削式积累的方式，它能够增大资本存量。

---

① ［德］马克思：《资本论》第 3 卷，北京：人民出版社，2004 年版，第 278-279 页。

第三，持续的物质扩张往往会迫使利润率（趋于）下降，从而削弱进一步进行资本积累的基础。一旦恢复利润率的行动不能奏效，通常就会引发当前体系的"信号危机"。

第四，信号危机的爆发标志着当前体系积累周期从物质扩张阶段转向金融扩张阶段。在这一阶段中，剥夺式积累上升为积累的主要方面。剥夺式积累并不能增大整个体系的资本存量，但能够改变资本在社会各阶层间的分配，以及在不同国家间的分配。它通常能够在短期内扭转中心国家和地区利润率下降的趋势。然而，这并不意味着危机的克服，而是加深了当前积累体系的危机。

第五，临终危机在金融扩张的末期爆发，导致当前积累体制的瓦解，而新的积累体制也就在这个混乱的时期得以成长。

第六，金融扩张阶段金融资本的活动为下一周期的物质扩张准备了基础。

马克思的资本积累和扩大再生产理论实际上已经是一个资本主义经济增长的宏观经济模型，并进一步探讨了均衡增长条件及其限度。该模型的基本假定决定了它所考察的对象是一个"纯粹的、封闭的"资本主义经济。在模型中，作为经济增长前提条件的资本积累有一个唯一来源——剥削式积累。以一般利润率做表征的剥削式积累能否顺畅地进行，决定了资本主义经济增长的动态，它始终有其限度。马克思通过其著名的，但也争议不断的"一般利润率下降规律"证明了这种限度的存在。

这一规律自诞生开始便争议不断，至今未能平息。我们想要指出的是，各种争论虽然激烈，却因为争论并不是在同一个层次上展开，因而也就迟迟不能达成共识。借用宇野弘藏对马克思主义经济分析划分为原理论、阶段论和政策论的做法，我们将马克思的扩大再生产理论及其一般利润规律视为一种"原理论"。它的目的，是要在最抽象的水平上，把资本主义生产方式内在的、本质的联系及其发展趋势揭示出来，而非寻求对实际历史进程的严丝合缝的描述和具体解释。这一类解释，应该由位于中间层次的分析来完成，它以原理论为基础，但又和更加具体的历史条件相结合，这种分析"和有关资本主义发展的具体历史的叙述相比，要更为一般和抽象，但与资本主义的一般抽象理论相比，则更特殊而具体"[①]。因此，我们将近年来开始复兴的马克

---

① ［美］大卫·科兹：《法国调节学派与美国积累的社会结构学派之比较》，张宇、孟捷、卢荻：《高级政治经济学》，北京：经济科学出版社，2002年版，第318页。

思主义的长波理论、阿瑞吉的体系周期理论看作是对马克思"原理论"的发展而非反驳。即使在新熊彼特派的长波理论中,尽管在解释路径上差异极大,但如果细致地分析,理论中互补的成分也远远多于对立的成分。

  本章的主要内容就是对阿瑞吉的体系积累周期理论的进一步发展,尤其是在体系积累周期理论与新熊彼特派的长波理论间建立联系,以弥补该理论中的一个明显的缺失,从而完善体系积累周期理论对物质扩张(资本主义经济增长)的说明。其次,考察作为体系的历史资本主义的扩张问题,资本主义世界体系的扩张仍然以资本积累为动力,但与纯资本主义条件下不同,开放条件下的积累手段更加多元,既存在建立在雇佣劳动基础上的国内剥削,也存在通过不平等交换而进行的国际剥削,同时还有剥夺式积累方式的存在。剥夺式积累在本质上是零和博弈甚至负和博弈,但资本积累中心正是藉此实现其全球扩张的。此外,本章也将考察金融资本的历史作用问题。在本书看来,从全新的角度对金融资本的历史作用和运动规律所做的令人信服而发人深省的分析是阿瑞吉体系积累周期理论的主要贡献之一,同时也是熊彼特创新长波理论中一个被人忽视的地方,对此的分析将向我们提供一个更好地看待当前危机的新视角。但在展开上述分析之前,我们需要简单地考察一下具有"原理论"性质的马克思的扩大再生产模型和一般利润率下降规律。

一、扩大再生产模型与一般利润率下降规律

  马克思在《资本论》第二卷中专门讨论了再生产理论。[①] 由马克思所建立的这个基于两大部类(生产生产资料的第一部类和生产生活资料的第二部类)和两种投入(不变资本和可变资本)的再生产理论被后来的西方经济学

[①] 马克思主义经济学家弗里德曼以《资本论》中的扩大再生产模型为基础,建立了经济增长的第一个数学化模型,并成为分析和发展马克思社会资本再生产理论、资本积累理论、一般利润率下降规律的基本模型。这一模型在国内的中高级政治经济学教材中也有比较完整的介绍,如张宇、孟捷等主编的《高级政治经济学》(第2版),程恩富等主编的《现代政治经济学新编》(2008版)等。吴易风的《马克思的经济增长理论模型》(载《经济研究》,2007年第9期,第11–17页)专门对此进行了探讨。

家视为第一个宏观经济增长模型。[①] 它同时还是一个资本积累模型，在模型中涉及到主要变量，剩余价值率、积累率、一般利润率、资本有机构成等事实上都围绕着资本积累展开。经济增长依赖于资本积累，而增长本身又扩大着积累的物质基础，并再生产出有利于资本积累的资本主义生产关系。在一系列严格假定的前提下，该模型的结论表明：在既定的体系积累机制（生产关系）下资本的物质扩张将最终趋于停滞，技术进步（生产力的发展）本身就将导致利润率下降趋势的出现。

1. 马克思再生产模型的基本假定

马克思的再生产模型建立在一系列基本假定之下，主要包括如下几点：

一个纯粹的资本主义经济，由两大对立的阶级（资产阶级和无产阶级）构成，生产划分为两大部类（生产生产资料 C 的第一部类和生产生活资料 V 的第二部类），运用两种投入（不变资本 c 和可变资本 v）进行生产，不存在对外贸易和资本往来。

技术是有效的，也即在满足简单再生产的物质补偿和价值补偿后有一个非负的净产出（剩余价值 m>0）；

资本家将剩余价值的一部分用于积累，积累率（投资率）为 α，并且 α 是外生决定的；

工资是一个外生决定的固定值，全部用于消费，没有储蓄；

生产过程的时间是离散的，且每一周期的资本折旧为 100%；[②]

不存在技术进步，因而各部类的资本有机构成（$\theta_i = \dfrac{c_i}{v_i}$）是一个常数。资本有机构成主要反映了生产力的变化情况。

[①] 赵峰：《经济增长的马克思主义阐释》，张宇、孟捷、卢荻：《高级政治经济学》，北京：中国人民大学出版社，2006 年版，第 370–371 页。
[②] 假定一个更现实的折旧率是可行的，但并不会改变模型的基本结论。参见赵峰：《经济增长的马克思主义阐释》，张宇、孟捷、卢荻：《高级政治经济学》，北京：中国人民大学出版社，2006 年版，第 372 页。

2. 基本模型

（1）物质扩张与平衡增长路径

第一部类的价值总量为：$W_1 = C_{1,t} + V_{1,t} + S_{1,t}$

第二部类的价值总量为：$W_2 = C_{2,t} + V_{2,t} + S_{2,t}$（t 表示生产周期，1，2 分别表示第一部类和第二部类）

总价值量为：$W_t = C_t + V_t + S_t$

剥削率为 $e_i \equiv \dfrac{S_i}{V_i}$ (i = 1,2)，该变量反映了特定的生产关系。

在扩大再生产条件下，资本积累转化为投资 $I_{i,t} = \alpha_i \cdot S_{i,t}$ （4.1）

投资分别用于支付不变资本和可变资本：$I_{i,t} = \Delta C_{i,t+1} + \Delta V_{i,t+1}$ （4.2）

因为不存在技术进步，所以有：$\dfrac{\Delta C_{i,t+1}}{\Delta V_{i,t+1}} = \dfrac{C_{i,t}}{V_{i,t}} = \theta_i$ （4.3）

由（4.3）可推得：$\Delta C_{i,t+1} = \theta_i \cdot \Delta V_{i,t+1}$ （4.4）

经过替换，有：$\Delta V_{i,t+1} = [\alpha_i/(1+\theta_i)] \cdot S_{i,t}$ （4.5）

$$\Delta C_{i,t+1} = [\alpha_i \theta_i/(1+\theta_i)] \cdot S_{i,t}$$ （4.6）

以上述公式为基础，可以分别计算每一部类的可变资本增长率（gvi）、不变资本增长率为（gci）和总资本的增长率。

$$g_{c,i} = \frac{\Delta C_{i,t+1}}{C_{i,t}} = \frac{(\alpha_i \theta_i/1+\theta_i)S_{i,t}}{C_{i,t}} = (\frac{\alpha_i}{1+\theta_i})e_i$$ （4.7）

$$g_{v,i} = \frac{\Delta V_{i,t+1}}{V_{i,t}} = \frac{(\alpha_i \theta_i/1+\theta_i)S_{i,t}}{V_{i,t}} = (\frac{\alpha_i}{1+\theta_i})e_i$$ （4.8）

$$g_i = \frac{\Delta C_{i,t+1} + \Delta V_{i,t+1}}{C_{i,t} + V_{i,t}} = (\frac{\alpha_i}{1+\theta_i})e_i$$ （4.9）

结论 1：在满足基本假定的前提下，资本主义的扩大再生产具有维持一个平衡增长路径的可能。此时，各部类的可变资本、不变资本和总资本的增长率相同，并由给定的生产关系（e_i）和生产力水平（θ_i）决定。

（2）市场均衡

扩大再生产的顺利进行同时要求物质补偿和价值补偿都能通过市场交换实现，因此必须使得两部类之间的交换满足市场出清条件。

第一部类对第二部类生活资料的需求为：$V_{1,t} + \Delta V_{1,t+1} + (1-\alpha_1)S_{1,t}$

第二部类对第一部类资本品的需求为：$C_{2,t} + \Delta C_{2,t+1}$

市场均衡条件为：$V_{1,t} + \Delta V_{1,t+1} + (1-\alpha_1)S_{1,t} = C_{2,t} + \Delta C_{2,t+1}$ （4.10）

经过变换有：$\dfrac{V_{1,t}}{V_{2,t}} = \dfrac{\theta_2 + (\dfrac{\alpha_2 \theta_2}{1+\theta_2} \cdot e_2)}{1 + \left[\dfrac{\alpha_1}{1+\theta_1} + (1-\alpha_1)\right] \cdot e_1}$ （4.11）

令 $\Phi = \dfrac{\theta_2 + (\dfrac{\alpha_2 \theta_2}{1+\theta_2} \cdot e_2)}{1 + \left[\dfrac{\alpha_1}{1+\theta_1} + (1-\alpha_1)\right] \cdot e_1}$，还可推得，$\dfrac{C_{1,t}}{C_{2,t}} = \Phi \cdot \dfrac{\theta_1}{\theta_2}$ （4.12）

结论2：市场均衡要求两部类的可变资本和不变资本的价值总量应保持一个固定的比率，其潜在的含义为劳动力的配置和生产资料的配置必须在两部类间保持协调。同时，这个比例是由生产关系（a，e）和技术条件（θ）决定的。如果认为技术条件的选择也是由生产关系决定的话①，那么可以更进一步地认为，市场均衡条件主要是由生产关系决定的。因此对于非均衡的调整，也需要从生产关系层面进行调整才能实现。

由之前的关系，可推得：$\Delta V_{1,t+1} = \Phi \cdot \Delta V_{2,t+1}$，$V_{2,t} = V_{1,t}/\Phi$

两边同除以 $V_{2,t}$，整理得：$g_{v1} = g_{v2}$

结合（4.4）、（4.8）和（4.9），可得：

$$g_{c1} = g_{v1} = g_{v2} = g_{c2} = g \quad (4.13)$$

（4.13）同时意味着：$\dfrac{\alpha_1}{\alpha_2} = \dfrac{(1+\theta_1)e_2}{(1+\theta_2)e_1}$ （4.14）

结论3：资本主义经济要保持均衡增长，必须保证各个部类的均衡增长，而这又进一步要求各部类的资本有机构成、积累率和剥削率满足严格的比例关系。而资本主义经济中并不存在任何机制保证这个条件的必然实现。在现实的资本主义生产关系中，也没有任何机制能够保证在偏离平衡增长路径时能够重新回到平衡状态。

---

① 孟捷：《劳动价值论，不确定性和演化经济学》，第三届中国经济学年会会议论文，2003年。

（3）一般利润率

定义利润率 $r_i \equiv \dfrac{S_i}{C_i+V_i} = \dfrac{e_i}{1+\theta_i}$ (4.15)

因为 $e>0, \theta>0$，由利润率的定义有：

$$\frac{\partial r}{\partial e} = \frac{1}{1+\theta} > 0$$

$$\frac{\partial r}{\partial \theta} = \frac{e}{(1+\theta)^2} < 0$$

上两式表明了影响利润率动态的两个核心变量，其中，利润率与剥削率同方向变动，与资本有机构成反方向变动。如果直接对利润率的定义式取全微分，就可以更加精确地刻画出资本有机构成和剥削率变化对利润率的影响。

对（4.15）式取全微分有：$dr_i = \dfrac{de_i - r_i \cdot d\theta_i}{1+\theta_i}$ (4.16)

由于 $1+\theta_i>0$，所以利润率动态取决于（$de_i - r_i \cdot d\theta_i$）的符号。因此，如果放松基本假定中对剥削率和资本有机构成不变的假设，那么利润率将是一个不断变化的值。当剥削率提高的幅度小于 $r_i \cdot d\theta_i$ 的幅度，那么利润率就将下降，持续的资本有机构成提高将使得利润率趋近于零，从而整个经济的物质扩张（经济增长）也将丧失动力。①

3. 一般利润率下降规律

从马克思扩大再生产模型的基本假定可以发现，其扩大再生产理论以纯粹的、封闭的、缺乏产业演进的资本主义经济为分析对象。在这样一个经济体中，资本积累是经济增长的基本动力，利润率的高低则表征了资本主义经济发展动力是否强劲。在这一模型中，资本积累有一个唯一的来源，那就是雇佣工人生产的剩余价值，因而是一种完全建立在剥削式积累基础上的积累机制。它可以解释资本主义经济的增长，但不能解释资本主义世界体系的扩张。

---

① 上述基本模型主要依据赵峰的《经济增长的马克思主义阐释》（张宇、孟捷、卢荻：《高级政治经济学》，北京：中国人民大学出版社）以及程恩富主编的《现代政治经济学新编》（2008版）。

另外一方面，如果放松对于资本有机构成不变的假定，将资本有机构成不断提高的现实纳入模型中，那么随着单位资本所能支配的劳动力数量趋于下降，这将导致利润率的下降。持续的资本有机构成提高将使得利润率最终趋于零，资本主义的增长将最终陷于停滞。

虽然马克思在《资本论》第三卷中专门列出一章分析了可能阻滞一般利润率下降的多种因素①，但马克思最终的结论是："有些原因会阻碍利润率的下降，但归根到底总是会加速这种下降。"②因此，马克思还是得出了著名的但也争议不断的"一般利润率下降规律"：随着资本主义的技术进步，从而劳动生产力的不断提高，"在剥削率不变或资本对劳动的剥削程度不变的情况下，一般利润率会逐渐下降"③。虽然有各种相反的作用，但是这种由资本主义生产方式决定的规律将作为一种顽强的潜在趋势不断地表现自己，"是根据资本主义生产方式的本质证明的一种不言而喻的必然性：在资本主义生产方式的发展中，一般的平均剩余价值率必然表现为不断下降的一般利润率"④，并且资本主义不可能通过自己的发展来克服这个趋势。

这可能是马克思的政治经济学体系中最具争议性的规律之一。马克思主义者极力维护这一规律的正确性。原因在于，只要能捍卫这一规律的正确性，那么就能够推导出资本主义物质扩张和资本积累存在极限的结论，将为马克思主义的危机理论开辟一条新路。实际上，正如我们在第二章中对马克思主义危机理论史的梳理中所表明的那样，战后危机理论的发展已经淡化了"危机—革命"、"资本主义—社会主义"这样的二元对立模式。危机理论的中心问题，已不再是探究灾难性的崩溃，而转向探究资本主义存在基础永久性的不稳定。⑤以一般利润率和资本积累等长期变量为核心解释变量的危机理论模型日渐上升为新的主流。尽管在解释利润率趋向下降的原因时有所谓"基本定理派"（Lawrence R.Klein, 1947；Mario Cogoy, 1987；Anwar Shaikh,

---

① 马克思在《资本论》第三卷中专列一章"起反作用的各种因素"来讨论这些因素变化对利润率变化的影响。马克思详细分析了六大因素的阻碍作用，分别为：1.劳动剥削程度的提高；2.工资被压低到劳动力的价值以下；3.不变资本要素变得便宜；4.相对过剩人口；5.对外贸易；6.股份资本的增加。
② [德]马克思《资本论》第3卷，北京：人民出版社，2004年版，第260页。
③ [德]马克思《资本论》第3卷，北京：人民出版社，2004年版，第236页。
④ [德]马克思《资本论》第3卷，北京：人民出版社，2004年版，第237页。
⑤ 杨健生：《经济危机理论的演变》，北京：中国经济出版社，2008年版，第121页。

1999；Thanasis Maniatis，2010）[①]和"利润挤压派"[②]之间的分歧，但在强调利润率总是表现出下降趋势这一点上则是统一的。但这些研究并未能消弭学界对于"一般利润率下降规律"的争议，资本主义经济增长的利润率也未能像理论预期的一样在长期内趋向下降，而是表现出明显的长期波动趋势。

对此，孟捷曾指出，马克思的利润率下降理论在方法论上包含着两个缺陷：第一，对于创新，尤其是产品创新的忽视使得马克思所考察的资本主义经济的主导部门在长期没有发生变化。如果引入产品创新带来的部门多样化，一般利润率下降理论的方法论基础就会为之动摇。第二，马克思主要从价值生产的角度考察利润率下降规律，而不是建立在生产与流通、剩余价值生产与剩余价值实现之间的矛盾之上。[③]

本书将进一步指出，即便是将上述两个缺失的因素纳入基本模型中，它能达到的目的也仅仅是能更好地解释一个"纯粹的"资本主义经济增长的周期性波动，而无法解释作为体系存在的资本主义的扩张。其原因在于，作为"纯粹的"资本主义，其积累有一个单一的来源，也即对国内无产阶级的"剥削"，但作为体系的资本主义，其积累有两个更重要的来源——一个是通过不平等交换对国外无产阶级的"剥削"；另一个是"剥夺"。剥夺式积累在性质上类似于"原始积累"，但却是一个伴随资本主义体系的扩张而不断反复发生的过程。只有将剥夺式积累和对国外无产阶级的剥削纳入分析框架中，我们才能更好地理解作为世界体系的资本主义的资本积累过程的周期性特征和其发展的历史限度。

[①] M Cogoy. "The Falling Rate of Profit and the Theory of Accumulation"[J]. *International Journal of Political Economy*，1987，17（2）:54-74.
[②] "利润挤压派"与"基本定理派"的差别在于，前者更加强调阶级关系、阶级斗争和收入分配格局对于利润率下降的影响，即他们更多地从"e"上面寻找原因。"利润挤压派"中持劳工实力增强论的学者是其中的典型，其代表人物有莫里斯·多布、拉夫特·博迪和詹姆斯·克罗蒂等。而后者则将资本有机构成"θ"的变化看成是导致利润率下降的最主要原因。
[③] 孟捷:《马克思主义经济学的创造性转化》，北京:经济科学出版社，2001年版，第105页。

二、技术革命与体系积累周期

体系积累周期理论赋予我们全新的理论视角。该理论对资本逻辑与政治逻辑之间互动关系的富有启发性的分析,对于体系积累周期中物质扩张与金融扩张的详细论述,都极大地扩展我们看待当前危机的理论视野,能够把"今日之全球动荡置于历史地理视角之下"[①]。理论与历史的紧密结合始终是阿瑞吉理论分析的一个最显著的特征。阿瑞吉的著作总是结构宏大并且视野开阔,牵涉到繁多的理论,他本人也更加偏好于较宏观的叙事方式。这体现在他在解读历史资本主义的发展和扩张历程时对历史地理学方法的娴熟运用,也体现在他对资产阶级与主权国家间竞争与合作关系的辩证分析之中。然而缺憾也就在这种理论建构的特殊方式中产生。由于把焦点集中于特定的积累体制,以及建立和实施这种体制的机构和组织的变迁——这是阿瑞吉对资本主义世界体系的历史分析中着墨最多的部分,因而对体系积累周期理论中关键性的两个概念——物质扩张、金融扩张以及它们得以扩张的内在机制都未能形成成熟的理论结构,更多地像是一个个分析性概念。在较为集中论述其体系积累周期模型的章节[②]里,阿瑞吉对物质扩张和金融扩张动力机制的描述也基本上是概略性的。这意味着阿瑞吉的体系积累周期理论尚存在需要完善的地方。正是在这里,我们发现在新熊彼特派的长波理论和体系积累周期理论间存在很好的互补性。我们希望通过对以佩蕾丝为代表的新熊彼特派长波理论的吸收,以完善体系积累周期理论中对物质扩张动力机制分析的薄弱环节。

1. 长波理论与体系积累周期

(1)长波理论的复兴

从思想史的角度来看,最早有关长波思想的论述已被追溯到19世纪40

---

① [美]汤姆·雷弗:《资本的绘图师》,《国外理论动态》,2011年第3期。
② [意]杰奥瓦尼·阿瑞基:《漫长的20世纪》第三章,姚乃强、严维明、韩振荣译,南京:江苏人民出版社,2001年版,第265-294页。

年代①，甚至早于马克思《资本论》第一卷的出版。在分别发表于 1925 年和 1928 年的两篇论文中，康德拉季耶夫对长波的存在性做了描述性的分析，并提出了长波的理论解释。从此长波理论便一直和康德拉季耶夫的名字联系在一起。在康德拉季耶夫之后，熊彼特第一次对长波理论做出了"内生化"的解释。在出版于 1939 年的《商业周期》一书中，熊彼特以连续的技术创新浪潮解释长波的形成机制。因为熊彼特对技术创新的重视，他所开创的长波理论传统长期以来一直被认为具有"技术决定论"的倾向。②在此后的很长一段时间内，长波理论的发展陷于停滞。在战后到 20 世纪 70 年代这个资本主义发展的"黄金时代"里，除了曼德尔等少数经济学家外，长波理论受到多数研究者的冷落。直到 70 年代经济状况的突然逆转，长波理论才得以复兴。长波理论的复兴，正是对战后经济危机和经济周期新趋势的一种理论反应，资本积累、一般利润率动态和制度因素等成为解释长期经济停滞的核心变量。今天被国内学界逐渐重视的调节学派、SSA 学派、新熊彼特派都是在这个阶段发展起来的。

（2）体系积累周期与长波理论的比较

孟捷（2012）将曼德尔、调节学派和 SSA 学派归类为马克思主义的长波理论（孟捷将调节学派和 SSA 学派视为一类理论，在分析中则主要以 SSA 学派为代表，国内其他学者也较少涉及对调节学派的评述），新熊彼特派则以佩蕾丝为代表。③刘辉锋（2004）将长波理论分为两大理论传统，即"资本"视角的长波理论与"创新"视角的长波理论，虽然在名称上与孟捷相区别，但在性质上则是类似的。

马克思主义长波理论与体系积累周期。从理论渊源上看，体系积累周期理论与 SSA 学派和曼德尔的长波理论非常接近，三者都从马克思的资本积累思想中获得启发。曼德尔将长波视为资本主义经济规律与某些具有历史偶然性的超经济因素共同作用的结果。曼德尔用前者解释长波从上升阶段向下降阶段的过渡，资本主义内在的经济规律将保证这一过程的必然出现；但在解释长波上升阶段的出现时，曼德尔认为必须有外生因素，如战争、新市场的发现、突然出现的技术变革等的推动。曼德尔的长波理论是一个"非对称"

---

① 刘辉锋：《长波理论研究述评》，《江西社会科学》，2004 年第 5 期。
② 肖磊、赵磊：《长期经济波动理论研究述评》，《当代经济研究》，2012 年第 4 期。
③ 孟捷：《资本主义经济长期波动的理论：一个批判性述评》，《开放时代》，2011 年第 10 期。

的长波理论。① 戈登曾这样评价过曼德尔的工作:"曼德尔最接近于某种(资本主义发展)阶段的理论,因为他充分注意到了从一个阶段到另一个阶段的所有变革;但是,他仍然是有缺陷的,因为他没有为其世界资本主义经济依次更替的各阶段的有趣分析,提出一个全面的方法论基础。"② 在本书看来,为曼德尔所强调的那些外生因素,如战争、新市场、新技术等,虽然在"何时"与"何地"出现的确具有一定的"偶然性",但它们的出现本身却具有"必然性",是历史资本主义发展过程中的必然。从整个体系的视角来看,它们依然是"内生"的。曼德尔对此的处理实际上已经偏离了历史唯物主义的基础。该理论或许可以很好地解释某一次长波,但在其理论和历史中存在一种断裂,只有通过不断地去发现历史的"偶然性"才能弥补。缺乏理论的连续性和普遍适用性是曼德尔长波理论的一个主要缺陷。

与曼德尔的分析不同,SSA 学派和调节学派更加注重于特定的制度环境对资本积累过程施加的影响。SSA 学派的代表人物科兹对该学派的核心观点曾做过如下的表述:"试图通过分析资本积累过程和影响该过程的一整套社会制度之间的关系,来解释资本积累的长期模式","在长期内,资本积累过程的主要特征是一整套社会制度的支撑作用的产物"。③ 对 SSA 学派而言,这"一整套社会制度"表现构成"社会的积累结构"(SSA),调节学派则命名为"调节方式"(mode of regulation)。表 4-1 列出了戈登在其早期著作中对积累的社会结构的划分。在对美国经济的分析中,戈登等人对表 4-1 中的划分做了修改,重点考察了以下四项结构,即美国霸权、有限的资本—劳动协议、资本—公民协议,以及对资本之间竞争关系的抑制,其后又将金融体制包含进去。④ 鲍尔斯等人在《理解资本主义》一书中归纳得更加简单:资本与资本的关系、资本与劳动的关系、劳动与劳动的关系以及政府与经济的关系四方面的制度安排构成了 SSA 的全部内容。

---

① 孙寿涛:《20 世纪三派长波理论比较研究》,《当代经济研究》,2003 年第 10 期。
② D.M.Gordon, "Stages of Accumulation and Long Economic Cycles", 1980, reprinted in S. Bowels, et al., *Economic and Social Justice*, Cheltenham, UK: Edward Elgar, 1998, p.123.
③ [美]大卫·科兹:《法国调节学派与美国积累的社会结构学派之比较》,张宇、孟捷、卢荻:《高级政治经济学》,北京:经济科学出版社,2002 年版。
④ 孟捷:《资本主义经济长期波动的理论:一个批判性评述》,《开放时代》,2011 年第 10 期。

表 4-1 SSA 学派的积累制度构成

	SSA 的类别		具体制度
影响资本积累的制度环境	积累当事人		公司结构
	积累的动力		竞争结构
			阶级斗争结构
	积累必备的系统性条件		货币体系结构
			国家结构
	单个资本积累的必备条件	生产方式	自然资源供给结构
			中间品供给结构
			社会家庭结构
			劳动市场结构
		剩余价值生产	劳动管理结构
		剩余价值实现	最终产品消费者需求结构
		资本周转	金融结构
			行政管理结构

资料来源：D.M.Gordon, "Stages of Accumulation and Long Economic Cycles", 1980, reprinted in S. Bowels, et al., *Economic and Social Justice*, Cheltenham, UK: Edward Elgar, 1998, p.123.

对 SSA 学派而言，一个稳定的积累的社会结构的存在是促进资本积累的必要条件。相反，当现行的 SSA 开始不再有利于资本积累时，积累过程与 SSA 之间的矛盾就将爆发，并促使新的 SSA 的形成。这个矛盾爆发的过程表现为危机。值得一提的是，SSA 学派区分了两种不同性质的危机。一种是结构性调整的危机（structural crisis of adjustment），它表征了长波上升期向下降期的转换。结构性危机的出现意味着现有积累结构在促进资本积累过程中的作用已经趋于负面，要重新恢复利润率和资本积累进程便要求建立新的 SSA。结构性危机的爆发意味着积累过程与积累的社会结构之间冲突的加剧，也意味着新的 SSA 开始形成。在 SSA 学派内，分别爆发于 1873 年，1929 年和 1973 年的危机都具有结构性危机的性质。另一种危机类似马克思所分析的周期性危机，对它的克服并不需要对现有 SSA 进行根本性调整。

SSA 学派的结构性危机的概念极容易让人联想起阿瑞吉的"信号危机"的概念。而且 1873 和 1973 年的危机在阿瑞吉的体系周期理论中也具有"信号危机"的性质。但表面的相似不能掩盖二者实质性的差别。信号危机和结构性危机都表明一个关键转折点的到来，但这个转折的含义在两种理论中却是截然不同的。

对阿瑞吉而言，信号危机标志着体系积累过程的主要积累机构和组织开始把越来越多的资本从贸易和生产领域转向金融买卖和投机，因而是资本积累从物质扩张转型向金融扩张的转型。说它是危机，是因为它通常伴随着贸易和生产领域的利润率下降到通常认为合理的水平之下，竞争变得越来越激烈，贸易和生产出现不同程度的萎缩；说它是信号危机则在于通过资本向巨额融资领域的转移，可以暂时遏止利润率下滑趋势的进一步发展，甚至在物质扩张的末期迎来一个难得的"美好时代"，现有体系积累的主导机构能够从资本流向的转换中继续获得财富和势力。这一危机只是预示了更为深刻的危机的到来，所以它仅仅具有"信号"的性质。信号危机并没有立即导致现有积累体系的调整，而只是标志积累的主要方式从剥削式积累向剥夺式积累的转化，资本活动的主要领域从物质扩张到金融扩张的转化，原有的积累机制继续得以运转，只不过改变了活动的领域。

新的积累体系的萌芽在这个时刻可能已经出现，但这种创新的土壤已经远离了原来的积累中心。这样一个竞争激化的时期，各种可能性都在生长，最终哪一种会胜出，还有待于时间的检验。直到一次临终危机的到来，宣告了旧积累体制的彻底崩溃，并为新体制的到来铺平了道路。在体系积累周期理论中，判断一次危机是否信号危机通常是比较明确的，但在对临终危机的判断上，阿瑞吉并没有提出什么明确的标准。他仅指出"临终危机发生在巨额融资中权力和动荡两者俱全的时期。在标志着一种体制向另一种体制过渡的一系列危机中，想要选定哪个是那个衰落中的体制的'真正的'临终危机，这绝非是一件容易的事"[1]。按照这一思路，阿瑞吉仅将1929年的危机判断为英国体系积累周期进入"临终危机"的标志，但并不能代表"临终危机"所具有的全部含义。

通过上述对比，我们还可以发现，第一，不管是曼德尔的长波理论还是SSA派的长波理论都具有强烈的阶段论的特征，其分析的重点始终局限于解释依次更迭的长波的内在关系，因此，这部分学者将资本主义发展的不同时

---

[1] [意]杰奥瓦尼·阿瑞基：《漫长的20世纪》，姚乃强、严维明、韩振荣译，南京：江苏人民出版社，2001年版，第269页。

期明确地划分为不同的阶段也就不难理解。① 而体系积累周期则兼顾到了伴随这种周期性运动而来的积累中心的地理空间和生产空间重心的转移。鲍尔斯等人将 19 世纪 60 年代到 1898 年美国的竞争资本主义作为资本主义积累结构的一个典型来展开分析，就反映了 SSA 学派在这方面的不足。此一时期，最能代表资本主义积累结构的典型体制出现在英国而非美国。此时的美国和德国在公司结构的变革上已经表现出明显的集中趋势。对美国而言，主要的方向在于纵向一体化，在德国横向一体化则是主要方向，但这两个发展方向在当时都还未成气候。由此又暴露出 SSA 学派的另一个缺陷，那就是缺乏一种全球视野，分析的范围仅限于民族国家的范围之内，无法为资本积累中心的国别转移提供有力的解释框架。要改变这样一种局面，要求 SSA 学派必须在其所关注的资本—资本、资本—劳动、劳动—劳动和政府—经济关系的基础上增加对国家—国家关系的分析。迄今为止，我们尚未能见到 SSA 学派在这个方向上的突破。但这并不表明我们在刻意地贬低 SSA 学派的贡献，该学派从阶级斗争的视角出发，对资本—劳动、劳动—劳动关系的分析就是阿瑞吉的体系积累周期理论所缺乏的，可以起到很好的互补作用。②

新熊彼特派与体系积累周期。新熊彼特派的长波理论往往被冠以"技术决定论"的称号。从我们对文献的梳理来看，门什（Mensch）和范·杜因的理论中的确存在某种程度的"技术决定论"倾向。门什主要的贡献在于用实证的方法证实了熊彼特的创新蜂聚假说，并强调有利于创新的前提和外在条件在推动经济扩张过程中的作用；杜因则将其创新生命周期融合到长波理论中，并以创新生命周期的四个阶段分别对应于长波中的复苏、繁荣、衰退和危机四阶段。③ 然而，将熊彼特本人和卡萝塔·佩蕾丝（Carlota Perez）、克里斯·弗里曼（Chris Freeman）、弗朗西斯科·卢桑等人的新熊彼特派长波理论简单地归结为"技术决定论"就显得有些偏颇。在熊彼特出版于 1939 年的

---

① 鲍尔斯等人在《理解资本主义：竞争、统制、变革》中对美国资本主义的发展就明确地划分为四个阶段：19 世纪 60 年代—1898 年的竞争资本主义，1898—1939 年的公司资本主义，1939—1991 年的受调节的资本主义，1991—？ 年的跨国资本主义。
② 阿瑞吉对此有清醒的认识，他曾经明确地指出，对"阶级斗争和世界经济在核心地区和边缘地区的两极分化"的缺失是《漫长的 20 世纪》中最大的缺憾。
③ ［荷］范·杜因：《经济长波与创新》，刘守英、罗靖译，上海：上海译文出版社，1993 年版，第 118–123 页。

《商业周期》一书中，他虽然把经济增长的长期波动解释为"连续的工业革命"的后果，但事实上，在这本书中，他将更多的篇幅留给了金融资本，强调在之前一个长波的下降阶段，金融资本的活动对于重启下一轮长波的基础性作用。熊彼特坚持认为，成批的重大创新有赖于金融资本。① 熊彼特这方面的贡献在门什和范·杜因的理论中被忽略了。这种情况在佩蕾丝、弗里曼和卢桑等具有演化经济学特征的长波理论中有了明显的改观。弗里曼和卢桑合著的《光阴似箭：从工业革命到信息革命》延续了熊彼特重视技术创新的传统，但又极大地扩展了研究的范围。通过对五个子系统（科学、技术、经济、政治和文化）的相互影响的演化过程的描述，"探讨了在一定制度背景和调节方式框架下，研究包括技术创新、结构变化以及经济和社会运动共同演化在内的经济史的方法。……根据一个连续发生的技术革命向经济系统扩散的模型，对过去两个世纪现代资本主义社会的发展进行描述"②。佩蕾丝在《技术革命与金融资本：泡沫与黄金时代的动力学》中，通过对"技术—经济范式"与"社会—制度框架"的互动分析而发展出一种"技术—经济—制度"三维协同演化模型。对于本书而言，佩蕾丝更重要的贡献还在于，她重申了熊彼特对金融资本在推动技术革命中重要作用的论断，并做出了富有启发性的分析，弗里曼称之为"富于原创性和启蒙性的贡献"。正是在这里，我们看到了将以佩蕾丝为代表的新熊彼特派长波理论和阿瑞吉的体系积累周期理论结合在一起的可能。后者同样重视金融扩张阶段中金融资本的活动对于下一个体系积累周期物质扩张阶段的重要作用，而且论述的时段不仅仅局限于工业革命以来的周期，而是将之追溯至第一体系积累周期的早期阶段。但和新熊彼特派的长波理论比较起来，阿瑞吉缺乏与技术革命有关的论述，对金融资本活动的分析不能够说是深入和细致的，尽管从视野的开阔来讲，阿瑞吉可能更胜一筹。在阿瑞吉的著作中，有关技术变革及其对物质扩张的作用始终是一个薄弱环节。这或许是因为阿瑞吉的体系积累周期理论分析的范围不仅仅局限于工业革命之后的资本主义发展，但我们同样应该看到技术创新在解释当今的资本主义发展和扩张时都已经成为一个关键性的因素，它理应得到突出的强调。

---

① ［英］克里斯·弗里曼：《技术革命与金融资本·序》，卡萝塔·佩蕾丝：《技术革命与金融资本泡沫与黄金时代的动力学》，田方萌、胡叶青译，北京：中国人民大学出版社，2007年版。
② ［英］克里斯·弗里曼、弗朗西斯科·卢桑：《光阴似箭：从工业革命到信息革命》，沈宏亮译. 北京：中国人民大学出版社，2007年版，第127页。

2. 技术革命、金融资本与体系扩张

佩蕾丝在《技术革命与金融资本》中，提出一个技术—经济—制度的三维演化模型以解释资本主义的长期演化。该书重新强调了熊彼特对金融资本在创新过程中具有重要作用的论述，从而克服了门什和范·杜因理论中的技术决定论倾向。佩蕾丝的有关研究成果已经在国内获得了较为广泛的关注，但关注的重点集中于"一次技术革命如何起到发展的动力作用，即如何才能最终带动整个制度和经济的变化，掀起一次'发展的巨潮'"[①]。对佩蕾丝理论中的另一个重要方面，即技术革命本身是如何发生的尚未能引起足够的重视。在本书的这一部分，我们将用佩蕾丝的"技术—经济—制度"三维演化模型来弥补阿瑞吉体系积累周期理论中对物质扩张的略显薄弱的解释；同时，也将用阿瑞吉的理论来拓展佩蕾丝有关金融资本作用的分析，使得这一理论框架不仅能用于解释技术革命的发生，也能适用于解释工业革命之前的物质扩张与金融扩张。

（1）技术革命与物质扩张

体系积累周期由物质扩张和金融扩张两个阶段构成。每一个物质扩张阶段都由占主导地位的积累中心及其机构来推动。这些机构在资本积累过程中的成功，引发大量的竞争者，从而导致国家间和企业间竞争的激化，并使得社会冲突加剧，这都将导致利润率的下降，削弱资本积累的动力。其结果，一方面是当前的积累中心将大量过剩资本撤离生产和贸易领域转向金融扩张，在这个阶段，当前的积累中心得以享有最后的"美好时代"；在另一方面是潜在的替代性力量在普遍的动荡和危机中生长，那些富有竞争性的力量、体制存活下来。这些体制的主要机构的规模和组织复杂程度远远超过之前的积累中心和机构，因而能够完成对体系秩序的重组和体系权力的重新分配，重新启动下一轮的物质扩张。"历史资本主义发展成为一种世界制度，是以由政府和商业组织组成的更加强大的世界—帝国（或国家—公司）集团为基础的。这些组织具有扩大（或加深）资本主义世界经济的职能和空间范围的能力"[②]，并在第三（英国）体系积累周期中真正发展成为一种世界规模的积累。

[①] 孟捷：《资本主义经济长期波动的理论：一个批判性评述》，《开放时代》，2011年第10期。
[②] ［意］杰奥瓦尼·阿瑞基：《漫长的20世纪》，姚乃强、严维明、韩振荣译，南京：江苏人民出版社，2001年版，第272页。

阿瑞吉的论述是深刻的，但也是粗略的。他洞察了大势，但也忽略了许多关键性的因素。在他对贸易和生产扩张进行解释时，把重点留在了对扩张主体，也即新的政府和商业组织的分析上。这些机构在更高的层面完成了对资本逻辑和政治逻辑的综合，具备了扩大或深化资本主义世界经济的空间范围和生产密度的能力。将实际的贸易和生产扩张之所以能够发生，归结为"某个机构或许多机构一起找到了阻止或抵消利润幅度减小的方式方法"[1]。阿瑞吉进一步从希克斯（Hicks）处获得灵感，将"努力寻找新的贸易目标和新的贸易渠道"视为这多种方式方法中最重要的一种。

在我们看来，在此处阿瑞吉更应该借鉴的，不是希克斯，而应该是熊彼特。希克斯的"新的贸易目标和贸易渠道"的发现与开辟有助于解释资本主义的空间扩张，但在解释资本主义的深度扩张上效果有限，而熊彼特的创新理论则可以同时兼顾两者。熊彼特对创新有一个极为宽泛的定义，包括了如下五种情况：①引进新产品；②引进新技术，即新的生产方法；③开辟新市场；④控制原材料的新的供应来源；⑤实现企业的新组织。[2] 其中的③和⑤已经将希克斯的分析包括了进去。

自20世纪80年代以来，佩蕾丝一直致力于改造熊彼特的理论，以便将技术、经济和制度等因素纳入分析框架中，构建起她的资本主义体系的动力学。在佩蕾丝看来，正是上述三个领域持续发生的变革和互动推动着资本主义的动态发展，各领域间的包容—排斥关系决定了这种发展的周期性波动的特征。"技术革命—金融泡沫—崩溃—黄金时代—政治动乱，大约每半个世纪就重新再来一遍，并建立在属于资本主义本质的因果机制之上"。佩蕾丝用下图简要地说明了这种因果机制。

技术革命与技术—经济范式。佩蕾丝将技术革命定义为"一批有强大影响的，显而易见是崭新且动态的技术、产品和部门，它们在整个经济中能带来巨变，并能推动长期的发展高潮"[3]。技术革命中创新以蜂聚的形式出现，

---

[1] [意]杰奥瓦尼·阿瑞基：《漫长的20世纪》，姚乃强、严维明、韩振荣译，南京：江苏人民出版社，2001年版，第277页。
[2] 赵峰：《经济增长的马克思主义阐释》，张宇、孟捷、卢荻：《高级政治经济学》，北京：中国人民出版社，2006年版，第386页。
[3] [英]卡萝塔·佩蕾丝：《技术革命与金融资本泡沫与黄金时代的动力学》，田方萌、胡叶青译，北京：中国人民大学出版社，2007年版，第13、14页。

是一组紧密联系的创新集群，一般包括一种重要的、通用的低成本投入品（新的能源或原材料），再加上重要的新产品、新工艺和新的基础设施。更重要的是，只有当这些创新能够扩散到广泛的领域时，它才能够称作是"革命的"。这种扩散除了能够提高改造传统产业（当然也必然会淘汰和替换大量产业，这是创造性毁灭过程的必然）外，还能引发技术领域之外的变革——一种新的"技术—经济范式"的变迁。

在《技术革命与金融资本》一书中，佩蕾丝发展了多西（Giovanni Dosi）的"技术—经济范式"概念。"技术—经济范式"被定义为：一种最佳的行为模式（a best-practice model），它由一套通用的、同类型的技术和组织原则所构成，这些原则为特定的技术革命的有效运用提供了制度环境，使得经济活动的生产率能够实现一种"量子跃迁"。一旦得到普遍的采纳，这些原则就成了组织一切活动和构建一切制度的常识基础。① 在佩蕾丝的框架中，技术—经济范式是一个宽泛的制度概念，它涉及对某种类型的技术及其发展趋势的实际理解，也包含着对生产组织、企业结构、技术扩散形式、地缘政治结构和社会空间等方面的内容。② 但总体而言，受技术—经济范式影响最大的是经济决策者、产品设计和开发人员以及消费者，它形塑了决策者的思维模式，并倾向于不断地强化这种范式发挥影响的深度和广度。

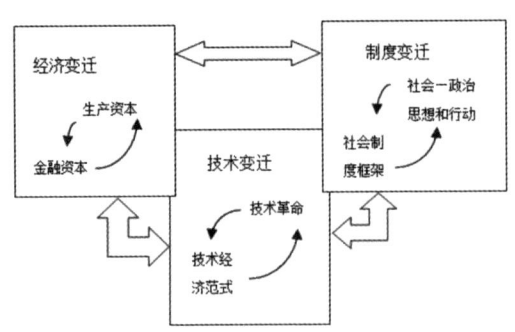

图 4-1　佩蕾丝的资本主义体系动力学：处于持续相互作用之中的三个变迁的领域

资料来源：佩蕾丝：《技术革命与金融资本》，图 14-2，北京：中国人民大学出版社，2007 年，第 168 页。

---

① ［英］卡萝塔·佩蕾丝：《技术革命与金融资本泡沫与黄金时代的动力学》，田方萌、胡叶青译，北京：中国人民大学出版社，2007 年版，第 14—21 页。
② ［英］卡萝塔·佩蕾丝：《技术革命与金融资本泡沫与黄金时代的动力学》，田方萌、胡叶青译，北京：中国人民大学出版社，2007 年版，第 22 页。

技术革命和技术—经济范式的结合使佩蕾丝获得了她用以解释资本主义长期波动的核心概念——发展的巨潮（great surge of development）。巨潮被定义为"一次技术革命及其范式在整个经济中得以传播的过程，这一过程不仅在生产、分配、交换和消费方面产生出结构性变化，而且也在社会中产生了深刻的质的变化"[1]。巨潮酝酿于上一次巨潮之中，它首先发生在有限的部门和有限的地域，但它所展现的前景已经为更多的人所觉察，也为已经过剩的资本开辟了新的投资领域，因此它增长迅速，并带动交通和通讯等基础设施的大规模建设；它"毁灭"一批旧的产业，但同时也向一些早已成熟的产业输入新的要素、带来新的组织方式使之复兴，为社会的平均生产率设定了更高的标准；它逐渐将核心国家的大量活动囊括其中，并开始向外围地区扩张；每一次巨潮都使得资本主义更加深入社会历史进程，扩大其控制和支配的地理空间。在经过两百多年的五次巨潮之后，资本主义世界体系已经将渗透力延及世界的每一个角落。

技术—经济范式与社会—制度框架。技术革命和新范式尽管已经打开机遇之窗，但它又同时面临着强大的阻滞力量。这些阻滞力量来源于在既有的范式中强大的工商业集团，但更来源于和之前的范式已趋融合的社会、政治和意识形态。新范式的传播要求有相应的社会—制度领域的变迁与之配合。这一建立与之配套的社会—制度框架的过程被佩蕾丝称为"制度的创造性毁灭"——拆毁旧框架，建立新框架。一旦新的技术—经济范式与社会—制度框架之间重新耦合，就会出现一段繁荣的时期，并使得技术革命蕴含的潜能得以充分的施展。这并非是一个即刻达成的过程，经济社会往往需要几十年的时间才能重建一个相互协调的系统。佩蕾丝主要就是用这种技术—经济范式与社会—制度框架之间的排斥—包容来解释巨潮前后相继的两个时期。"当两者存在较好的结合时，社会就将出现长达20—30年的稳定增长。当两者分离时，就会导致同样较长时期的不均衡增长、衰退和萧条。"[2] 作为两个时期的过渡，中间还会出现一个明显的转折期，它通常以金融崩溃的形式表现出来。正是这种崩溃，向顽固和保守的社会—制度框架施加了变革的压力。图4-2以简明的方式归纳了佩蕾丝巨潮模型的主要内容。

---

[1] ［英］卡萝塔·佩蕾丝：《技术革命与金融资本泡沫与黄金时代的动力学》，田方萌、胡叶青译，北京：中国人民大学出版社，2007年版，第14页，第25页。
[2] 邓久根、刘鸿明：《长波理论的比较与创新》，《经济纵横》，2010年第12期。

表 4-2 佩蕾丝的巨潮模型

模型要素	前一巨潮（A）		当前巨潮B		当前巨潮B		后一巨潮C	
	协同阶段	成熟阶段	爆发阶段（大爆炸B）	狂热阶段	协同阶段	成熟阶段	爆发阶段（大爆炸C）	狂热阶段
巨潮：连续的技术-经济范式的扩散				转折点 →				
阶段	协同阶段	成熟阶段	导入期B	狂热阶段	展开期B	成熟阶段	导入期C	狂热阶段
时期	展开期A							
技术革命	技术革命A的全面繁荣和成熟	技术革命A的下降和向外扩张	技术革命B的底酝酿期		技术革命B的全面繁荣和成熟期	技术革命B的下降和向外扩张	技术革命C的底酝酿期	
技术-经济范式	范式A的完全统治和展开	从A向B转移，范式B的成熟和引进			范式A的完全统治和展开	从A向C转移，范式C的成熟和引进		
生产资本	成熟的产品找市场	生产结构的分化，新B对抗旧A	融资本就生产机会	规模进行了重新耦合	成熟的产品找市场	生产结构的分化，新C对抗旧B	融资本就生产机会	规模进行了重新耦合
金融资本	闲置资金寻找机会	与技术革命B的恋爱	生产资本和金融资本	金融规则与生产分离	闲置资金寻找机会	与技术革命C的恋爱	生产资本和金融资本	金融规则与生产分离
社会-制度框架	社会-制度框架适应并塑造了范式A	旧框架A与下一范式B不匹配			社会-制度框架适应并塑造了范式B	旧框架B与下一范式C不匹配		
经济增长	利用范式A大多数产业的增长趋同	B产生的爆炸性增长与A产业的衰退与分化			利用范式B大多数产业的增长趋同	C产生的爆炸性增长与B产业的衰退与分化		

资料来源：佩蕾丝：《技术革命与金融资本》，图14-1，北京：中国人民大学出版社，2007年，第166页。

生产资本与金融资本的分离与协同。熊彼特认为，在形成技术革命的创新蜂聚和企业家能力大量涌现之间存在着因果关系。佩蕾丝对此观点并不完全赞同。在佩蕾丝看来，任何一个时期，企业家都是大量存在的，它无法解释为什么技术变迁并非连续的，而是以革命的形式集中爆发。"企业家才能的大量蜂拥出现，是在革命被觉察到之后，并正因为革命已被觉察到。"[①]因此，佩蕾丝改变了设问的方向，重点考察那些为数不多的、最先推动了革命的技术突破是如何发生的。具体而言，佩蕾丝从生产资本与金融资本在巨潮的各个不同阶段内所出现的分离与协同关系入手进行分析，重新恢复了熊彼特有关"重大创新有赖于金融资本"的理论逻辑，摆脱了技术决定论的影响。

当前一次巨潮的发展潜力濒于耗尽时，生产资本与金融资本曾经的协同并进也就出现了裂痕。对生产资本而言，现有产业已经完全成熟，能够扩张的市场已被占领，生产领域的竞争日趋激烈；在一个普遍繁荣的时期，劳动力市场的变化也对利润率施加了向下的压力。这宣告了生产资本"黄金时代的终结"。对金融资本而言，在展开期的协同阶段，它积极地支持着生产资本的物质扩张进程，将大量资金投资到贸易和生产领域，并获得丰厚的回报；但现在，它对继续将积累的资本重新投入资本主义世界体系的物质扩张之中能否获利做出了否定的判断，金融资本的活动趋向于撤离直接生产和贸易领域。阿瑞吉相信，撤离的金融资本将主要转向巨额融资领域，其积累方式由MCM'转变为MM'。而佩蕾丝则指出部分金融资本将投入一个不太引人注目的领域——对创新的资助，提供金钱以打破例行的技术轨迹，为重启下一波巨潮做准备。金融资本觉察到了这种行为所具有的高度不确定性，但相较于继续投入现有产业的确定性的低利润率甚至亏损而言，这依然是值得迈出的一步。于是几股创新活动汇聚到一起，"它们有的来自正在克服障碍的大企业，有的来自具有新奇思想的新企业家，还有的来自此前已能发明出来但未被充分利用并遭到边缘化的创新"[②]。正如熊彼特所指出的，企业家精神具有极大的可变性，这种可变性的源头在于围绕它的、变化着的条件和机会。在经过大量的试错之后，新的技术突破实现了，或者某些早已出现的技

---

① [英]卡萝塔·佩蕾丝：《技术革命与金融资本泡沫与黄金时代的动力学》，田方萌、胡叶青译，北京：中国人民大学出版社，2007年版，第33页。
② [英]卡萝塔·佩蕾丝：《技术革命与金融资本泡沫与黄金时代的动力学》，田方萌、胡叶青译，北京：中国人民大学出版社，2007年版，第38页。

术创新的价值被重新发现了。尽管它只发生在局部的区域、有限的产业，但潜在的利润空间已经激发了企业家精神，推动着巨潮走向其导入期的第二个阶段——狂热阶段。

（2）再论金融资本的作用

阿瑞吉和佩蕾丝都高度关注金融资本的活动在推动资本主义发展演进中的作用。对体系积累周期而言，资本积累过程向巨额融资领域的转移可以暂时阻止利润率下降的趋势，并把物质扩张的末期变成一个"美妙时刻"，物质扩张的促进者和组织者能够继续获得财富和权力。但这并不表示危机的真正克服，而不过是一种新的积累体制最终取代那种仍占据主导地位的积累体制的前奏曲，也即"临终危机"的前奏曲。① 在此过程中，金融资本资助了那个正在崛起的新的积累体制的促进者及其机构，并最终开启新一轮的物质扩张。因此，金融资本的活动对于体系周期的作用是双重的：第一，作为一种积累方式（MM'），它延续了当前的体系积累周期，使之进入金融扩张阶段；第二，作为一个创造性毁灭的过程，它资助了新的积累中心及其机构的崛起，形塑了新的积累体制。对于历史资本主义的演进而言，金融扩张即是连续性的象征，也是突变的象征。它最终导致当时资本主义世界体系的崩溃，但也使得这一体系在新的领导下重新组织，恢复生机，并在深度和广度上将资本主义向全球扩张。

在《技术革命与金融资本》一书中，佩蕾丝用一半的篇幅来分析金融资本与生产资本的互动关系。在上文中，我们已经论述了金融资本在触发技术革命中的作用。这一过程通常发生在前一个巨潮的成熟阶段。在接下来的部分，我们将概略介绍在当前巨潮中金融资本不断变化但又表现出明显规律性的行为。

与阿瑞吉一样，佩蕾丝注意到了金融资本与生产资本间的一个关键性的共性与差别。共性表现在二者都追求不断的资本积累；差异表现在，前者具有高度的流动性和灵活性，在本质上是无根基的，而后者或因为资产专用性而产生路径依赖，或因为对特定地理区域、消费群体和销售网络的依赖而缺乏这种流动性和灵活性。在重大变革来临之时，它们通常会趋于保守。共性指向目的，而差异决定了在实现目标时手段上的差别。随着发展巨潮的向前

---

① ［意］杰奥瓦尼·阿瑞基：《漫长的20世纪》，姚乃强、严维明、韩振荣译，南京：江苏人民出版社，2001年版，第267页。

演化，获利的机会和数量也将存在显著的变化。这种变化决定了金融资本与生产资本的关系亦将处于不断调整中。

爆发阶段金融资本与生产资本的关系。佩蕾丝用"恋爱关系"来形容爆发阶段金融资本与生产资本之间的紧密联系。技术革命中诞生的新兴产业所展现的利润前景获得了大量闲置资金的青睐。在之前的很长一段时间内，它们就已经苦于能获得合理回报的投资机会的短缺，因此它们积极地关注着技术革命的发生，自身也变得富有创新性，随时准备开发出新的金融工具以满足新兴产业及相关基础设施对资本的需求。

前一次技术革命中的核心部门也捕捉到了这种变化，开始积极利用新技术革命所提供的普适技术和组织原则对自身进行改造，从而焕发生机。在第三次发展的巨潮中，钢对铁的取代，使得铁路运输、海运获得了重生；汽车工业对信息革命的吸收则提供了新近的例证。支持这些项目的资金，要么来自这些企业自身积累的尚未找到合适投资渠道的闲置资金，要么来自外部融资。不管怎样，这都意味着金融资本再次向生产资本的靠近。

在爆发阶段行将结束时，金融资本对高利润的渴求已趋狂热。新产业虽然已成为最具成长性的一部分，但依然只是很小的一部分。金融资本的大量供给已经超越了正常的投资渠道所能吸纳的程度。于是，金融资本和生产资本之间开始出现裂痕。金融资本已经不再满足于通过支持生产资本获得"合理的回报"，而是以新技术为噱头，发展出复杂的金融工具，开始转向以钱生钱的老本行。

狂热阶段金融资本与生产资本关系的破裂。爆发阶段金融资本的成功使得它相信仅靠自身就能获得成功。只要还有充裕的资金供给，它的确能够成就这个"自我实现的寓言"。生产资本的实际经营者也为这种狂热的氛围所影响，他们不再将主要的精力放在对企业实际利润的关注上，而是更多地关注其股票的账面价值，以吸引金融资本的注意。"金融资本傲慢地掌控着局面，生产资本别无选择只能顺应这种新规则。"这是一个投机盛行的时期，"金融资本越来越远离它作为创造真实财富支持者的角色"[1]。结果，账面财富与真实财富之间、真实利润与资本收益之间的比例越来越失调；资产膨胀不可控制，而债务则快

---

[1] ［英］卡萝塔·佩蕾丝：《技术革命与金融资本泡沫与黄金时代的动力学》，田方萌、胡叶青译，北京：中国人民大学出版社，2007年版，第83页，第110页。

速累积。直到一次崩溃才能强制性地恢复二者之间的正常关系。

转折点的崩溃与衰退。不管狂热阶段的高涨看上去多么激动人心，它所建立其上的不具有可持续性的基础结构决定了一次决定性的崩溃必将到来。在转折点，金融资本从狂热中跌回现实，经济社会开始探讨建立对金融资本进行充分管制的必要，并且设置了一种有利于实体经济占据主导地位的新的制度框架。类似的制度安排在金融资本高歌猛进的时候几乎无从建立，而崩溃打开了通往管制之门。在转折点上，一种和新的技术—经济范式相适应的社会—制度框架得以建立，并将发展的巨潮推向展开期。

协调阶段金融资本支持生产资本的扩张。展开期由协同阶段和成熟阶段构成。在协同阶段，生产资本被明确为财富的创造者，金融资本则回归其促进者的角色。后者满足于依其贡献分享所创造利润中自身应得的部分。通过狂热阶段末期残酷的竞争，此时的生产资本已经高度集中形成垄断局面，这为其扩张奠定了良好的组织基础和市场条件。当达到这种状态时，资本主义开始迎来其真正的"黄金时代"。"金融资本和实际生产焕然一新的关系将越来越多地涉及真实增长和真实红利"[①]，经济社会中越来越多的部门、阶层分享到这种真实增长带来的好处，社会的两极分化在相对或绝对的意义上趋于缩小。

成熟阶段紧张和断裂再次出现。技术革命有其自身的生命周期，当范式由协同阶段走向成熟阶段时，现有范式的潜能日渐耗尽，为提高生产率而进行的改进成本越来越高，成效却越来越低，市场日趋饱和，利润率在多重挤压下不断下降。成熟阶段带来一个并购的高潮，但其目的已不再是为了避免价格竞争，而是为了控制更大的市场份额，以缓解不断下降的利润。金融资本还在与最强大的企业联手，并冒险地向外部市场进行扩张。但这不能从根本上解决过度积累的问题，最好的情况也只能是延缓过度积累的危机的爆发。金融资本开始从贸易和生产领域撤离，重新回到它最擅长的从 M 到 M' 的积累轨道上去。由于资本是如此的充裕，而有价值的投资机会又是如此的有限，金融资本开始放松对于风险的监管，贷款被拨付给实力越来越弱的债务人，尤其热衷于向外围的主权国家进行放贷。这为未来的债务危机埋下了隐患的种子。

[①] ［英］卡萝塔·佩蕾丝：《技术革命与金融资本泡沫与黄金时代的动力学》，田方萌、胡叶青译，北京：中国人民大学出版社，2007年版，第84页。

（3）体系积累周期与新熊彼特长波的综合

在本章的第一部分，我们将马克思的资本积累理论及其利润率下降规律视为一种"原理论"，将体系积累周期理论与佩蕾丝的理论同视为一种中间层次的理论。它以原理论为基础，但又和更加具体的历史条件相结合，这种分析"和有关资本主义发展的具体历史的叙述相比，要更为一般和抽象，但与资本主义的一般抽象理论相比，则更特殊而具体"①。但更加细致地将体系积累周期理论和佩蕾丝的理论进行比较，还是能够发现二者在研究的重心、范围和时限上存在若干重要的差别。

两种不同层次的"中间理论"。阿瑞吉秉承世界体系论的传统，以资本主义世界体系整体为研究对象，以解释世界范围内的资本主义体系的形成及其内在演变逻辑为主要目的。在对具体的积累周期展开分析时，资本逻辑与政治逻辑、国家（帝国）与企业、生产资本与金融资本融合、分离与斗争构成了逻辑主线，在对从周期到周期的演进进行分析时，现有积累中心（通常是一个强大的霸权国家与其工商业企业构成的联盟）与潜在竞争对手之间的竞争构成另一条主线。

佩蕾丝的理论则严格地局限于对世界体系的核心国家中经济波动的分析。她明确地指出，她所论述的"反复出现的规律性只是在世界体系的核心国家才能够观察到"②，因此，佩蕾丝研究的重心更多地下沉到民族国家范围内技术—经济范式与社会—制度框架、生产资本与金融资本的互动关系上来。虽然这种分析也是一种宏观的分析，但不是体系意义上的宏观，因而该理论不能解释历史资本主义演化过程中积累中心（核心国家）的迁移。而这恰恰是在资本主义从西欧之一隅扩展到全球范围的关键一环。再有一点，佩蕾丝将研究的起点选在了第一次工业革命爆发之后，因此以技术革命为中心的巨潮模型在解释工业革命之前的资本主义经济周期波动上就较为吃力。

比较而言，本书倾向于把体系积累周期理论视为对资本主义世界体系展开的政治经济学分析，而将发展的巨潮视为一种针对资本主义经济波动的技术—经济分析。但二者并非对立的理论结构，而是存在融合的可能，也即一

---

① ［美］大卫·科兹：《法国调节学派与美国积累的社会结构学派之比较》，张宇、孟捷、卢荻：《高级政治经济学》，北京：经济科学出版社，2002年版，第318页。
② ［英］卡萝塔·佩蕾丝：《技术革命与金融资本泡沫与黄金时代的动力学》，田方萌、胡叶青译，北京：中国人民大学出版社，2007年版，第10页。

方面可以用佩蕾丝的理论去弥补体系积累周期理论中对物质扩展和金融扩张论述中的薄弱环节，另一方面可以用阿瑞吉的理论，尤其是他对金融资本行为更富有历史启发性的观察去完善佩蕾丝的相关分析。

巨潮理论对体系积累周期的补充。按照佩蕾丝的划分，自18世纪末以来，世界经济出现了五次发展的巨潮，分别是：1771年开始的英国工业革命；1829年开始的蒸汽机和铁路时代；1875年开始的钢铁、电力和重化工业的时代；第四次巨潮从1908年开始，这是一个石油、汽车、石化产品大规模生产的时代；目前正在经历第五次发展的巨潮，它开始于1971年英特尔微处理器的诞生，被认为开启了信息和远程通讯的时代。[①] 佩蕾丝的五次巨潮在时间上基本与体系积累周期的第三（英国）周期和第四（美国）周期重叠。其中，在第三体系积累周期中，英国领导了前两次发展的巨潮，在第四体系积累周期中，美国领导了后两次巨潮，第三次巨潮则发生在积累中心由英国向美国转移的过程中，发生在一个复杂的三角核心区，由老迈的英国和两个跃跃欲试的挑战者——德国和美国共同推动。因此，要实现这两种周期理论的融合，就有一个如何在体系积累的特长周期中容纳发展的巨潮的问题。

虽然阿瑞吉把体系积累周期仅划分为两个阶段，但这并不意味着他就将这种演化视为单一的线性过程。一方面他强调，伴随物质扩张过程的深入，越来越多的利润被反复投资到原来的领域，始终存在缩小利润幅度的基本倾向；另一方面他也看到了，由于扩张本身产生了内部和外部节约，存在着减少经营成本的风险和倾向，从而增加了获利的可能，从而把扩张在时间和空间上都向前推进。[②] 因此，在具体地对每一个物质扩张进程进行分析的时候，阿瑞吉相信，真实的物质扩张曲线是由一系列相互连接的S型曲线构成的。我们则认为，用佩蕾丝发展的巨潮来解释体系积累周期中的一个个S型波动要比阿瑞吉的解释更有说服力，而且几乎不用对两种理论本身做大的改动就能实现很好的协调。

体系积累周期对巨潮理论的完善。另外，我们则希望用体系积累周期理论去完善佩蕾丝理论中一个未能述及的地方——解释技术革命策源地的转移。

---

① ［英］卡萝塔·佩蕾丝：《技术革命与金融资本泡沫与黄金时代的动力学》，田方萌、胡叶青译，北京：中国人民大学出版社，2007年版，第15页。
② ［意］杰奥瓦尼·阿瑞基：《漫长的20世纪》，姚乃强、严维明、韩振荣译，南京：江苏人民出版社，2001年版，第279页。

解释的方法根源于阿瑞吉对金融资本活动更加富有启发性的阐述。阿瑞吉对资本主义的看法更多地受到布罗代尔的影响①，即强调其垄断性、灵活性、兼容性以及与政治权力的接近。金融资本正是这种资本形态的典型代表。从上述定义出发，阿瑞吉对金融资本行为多样性的认识就远远比佩蕾丝单从生产资本与金融资本的互动关系中得出的结论更具有一般性。

在论及15世纪70年代美第奇家族将其积累的大量过剩资本用于炫耀性消费以及对建筑、艺术和学术的资助时，阿瑞吉反驳了一种流行的观点。这种观点认为，美第奇家族的讲排场、摆阔气以及对非贸易和生产领域的投入，是造成投资于他们公司的资本远远少于利润的主要原因。阿瑞吉则指出，这是大金融家在面对已经积累过剩的局面时所做的正确选择——正是因为他们没有不断地将得自贸易的积累重新投资到进一步扩大贸易中去，他们才维持了现有贸易的高额利润。炫耀性消费，用今天的话来讲，可视为美第奇家族对自身的形象投资。这在佛罗伦萨的公共关系中是非常重要的一个方面；更重要的还在于这种消费，保证了家族分支机构的经理们在与王宫贵族打交道时能够受到平等的（甚至高人一等的）待遇。②

作为一个意料之外的结果，佛罗伦萨金融资本对建筑、艺术和学术的大力资助引发了文艺复兴。美第奇家族在15世纪投入大量财力收藏、翻译、出版被遗忘了两千年之久的古希腊著作，建立欧洲最大的图书馆，帮助欧洲走出黑暗的中世纪，资助了众多堪称伟大的艺术家与科学家，将文艺复兴推向高峰。正是文艺复兴时期（1330—1530年）在商业、金融、文化、科技及相关制度方面的发展，欧洲才得以建立起一种有利于资本主义崛起的知识、人力资本和制度的储备。在其后的科学革命和启蒙时代，也将一直看到金融资本活动的影子。如果说在佩蕾丝发展的巨潮中，受金融资本资助的技术革命开启了一种新的技术—经济范式的话，那么这种范式其实一直受益于更早期同样在金融资本资助下发展起来的资本主义制度框架的滋养。

金融资本活动最重要的一个方面集中于对战争和立国活动以及大国竞争的直接参与。通过前一种活动，特定国家的资产阶级和统治阶级结成牢固的同盟关系。在这一同盟及其核心机构的推动下，促进了资本主义在世界范围

---

① 对此的分析详见第二章第五节相关部分。
② ［意］杰奥瓦尼·阿瑞基：《漫长的20世纪》，姚乃强、严维明、韩振荣译，南京：江苏人民出版社，2001年版，第130页。

内的扩张。在热那亚时代，这种同盟关系通过热那亚金融资本向伊比利亚半岛上的君主国家购买"保护"而维系；在荷兰时代，这种同盟关系已经完全内部化了，通过组建特许股份公司这样一种半商业、半政治并享有交战和缔约权力的特殊主体，荷兰的贸易垄断帝国主义盛极一时；到了英国时代，在通过特许股份公司建立起殖民主义和帝国主义的基础之后，特许股份公司的利益被牺牲了。从形式上看，在英国的自由贸易帝国主义阶段，国家权力和资本权力有了明显的分野。但这种形式上的分离以资本权力对国家权力更加牢固的控制为基础。当英国的资本主义预感自己已经足够强大时，它开始倡导资本权力对于政治权力的相对独立性，其目的在于使其可以绕过其他主权国家看似绝对独立的治权，将资本的力量转化为对整个世界进行统治的非正式工具。

阿瑞吉在展开对金融资本与国家之间关系的动态分析时，借用了吉登斯（Giddens，1987）将国家看作"权力容器"的比喻。相比于资本对于无限积累的要求，特定容器的空间所能容纳的资本密度始终有其限度。一旦该容器不再能为资本的进一步积累提供支撑，资本与国家间的关系也将发生新的变化。在每个体系积累周期的金融扩张阶段，企业间的竞争升级为国家间的竞争。各个国家不得不为流动资本进行激烈的争夺以支持这种竞争，而"流动资本则向这些国家强行规定了帮助其获取权力的条件"[①]。这种竞争为金融资本创造了巨大的赢利机会，使之在物质扩张结束之后的普遍混乱中还能享有一段"美好时代"，但最根本的一点还在于，金融资本在斗争的过程中放弃了原来那个已经不再具有优势的"权力容器"，资助了新的正在崛起的积累中心。这一点在荷兰周期向英国周期、英国周期向美国周期的过渡中表现得尤为明显。通过这种转移，规模和密度都更大的国家—资本联盟得以建立，资本主义世界体系的权力更加集中，从而推动了下一阶段的物质扩张进程。

因此，如果在佩蕾丝的巨潮理论中吸收阿瑞吉关于金融资本活动的更加多样性的描述，那么该理论不能解释核心国家本身的地理变迁这一缺点将会有很大的改善。佩蕾丝本人对此并非毫不知觉。在《技术革命与金融资本》中，佩蕾丝在第三章中曾简单地提及战争工业化对技术革命的推动作用，在

---

① Max Weber, *General Economic History*, New York: Collier, 1961:247.

第八章的一个小节则专门谈到了金融资本在成熟阶段的末期对权力的追求。尽管如此，资本权力与国家权力之间的融合与分离，大国竞争的激化以及这种激化的最直接表现——战争与立国活动最终还是被佩蕾丝明确地排除在了模型的因果链条之外。

三、不平等交换与国际剥削

在上一节中，通过在体系积累周期理论中吸纳新熊彼特派的长波理论，完善了阿瑞吉对于体系扩张动力机制论证较为薄弱的一环；也通过对金融资本活动多样性的描述补充了新熊彼特派长波理论的不足。但总体来看，研究的视野主要还是以中心国家为对象的，它可以较好地解释核心资本主义国家经济的周期性波动，但尚未涉及作为体系的资本主义向外围地区的扩张。资本主义世界体系的扩张仍然以资本积累为动力。与纯资本主义条件下不同，开放条件下的积累手段更加多元，既存在建立在国内雇佣劳动基础上的国内剥削，也存在通过不平等交换而进行的国际剥削，同时还有剥夺式积累方式的存在。这是一种世界规模的积累。上述内容在阿瑞吉的分析中几乎没有出现。在本章的余下部分，我们将对此展开分析，以完成对体系积累周期演进动力机制的全部分析。鉴于国内剥削在经典的马克思主义政治经济学中已经有了相当成熟的研究，在本书的第三节和第四节将集中论述建立在不平等交换基础上的国际剥削以及剥夺式积累。

1. 中心和外围的两种积累方式及其统一

在世界体系理论的框架中，以整体的资本主义体系为研究对象，因而，一方面既作为推动体系演化动力，也作为体系发展追求之目的的资本积累过程也必须当作世界范围内的一个整体的过程来进行分析。资本主义世界体系的积累进程必须被当作一种世界规模的积累来理解。在体系范围内"发达国家（中心）的组成部分和'欠发达'世界（外围）的组成部分之间的关系最终表现为价值的转移运动,这就是世界规模积累问题的本质"①。

另一方面,由于资本主义世界体系的结构性特征(这一结构性特征在沃勒斯坦的理论中表现为"中心—半边缘—边缘"结构,在依附论中表现为"中心—外围"结构。沃勒斯坦半边缘地区的加入主要用于解释这一结构的稳定性,而在中心与边缘、半边缘与边缘之间的资本积累进程和积累机制是类似的,因此在后文的分析中,更多地使用的是依附论中常用的"中心—外围"结构),世界体系范围内的资本积累进程与中心国家内的积累进程并非完全一致。由于在结构上划分为"中心"和"外围"两个部分,因而在积累上也就有了"自我中心型"(self-centred)与"依附性"(extraverted)两种积累方式的区别。

阿明所谓的自我中心型积累,实质就是发达资本主义国家内部的资本积累模式。在阿明看来,这一模式已经在马克思的经典著作,尤其是《资本论》中得到了精辟的分析。中心的资本主义生产方式具有一种排他性,并以国内市场为基础,其资本积累具有一种"自我集中"的趋势。然而,正如本章第一节所分析的那样,这种积累机制最终会导致利润率下降趋势的出现,阻止进一步的资本积累进程。这就要求资本积累突破民族国家的界限对外扩张,以扭转利润率下降的趋势,大量前资本主义的国家和地区通过"融入"而被边缘化为中心国家的外围地带。"资本主义生产方式在这些社会经济形态中占据支配地位;但是,由于在这些形态中资本主义的扩张是建立在外部市场的基础之上,因而这种支配地位不会造成非他莫属的倾向。……前资本主义生产方式才没有被摧毁,而是受到改造,并且服从于世界和地方规模的占支配地位的生产方式——资本主义生产方式。"②在边缘地带,一种"依附型"积累方式发展起来,其特征在于"外向性"和"依附性"。所谓"外向性"主要指资本积累(的实现)不是在国内而是在国外(世界市场)进行,外围国家的出口部门是完成这种积累的主要机构;所谓"依附性"是指该模式的运行依附于发达资本主义国家的资本积累。不发达国家出口部门和奢侈消费品供

---

① [法]萨米尔·阿明:《世界规模的积累——欠发达理论批判》,杨明柱等译,北京:社会科学文献出版社,2008年版,序言。
② [法]萨米尔·阿明:《世界规模的积累——欠发达理论批判》,杨明柱等译,北京:社会科学文献出版社,2008年版,第1—2页。

应部门所需要的大量投资、技术等依附于跨国资本并接受其统治。①

自我中心型的积累机制与依附性的积累机制最终通过世界市场相连接，从而实现边缘地区向中心国家剩余价值的转移，转移的主要方式则是不平等交换。在对不平等交换问题的研究上，伊曼纽尔（Arghiri Emanuel）做出了开创性的贡献，阿明则进一步发展了这一理论。

2. 不平等交换与国际剥削

（1）不平等交换的数理模型

伊曼纽尔不平等交换理论事实上是对马克思生产价格理论在体系范围内的拓展，是一个有关世界市场上平均利润率和生产价格形成的模型。在出版于1969年的《不平等交换：贸易帝国主义》一书中，伊曼纽尔通过对国际价格制度的分析，揭示了不平等交换发生的机制，论证了剩余价值从外围地带向中心国家的转移——也即国际剥削的发生机制。该理论被布鲁厄（Anthony Brewer）评价为"一种真正具有创造性的贡献"。原因在于，该理论不依据资本主义公司的任何垄断，也不涉及国际关系中国家权力的任何形式就证明了在两个资本主义国家间的自由贸易仍然可能是不平等的。这种不平等构成了世界体系范围内大量不平等的基础。②

不平等交换理论在形式上类似于李嘉图的比较优势理论，但在模型假定上做了关键性的修改。其基本假定如下：

①各国间的劳动力的非流动性，并由此造成各国工资的持久差别，在中心和外围之间工资的差异大于生产率水平上的差异；②资本的充分流动性，从而导致利润率的国际平均化和国际生产价格的形成；③通常而言，有机构成高的部门集中在中心地区，有机构成低的部门集中在外围地区。

在上述假设的基础上，伊曼纽尔将马克思的价值转型理论运用于世界市场，通过利润率的国际平均化和国际生产价格形成的推导，揭示了等价交换背后的不平等性。从而，体系内的剩余价值实现了再分配。其中，中心国家占据了优势地位，成为世界规模的积累进程的主要的受益者。

---

① 张雷声：《试论阿明的当代资本主义经济理论》，《马克思主义研究》，1996年第3期。
② ［法］布迪厄：《马克思主义的帝国主义理论》，陆俊译，重庆：重庆出版社，2003年版，第202页。

进而，伊曼纽尔界定了"广义"和"狭义"两种性质的不平等交换。广义的不平等交换"仅仅是在工资相等而资本有机构成不相等时由价值转变为生产价格而引起的"；狭义的不平等交换的特点"在于工资和有机构成都不相等"。[①] 可以看出，伊曼纽尔并不重视中心和外围的生产在资本有机构成上的差别，而仅将之视为资本主义生产方式的必然特征。相比之下，因社会、历史、道德等因素和劳动力的非流动性造成的工资水平上的差异才是不平等交换的根本原因。这种由工资差异导致的不平等交换才是伊曼纽尔研究的主要对象。在下面我们将在更一般的假设下建立广义和狭义的不平等交换的数理模型。

广义的不平等交换。假设：①两个国家1和2，其中1代表中心国家，2代表外围国家；②投入物质资本和劳动两种要素进行生产；③劳动力不流动而资本流动，因而在存在国际贸易的条件下能够形成国际生产价格；④两国中存在相同的剥削率，即 $e_1=e_2$，投入相同大小的可变资本，即 $v_1=v_2$，两国的资本有机构成为 θ_i，且 $\theta_1=\beta\cdot\theta_2$，其中 $\beta>1$。[②]

每个国家产品的国别价值：

$w_1 = c_1 + v_1 + s_1$

$w_2 = c_2 + v_2 + s_2$

各个国家的国别利润率：

$$r_1 = \frac{s_1}{c_1+v_1} = \frac{e_1}{1+\theta_1} = \frac{e_2}{1+\beta\cdot\theta_2} \quad (4.17)$$

$$r_2 = \frac{s_2}{c_2+v_2} = \frac{e_2}{1+\theta_2} \quad (4.18)$$

国际平均利润率：

---

① ［希腊］A.伊曼纽尔：《不平等交换——帝国主义贸易的研究》，汪尧田等译，北京：中国对外经济贸易出版社，1988年版，第176页。
② 假设一个不同的剥削率和不同的可变资本投入量是可行的，但这不会改变模型的基本结论。考虑到该模型主要在于突出资本有机构成的不同对剩余价值转移的影响，因而做了简化处理。$\beta>1$ 反映了中心国家的资本有机构成高于外围国家。

$$r = \frac{s_1 + s_2}{c_1 + v_1 + c_2 + v_2} = \frac{e_2}{1 + (\frac{1+\beta}{2})\theta_2} \quad (4.19)$$

因为 $\beta > 1$，所以有：$r_2 > r > r_1$

在存在国际贸易的条件下，各国别价值转化为国际生产价格：

$L_1 = (c_1 + v_1)(1 + r)$

$L_2 = (c_2 + v_2)(1 + r)$

在此基础上可以计算通过国际贸易进行的剩余价值转移的量：

对外围国家：

$$\pi_2 = L_2 - w_2 = \frac{(\frac{1-\beta}{2})\theta_2}{1 + (\frac{1+\beta}{2})\theta_2} \cdot s_2 \quad (4.20)$$

$$\pi_1 = L_1 - w_1 = \frac{(\frac{\beta-1}{2})\theta_2}{1 + (\frac{1+\beta}{2})\theta_2} \cdot s_2 \quad (4.21)$$

因为 $\beta > 1$，所以 $\pi_2 < 0$，外围国家的剩余价值将流出；$\pi_1 > 0$，中心国家获得国际间的剩余价值转移。

狭义的不平等交换。在考虑狭义的不平等交换时，前三个假设与广义不平等交换模型中的假设一样。关键的差别在于，在狭义的不平等交换时，假设了不同的剥削率，即 $e_2 = \sigma e_1$，且 $\sigma > 1$；投入相同大小的可变资本，即 $v_1 = v_2$；两国的资本有机构成为 θ_i，且 $\theta_2 = \beta \cdot \theta_1$，其中 $\beta > 0$。[①]

在上述假定下，可得各国的利润率：

$$r_1 = \frac{e_1}{1 + \theta_1} \quad (4.22)$$

$$r_2 = \frac{\sigma e_1}{1 + \beta \theta_1} \quad (4.23)$$

国际平均利润率则为：

---

① 注意将该假设与广义不平等交换中的相关假设对比。

$$r = \frac{(1+\sigma)e_1}{(1+\beta)\theta_1 + 2} = \frac{(\frac{1+\sigma}{2})e_1}{(\frac{1+\beta}{2})\theta_1 + 1} \qquad (4.24)$$

因为 $\sigma > 1$，当 $\beta \leq 1$ 时，确定有 $r_2 > r > r_1$；

当 $1 < \beta < \frac{\sigma(1+\theta_1) - 1}{\theta_1}$ 时，同样有，$r_2 > r > r_1$；

当 $\beta > \frac{\sigma(1+\theta_1) - 1}{\theta_1}$ 时，有 $r_1 > r > r_2$。

前两种情况在形成国际生产价格的过程中，都会出现剩余价值从外围国家向中心国家的流动；而在第三种情况下，剩余价值将出现反方向的流动。

上述对狭义不平等交换所做的分析建立在更加一般的框架下，并且在主要结论方面也与伊曼纽尔最初的结论有所不同。模型显示，在特定的条件下，也即当 $\beta > \frac{\sigma(1+\theta_1) - 1}{\theta_1}$ 时，剩余价值将出现从中心国家到外围国家的反向流动。此情况的出现要求外围国家的资本有机构成大大高于中心国家的资本有机构成。按照本章第一节所建立的框架，资本有机构成 θ 在很大程度上是对一个产业、部门或国家技术水平（生产力）的反映。资本有机构成越高，通常意味着技术水平越高。对于广大的外围国家而言，要实现这一条件的困难可想而知。

伊曼纽尔对广义和狭义不平等交换的分析目的都在于论证国际贸易中建立在等价交换基础上"隐蔽的价值转移"。但他同时强调，只有建立在工资水平差异——在我们的模型中，这一差异用外围国家比中心国家具有更高的剥削率来表达——基础上的狭义的不平等交换才具有严格的国际剥削的含义。在伊曼纽尔看来，工资水平的不同是历史和制度环境的产物，是劳动力在国际间不能自由流动的直接结果。[1]

由此，伊曼纽尔得出了一个略显极端化的结论，将国民工资的差异视为不平等交换的唯一原因，而这种不平等交换又是造成资本主义世界体系两极

---

[1] 姚曾荫：《伊曼纽尔的不平等交换学说述评》，《世界经济》，1983年第6期。

分化的根源。工资（差异）成为一个唯一的自变量。工资决定了价格，也决定了国际间劳动生产率的差异，决定了经济发展——"一国的经济发展决定于工资水平"。①

（2）不平等交换与世界规模的积累

伊曼纽尔的上述结论（但不是其对不平等交换本身的分析）遭遇了严厉的挑战。对此，阿明在继承伊曼纽尔分析的基础上，在他的世界规模的积累理论中发展了伊曼纽尔的不平等交换理论。阿明认同伊曼纽尔以工资差异为核心变量解释不平等交换的思路，但把工资差异的形成和固化本身视为由世界规模的积累模式所决定。

在阿明看来，不平等交换是建立在中心与外围地区不平等的国际分工的产物。这种分工本身是中心国家从有利于自身资本积累的角度而做出的制度性安排。中心国家建立了完善的工业体系，其积累模式是自我集中型的；外围国家的产业布局则呈现明显的二元特征——一个在生产率上可能较为先进的少数的出口部门和大量落后的农业、手工业部门同时存在，二者极少发生联系。这些先进部门的积累是一种依附型的积累，并且很难向国内的其他产业进行投资。

在中心国家，当工资增长并未对利润率造成严重挤压时，主要依靠非扩张性的投资完成自我积累；当工资增长对利润率的挤压日趋严重时，中心国家将通过对外直接投资、资本外逃、设立分支机构、外包和转包、建立合作关系等资本输出手段来抵抗利润率的下降。②其结果就是在体系范围内建立一种不平等的国际分工格局。中心国家依靠自身对技术、资本、武力的控制，维持和强化这种分工的不平等。"资本输出使各种形式的生产在外围国家建立起来，那些生产虽然是现代化的，但却享有低工资成本的好处，就在那时，不平等交换出现了。"③因此，在阿明的理论框架中，不平等交换建立在不平等的国际分工格局之下，这一格局本身是中心积累机构有意识建构起来的。

---

① ［希］A.伊曼纽尔：《不平等交换——帝国主义贸易的研究》，汪尧田等译，北京：中国对外经济贸易出版社，1988年版，第90页。
② 谢富胜、李安：《国外学者对马克思国际价值理论的新探讨》，《中国人民大学学报》，2010年第2期。
③ ［法］萨米尔·阿明：《不平等的发展——论外围资本主义的社会形态》，北京：商务印书馆，1990年版，第157页。

通过这一建构，一种世界规模的积累机制得以建立起来。由是，对于中心国家而言，其积累的来源就建立在双重的基础之上——通过雇佣劳动，以国内剥削的方式占有国内无产阶级创造的剩余价值；通过不平等交换，以国际剥削的方式占有世界范围内无产阶级和其他阶级所创造的经济剩余。

3. 国际分工与资本主义的体系扩张

国际分工并非是资本主义诞生之后的新产物，而是同世界历史一样久远。但是，只是在资本主义世界体系的条件下，它才成为一种人为设计的、服务于体系范围内的资本积累机制的产物。它的形成和发展是一个历史的过程，与资本主义世界体系的扩张联系在一起。

在资本主义体系积累的热那亚周期和荷兰周期，前资本主义时代主要基于地域分工并通过与远程贸易相联系的国际分工格局已经出现了本质上的变化。这种变化首先发生在美洲和非洲，武力征服和掠夺是完成这种变化的主要手段。对美洲金银的掠夺和对非洲黑奴的俘获，既为资本主义的全球扩张准备了充足的资本，也提供了大量的劳动力供给。一种野蛮的国际分工格局在西欧、非洲和美洲间建立起来，大西洋三角贸易则是其联系的纽带。但在这个阶段，经济最为繁荣的亚洲地区的分工格局尚未被资本主义有效渗透。欧亚间的贸易往来依然以前资本主义时代的大宗远程贸易为主，并且延续着之前的不平衡的特征。在东西方的贸易往来中，东方仍然占据着优势地位，大量贵金属源源不断地流向东方。葡萄牙人在其势力的顶峰期，几乎垄断了欧亚间的商业往来，"但在亚洲水域他们很快接受了他们只是许多商人团体中的一个的地位"[①]。亚洲各经济中心的产业组织仍然按其固有的逻辑顽强地生存下来。接下来的荷兰人，秉持严格的资本逻辑行事。虽然在某些关键节点上毫无忌惮地使用武力征服的方式，强制性地改造着当地的产业结构，但其改造的范围也是有限的。历史地看，在资本主义体系积累的第一和第二周期，欧亚间的贸易依然维持着大体的平等，以至于马克思乐观地预言，随着这种贸易的发展，印度等前资本主义国家也将随着资本主义因素的输入而转化为

---

① ［英］E.E.里奇、C.H.威尔逊：《剑桥欧洲经济史》第4卷，张锦东、钟和等译，北京：经济科学出版社，2003年版，第172页。

像英国那样的资本主义国家,"后者向前者展现的不过其未来的景象"。

但这种平等不是资本逻辑的体现,而是西欧资本主义相对于东方主权国家力量的体现。一旦力量的平衡被打破,资本主义就将按照自身的意愿将整个东方纳入其势力范围。在18世纪后期,力量的天平决定性地转向西方。亚当·斯密预见到了一种深刻的转变即将发生,但在对转变性质的看法上则比马克思要谨慎得多。在《国富论》中,他略显犹豫地说道:"人的智慧还不能预见这些事件带给人类怎样的利益或怎样的不幸。但在一定程度上,通过把世界相距最远的部分联结起来,他们能够缓解彼此的匮乏,增加彼此的愉悦,激励彼此的产业,其总体趋势似乎是有益的。但是,对于东印度和西印度两地的原住民来说,这些事件有可能产生的全部商业利益完全让它们带来的灾难抵消了……这些发现出现的时候,力量优势刚好如此明显地位于欧洲人一边,以致他们能在这些偏远的国家不受惩罚地胡作非为。"工业革命带来的军事技术革新给予资本主义不受惩戒恣意妄为的物质基础,但其行为本身却并非像亚当·斯密所认为的"胡作非为",而是有着明确的目的——服务于资本积累的逻辑,在全球范围内形成有利于资本积累的国际分工格局。结果,印度发达的纺织业被摧毁了,印度成为英国纺织业的原料基地和工业制成品的出口市场;在中国,市场被炮舰轰开,但传统的产业顽强地生存了下来。西方工业品的成本优势在与中国以家庭为基础的"过密型"手工业的竞争中并未完全占据优势;于是,鸦片被输入进来,"欧洲人终于有东西卖给中国人了"[1]。在英国体系积累周期,东西方的贸易—生产格局完成了彻底的逆转,历史资本主义的地理空间和生产空间的扩张达到新的高度。

接下来则是经典马克思主义所谓帝国主义的时代。阿明以"二战"的结束为界将之划分为两个阶段。在"二战"以前,殖民制度迫使国际分工采取"古典的形式"。殖民地提供"贸易经济"产品,欧洲资本投入矿业经济和与这种殖民经济开发相联系的第三类部类产品——银行业和商业、铁路和港口等大规模的基础设施建设,并向殖民地销售其工业制成品。[2]"二战"以后,殖民制度趋于瓦解,但外围地区在国际分工格局中的依附地位仍然没有根本

---

[1] Eric Wolf. *Europe and the People without History*.Berkeley, CA: University of California Press, 1982:258.
[2] [法]萨米尔·阿明:《世界规模的积累——欠发达理论批判》,杨明柱等译,北京:社会科学文献出版社,2008年版,第44页。

改变，改变的仅是国际分工的形式。一批外围国家开启了工业化进程，但中心国家仍牢牢地把控着最现代和附加值最高的产业。国际贸易将这两部分联系在一起，分工与贸易网络全方位地展开，但剩余价值仍然保持着从外围国家向中心国家的单向流动。

跨国公司崛起为新的主要的资本扩张机构。生产和分工从地理空间看已经在全球范围内分散；但从组织结构上看，它却是在一个得到严密管理和监控的公司内部完成。阿瑞吉将跨国公司的崛起归结为"交易成本内部化"，它充分享有了国际分工带来的所有好处，而避免了它的缺点。"有组织的资本主义"（organized capitalism）在战后的黄金时代部分地得以实现，并再次推动资本主义世界体系的全球扩张。

四、剥夺式积累

建立在雇佣劳动基础上的国内剥削、建立在不平等交换基础上的国际剥削，构成了资本主义世界体系物质扩张阶段资本积累的主要来源。技术革命和国际分工在体系范围内的不断深化则尽其可能地延续这种积累。但资本的无限制的自我扩张趋势与世界经济所能容纳的有限的物质扩张之间的矛盾最终将引发阿瑞吉所称的"信号危机"。它标志了体系积累周期的物质扩张阶段将让位于金融扩张，积累方式也将由剥削式积累为主向剥夺式积累为主转变。在马克思的分析中，剥夺式积累仅仅在资本主义原始积累时期有过阶段性的存在，在其后展开的对抽象资本主义的分析中则消失了。

历史资本主义的发展表明，剥夺式积累一直伴随着资本主义的历史进程，改变的仅仅是形式和手段。剥夺式积累有许多不同的表现形式，包括各类财产权（公有的、集体的、国家的）向独享的私有财产权的转化；资产和自然资源的殖民、半殖民、新殖民和帝国式的分配；对人力和自然资源的资本主义使用方式以外其他选择的压制等。[①] 在历史资本主义的前三个体系积

---

① ［美］乔万尼·阿里吉：《亚当·斯密在北京——21世纪的谱系》，路爱国、黄平、许安结译，北京：社会科学文献出版社，2009年版，第225页。

累周期中，剥夺式积累充满着暴力和血腥。在此阶段，武力征服、劫掠、战争等为其主要手段，它已经由马克思对资本主义"原始积累"的经典分析而为大家所熟知。另一方面，更加文明且隐蔽的剥夺式积累方式也被开发出来，金融剥夺是其主要的手段。

抛开形式上的种种差别不论，剥夺式积累具有一个共同的特点：它与真实的财富创造基本无关。在最好的情况下，它也只能做到零和博弈，在更多的情况下，它表现为负和博弈。然而，就在剥夺式积累占据主导的金融扩张阶段，它改变了资本主义世界体系的力量格局，资本和力量在新的积累中心实现集中，为重启下一周期准备了条件。

鉴于金融化已被普遍认为是引发当前危机的主要因素，也被认为是其主要表现，因此，我们将与金融化相关的金融剥夺放在下一章进行分析。此处仅讨论以暴力为基础的剥夺式积累。

在《资本论》第一卷中，马克思专写一章"所谓原始积累"（第一卷第七篇第二十四章）以说明资本主义生产方式的历史起点。马克思论证道："资本积累以剩余价值为前提；剩余价值以资本主义生产为前提，而资本主义生产又以商品生产者握有较大量的资本和劳动为前提。因此，这整个运动好像是在一个恶性循环中兜圈子，要脱出这个循环，就只有假定在资本主义积累之前有一种'原始'积累，这种积累不是资本主义生产方式的结果，而是它的起点。"① 但是，马克思的原始积累绝不等同于亚当·斯密的"预先积累"，它不仅仅是一笔货币的储蓄，而是要在国内造成一种特殊的生产关系，在世界范围形成一种有利于资本主义体系扩张的条件。要造成上述局面，就绝非什么"田园诗式的东西"，"在真正的历史上，征服、奴役、劫掠、杀戮，总之，暴力起着巨大的作用"。②

在国内方面，原始积累的一个主要目的，在于造成生产者和生产资料的历史性分离。分离的过程充满血腥和暴力。在马克思所着重分析的英国，直接表现为对农村居民土地的剥夺，在这里，"暴力是每一个孕育着新社会的旧社会的助产婆。暴力本身就是一种经济力"。再通过劳工管制立法等手段，强制性地让已丧失生产资料的劳动者转化为雇佣工人。当劳动力成为商品，对

---

① ［德］马克思：《资本论》，第1卷，北京：人民出版社，1975年版，第781页。
② ［德］马克思：《资本论》，第1卷，北京：人民出版社，1975年版，第782页。

于资本的原始积累过程而言,其主要的目的之一就已经实现。此外,通过"掠夺教会地产,欺骗性地出让国有土地,盗窃公有地,用剥夺方法、用残暴的恐怖手段把封建财产和克兰财产变为现代私有财产——这就是原始积累的各种田园诗式的方法。这些方法为资本主义农业夺得了地盘,使土地与资本合并,为城市工业造成了不受法律保护的无产阶级的必要供给"[①]。经济强制力和国家权力的结合,为资本主义生产方式的发展扫清了障碍,铺平了道路。

而在世界范围内,资本的原始积累目的则是双重的。一方面,它急于获得大量的贵金属,以弥补同东方贸易的逆差,同时也在于获得一种亚当·斯密意义上的"预备积累"。在美洲展开的掠夺和征服,其最初的基本的职能就是向欧洲提供贵金属和某些奢侈品。另一方面——也是更重要的方面,是通过原始积累,将非洲、美洲和亚洲逐步整合进统一的世界市场。在最初的阶段,西欧资本主义的核心地带通过简单交换、掠夺从东方输入香料和其他手工业制品。在这个阶段,西欧只不过是远程贸易的众多参与者之一,它即使能够对其进口来源国施加影响,这种影响也是微乎其微的。但地理大发现,以及随后大西洋航线的开辟和西欧军事技术的进步改变了这一进程,一种符合西欧资本积累需要的全球劳动分工体系、劳动控制方式和国际贸易网络被建立起来。非洲负责提供黑人奴隶,他们被运到美洲,在种植园里生产热带产品,在矿井中从事高强度的开采劳动,这些原材料被运回欧洲,在那里加工成制成品再销往世界各地。通过以军事力量和国家权力为后盾的资本原始积累,西欧的资本主义不仅获得了发财致富的最初"本钱",而且奠定了发财致富的体系条件——在国内是资本主义生产方式的巩固,在体系范围内则是中心—半边缘—边缘依附结构的形成。历史地看,在荷兰体系积累周期的时候,这一结构就已经初步成型,在英国体系积累周期的时候,就已经完全成熟了。

马克思通过对"原始积累"的分析,戳穿了资产阶级经济学家对资本主义发迹史田园诗式的描述,原始积累成为资本主义摆脱不掉的"原罪"。在马克思的框架中,原始积累仅仅被认为是资本主义生产方式诞生的"史前史",它只需要"发生"一次,就足以完成它的历史任务,这大概是它被称为"原始"的原因。因此,在《资本论》中所展开的对纯粹的资本主义生产方式的

---

① [德] 马克思:《资本论》,第 1 卷,北京:人民出版社,1975 年版,第 801 页。

批判中,"原始积累"消失了,资本主义的资本积累严格地按照扩大再生产中的模式进行,剥削式积累成为资本积累的唯一来源。但历史的事实是,"史前史并没有完结。它借助于世界规模的资本主义扩张延续了下来。一种标志着世界资本主义体系的中心与外围之间的原始积累机制正在同资本主义生产方式所固有的积累机制——扩大再生产同时继续运行"[①]。

在第三章对历史资本主义三大体系积累周期的分析中,可以看到以暴力为基础的剥夺式积累不断地发挥着作用。在即将展开的对美国周期的分析中,仍将看到资本主义强国对暴力剥夺的依赖,以及对其武装力量的更富有策略性的运用。这种策略以更加严格的资本逻辑为基础,不再寻求直接的领土征服和占领,而是着重于对维持全球经济运转的关键资源、运输网络和地缘政治关键节点的监督和控制,以强化美国资本对全球经济的影响力。大卫·哈维就曾明确地指出,新世纪前后两次对伊拉克发动的战争,其目的就在于通过使用武力,在未来50年或更长时间里建立起美国对全球石油龙头乃至全球经济的控制。[②]

[①] [法]萨米尔·阿明:《世界规模的积累——欠发达理论批判》,杨明柱等译,北京:社会科学文献出版社,2008年版,第2页。
[②] [美]乔万尼·阿里吉:《亚当·斯密在北京——21世纪的谱系》,路爱国、黄平、许安结译,北京:社会科学文献出版社,2009年版,第189页。

第五章　美国体系积累周期与当前的危机

　　直到第一次世界大战之前，英国一直担当着资本主义世界体系实际调停者的角色。然而支持这种调停者地位的物质基础却早已开始动摇。始于1873年的长期萧条表明，资本主义世界体系物质生产领域的竞争正在激化，工业革命发源地的技术优势不再为英国所独享。面对德国和美国强有力的竞争，英国先是丧失了对欧洲均势的控制，继而也很快失去了对世界局势的控制。体系秩序的混乱最终发展为两次世界大战的惨烈竞争。战争先是削弱，然后破坏了英国霸权的最后基础；德国则不仅蒙受了国家财富和权力更大程度的损失，而且还丧失了国际威望，"收获"了战败国的名声；受益最多的是美国。它继承了英国在世界贸易网络中的枢纽地位；发展起规模最大、技术最先进、门类最齐全的工业生产体系，并保持了它长期以来在农业生产中的领先地位；它改变了自己债务国的身份而成为最大的债权国。在第一次世界大战之前，它就已经控制了全世界官方黄金储备的31%，到第二次世界大战结束的时候，这一比例上升到70%以上；作为在1914—1945年间本土唯一没有遭受战争破坏性影响的世界大国，美国在"二战"后军事力量上的优势也达到了新的高度。这一切为战后美国主导下的国际秩序的重建和资本积累进程的重启奠定了坚实的基础。

　　在美国的领导下，资本主义世界体系经历了又一个发展的"黄金时代"。这种发展的势头一直持续到20世纪60年代末和70年代初危机再次爆发时为止。沃勒斯坦赋予70年代危机以双重转折点的意义——既是较短的康德拉季耶夫周期（1945—199?），也是较长的霸权统治周期（1873—2025/2050?）的转折点。[①] 阿瑞吉则明确地将20世纪70年代的危机视为美国体系积累周

[①] [美]特伦斯·K.霍普金斯、伊曼纽尔·沃勒斯坦等：《转型时代——世界体系的发展轨迹：1945-2025》，吴英译，北京：高等教育出版社，2002年版，第10页。

期的信号危机。美国周期自此转入金融扩张阶段。通过将积累机制导向金融扩张的路径上来，美国收获了又一段"美好时代"，但最终它引发了美国周期的临终危机。然而，阿瑞吉注意到了这次金融扩张与过去相比的独特之处：美国资本主义的规模和力量是如此的强大，以至于按照之前的演化路径，出现一个可以替代美国的更加强大的政府和企业综合体的可能性已经大幅减小。[①]因此，自20世纪70年代以来，维系资本主义世界体系正常运转的力量出现的不是进一步集中，而是表现出分离的趋势——在苏联解体后，世界性的政治和军事力量更加集中在美国及其盟国手里，而资本积累的中心却出现了向东亚的转移。因此，阿瑞吉相信，当下正在经历的危机不仅具有美国周期临终危机的性质，而且很可能还是已经延续了5个多世纪的资本主义世界体系的制度危机。在对历史资本主义的发展演变做了系统的回顾之后，阿瑞吉重新回到了马克思主义的立场上来，追问着资本主义的历史极限。在其遗作《亚当·斯密在北京——21世纪的谱系》一书中，他将分析的焦点集中于决定当今世界政治、经济和社会形成的两个最为重要的过程：一个是新保守主义的"美国新世纪计划"的出现与消亡；另一个是中国成为东亚经济复兴的领导者。阿瑞吉试图通过对这两种关键性力量的分析，以探寻未来世界体系可能的走向，减小我们对于全球未来发展的不确定性。

一、德国对英国霸权的挑战

1873—1896年间的大萧条预示了英国周期物质扩张阶段的终结，英国霸权的工业基础和帝国基础都被摧毁了。[②]体系斗争的主战场从经济领域向大国角力的国家间争斗转移。其他欧洲国家的帝国主义开始与英国展开竞争，这大幅提高了英国维持其霸权地位的外部成本。英国人选择从工业领域撤离，将主要精力用于维持自身在世界商业和金融领域的霸权地位。麦金德直接了

---

① ［意］杰奥瓦尼·阿瑞基：《漫长的20世纪》，姚乃强、严维明、韩振荣译，南京：江苏人民出版社，2001年版，中文版序。
② ［美］乔万尼·阿瑞吉、西弗利·J.西尔弗等：《世界体系的混沌与治理》，王宇洁译，北京：生活·读书·新知三联书店，2006年版，第75页。

当地指明了这一阶段英国积累战略的核心：我们本质上是拥有资本的人，是拥有资本去分享别国的脑力和体力活动的人。[①] 截止"二战"之前，不能说英国的这一战略是失败的，它甚至相当成功。但对于英国而言，这却是最后的成功了。伴随着工业革命的传播，主要的资本主义强国，尤其是德国和美国获得了迅速发展的动力。机械化工业的大规模发展在美国和德国引发了一场深刻的"组织革命"。英国人则因为他们所享有的最后的（也即金融的）霸权而对此无动于衷。

爆发于1873年的长期萧条对德国国家和社会造成了严重的伤害，促使俾斯麦很快放弃了对自由主义的信仰而转向保护主义和政府干预立场以扶持本国工业的发展。一种有机的"政治交换"关系在德国政府和本身规模已经很庞大的工商业企业之间建立起来。政府在其权力范围之内帮助企业扩张，企业也尽可能地帮助政府巩固国内经济的团结，并赋予国家一个强大的军事—工业综合体以支持后者以更加积极的姿态参与全球政治和经济竞争。

在政府的积极干预之下，用了差不多20年左右的时间，主要通过横向合并，德国工业资本实现了高度集中，并与少数几家银行建立了紧密的联盟。大康采恩和卡特尔跟大银行密切协作，成为19世纪最后25年里德国经济最显著的特征。这种协作和集中的资本形态，被希法亭（Hilferding）定义为金融资本：银行资本和产业资本的功能被有效地合成一体；其中来自许多源头的资金的汇集由同样实际控制资金的生产性使用的企业来完成。[②] "金融资本意味着统一。以前分离的产业资本、商业资本和银行资本领域，现在被置于高高在上的金融机构的指导之下。"[③] 通过组建规模庞大的垄断集团以消除个别资本家之间无序的竞争，德国的工业生产能力得以快速扩张。经由希法亭的理论阐发，德国国家垄断资本主义至今依然被视为"有组织资本主义"的一个典范，深刻地影响着其后马克思主义，尤其是帝国主义理论的发展。

---

① ［美］乔万尼·阿瑞吉、西弗利·J. 西尔弗等：《世界体系的混沌与治理》，王宇洁译，北京：生活·读书·新知三联书店，2006年版，第75页。
② ［法］布迪厄：《马克思主义的帝国主义理论》，陆俊译，重庆：重庆出版社，2003年版，第95页。
③ ［法］布迪厄：《马克思主义的帝国主义理论》，陆俊译，重庆：重庆出版社，2003年版，第97页。

然而只要伦敦依然把持着世界金融的中心地位，德国在工业生产上的长足进步就不足以完全扭转德国在与英国竞争中的不利地位。兰德斯提供的分析表明，在 1870 年到 1913 年间，英国工业制造品的产量只增长了一倍多，而德国增长了近六倍。但两国收入的增长率，无论是按总量还是按人均计算，都稳定地维持在 0.7—0.8:1 的区间。① 因此，对于德国人而言，在技术和生产领域的成功不过使得他们在经济赶超过程中的失败显得更加刺眼。这种受挫使得这个实力渐强的国家决心将斗争转向更加直接的军事—政治层面。第一次世界大战就在这样的背景下爆发了。结果，德意志帝国的工业基础被摧毁，武装被解除。战争赔款的沉重压力、空前的社会动荡使德国在其后的 20 年里偏离了正常的发展轨道，并引发了更加灾难性的后果——第二次世界大战的爆发。

德国的国家垄断资本主义未能取代英国的市场资本主义，但它削弱了英国霸权的力量，加速了英国体系积累周期向美国体制的过渡。在两次世界大战及其间隙期，美国国家以及资本的力量已经在 19 世纪英国秩序的混乱和最终崩溃中成长起来。它的洲际规模的领土面积、众多的人口、完善的工业体系、身处两大洋间的有利位置，都使得它能够在恰当的时候担当起领导资本主义体系重建的任务。

二、美国周期的积累战略

1. 跨国公司成为新的积累机构的主体

19 世纪最后 25 年持续的混乱、激烈的竞争引发了广泛而持久的组织变革。这种变革的中心，一个在德国，一个在美国。德国工业化的快速成功以及随后的德国国家的失败证明了特定国家的崛起对于体系环境的高度依赖性。在体系环境极度动荡的时期，美国始终是一个"置身事外"的积极参与者。

---

① David Landes, the Unbound Prometheus. *Technological Change and Industrial Development in Western Europe from* 1750 *to the Present*, Cambridge: Cambridge University Press 1969:329.

这一表述阐明了美国国家和美国资本的行事策略——最大限度地榨取动荡所提供的机会，以最小的代价，收获最大的利益。正如荷兰人在两个多世纪以前捕捉到了波罗的海扬起的风一样，美国抓住了这一持续数十年的战略机遇期，成功地取代英国而开启了新的体系积累周期。作为新的世界规模的资本积累的核心机构，美国以纵向一体化为特征的跨国公司比德国主要以横向联合为基础的国家垄断资本主义更富有生命力。

（1）从国内大企业到跨国公司的转变

从19世纪90年代开始，美国就已经是世界上最重要的工业国。到1913年，它的工业产出占世界工业品总产量的36%，比德国和英国加起来的份额还大。而且美国的生产更加集中，企业规模更加庞大。钱德勒提供的粗略的数据表明，在第二次大战前，在英国最大的200家工业企业中，只有排位最前的四分之一的企业拥有的资产可以超过美国第200家企业的规模，德国甚至还达不到这一比例。[①] 在第二次世界大战之后，美国的竞争优势越发明显。战争对欧洲主要国家的生产能力和基础设施造成的巨大破坏，因冷战而激发起来的重新武装的巨大需求，都为美国公司资本向欧洲的扩张提供了巨大的空间。美国的大工业企业在完成了国内的整合之后，立刻加快了跨国扩张的进程，从而在短时间内完成了从国内大企业到跨国公司的转化。

（2）规模经济、范围经济与交易成本内部化

阿瑞吉将"交易成本内部化"视为跨国公司积累战略的主要优势，但这个优势只能在特定的技术、市场和制度环境下才能实现，并且始终与钱德勒所强调的规模经济、范围经济与交易成本内部化过程联系在一起。

19世纪最后25年的企业组织革命与第三次技术革命在时间上的重合绝非巧合。第三次技术革命标志了重工业时代的到来。铁路、电力、通讯方面的重大技术创新为新产业的出现做了技术准备。工业生产体系开始了由劳动密集型向资本和技术密集型方向的转变，大制造业公司开始取代中小企业成为市场活动的主体。"产量增加了，并可能通过新的运输和通信系统加快货物和物资流通的速度，新的改进了的生产工艺发展起来了，从而在历史上第一

[①] [美]艾尔弗雷德·钱德勒：《规模与范围——工业资本主义的原动力》，张逸人等译，北京：华夏出版社，2006年版，第48页。

次获得了大量的规模经济和范围经济。"① 规模经济被界定为：当生产或销售单一产品的单一经营单位所增加的规模减少了生产或销售的单位成本时而导致的经济；范围经济指的则是，利用单一经营单位内的生产或销售过程来生产或销售多于一种产品而产生的经济。②

规模经济的获得与特定产业的生产函数性质高度相关，更多地由技术条件所决定。总体而言，在资本密集型行业里要想获得对于竞争对手的优势往往更依赖于规模经济。在这些行业里，为达到经营上有利的"最小有效规模"（为达到最低单位成本所必要的那种经营规模）相对于市场规模而言已经是如此的庞大，往往使得一个行业仅能容纳下有限的企业数量，因而表现出明显的寡头竞争态势。

范围经济的获得意味着多元化的产品策略。当企业可以利用多种相同的原料、半成品和同一条生产线进行多种相近产品的生产时，范围经济产生的原因与规模经济是类似的，这是一种内部节约；但市场容量的限制也可能是企业采取多元化战略的重要因素。现代经济技术革新步伐的加快导致产品生命周期明显缩短，因此，采用多元化的产品策略可以使企业规避市场风险，保持有限度的灵活性。

对规模经济和范围经济的说明主要立足于生产过程的分析，它有助于解释为什么某些行业更容易出现大规模的企业，但它还不足以说明在这些企业达到一定的规模后，为何会向着前向一体化（以进入批发销售环节）和后向一体化（以介入原料和中间品的生产和销售）的方向发展。钱德勒从交易成本和限制竞争的角度来解释纵向一体化的出现。通过将涉及多个经济主体之间的市场交易转移到一个企业内部来进行，为达成交易和监督交易而必须支付的大量成本转由企业内部的会计程序来完成，从而节约了交易成本。这为大型企业向纵向一体化的方向发展提供了强大的激励。

纵向一体化意味着商业组织形式的一次"聚变"。通过将上游的初级产品供应、下游的最终销售整合在同一个企业内部，跨国公司有效地控制了竞争，减少了交易成本，削弱了风险和不确定性对公司利润的影响。阿瑞吉用

---

① ［美］艾尔弗雷德·钱德勒：《规模与范围——工业资本主义的原动力》，张逸人等译，北京：华夏出版社，2006年版，第7页。
② ［美］艾尔弗雷德·钱德勒：《规模与范围——工业资本主义的原动力》，张逸人等译，北京：华夏出版社，2006年版，第16页。

"交易成本内部化"来解释美国纵向一体的跨国公司的主要优势。这是历史资本主义商业模式演变过程中的第三个主要变革。在此之前,荷兰的特许公司通过"保护成本内部化"战胜了热那亚资本,英国的家族资本主义通过"生产成本内部化"而取得了对于特许公司的竞争优势。

钱德勒如此表述了纵向一体的跨国公司的优势:"通过将生产单位的管理与购买单位和分配单位联系在一起,降低了市场和供应点的信息费用。更有意义的是……更有效的流程安排使生产和分配过程中的机构和人员得到更密集的使用,这就增加了劳动生产率,降低了费用。"[1]纵向一体的大型工商业组织的出现在企业内部催生了大量的中高层管理人士,产生了一个日益精密的管理阶层和官僚结构。他们专注于对市场和劳动过程的监管,从而在企业内部的运作上表现出明显的计划性特征。交易成本内部化使得大量的市场交易成为单个企业的内部交易。这一趋势不仅仅局限于工业企业的纵向一体化,而是将大规模的生产过程与大规模的销售过程在单个组织内联合起来,结果是一种新的资本主义企业。"合股的、纵向合并的、官僚机构管理的资本主义企业已经崛起,成为世界规模的资本积累的主导单位。"[2]

经济活动中的成本、风险和不确定性都受控于公司长远计划的节约逻辑的控制。这使得美国的企业很快获得竞争优势,并将这一模式向全球扩展。组织而非技术成为进入一个行业的真正障碍。美国公司在这方面的优势将使得它们在之后的20多年间保持竞争优势,推动新周期的物质扩张进程。

2. 冷战秩序的形成

一份出台于20世纪50年代的由埃利奥特(Elliott)主持的研究报告比较了19世纪英国领导下与20世纪美国主导下的世界经济的根本性区别。报告指出:"英国扮演的是一种领导性经济的角色。它的经济完全与世界经济体系融为一体;由于英国依赖外贸、它的商业和金融机构的无所不在的影响以及它的经济政策与世界经济一体化所需的政策之间基本一致,因而它的经济在

---

[1] [美]艾尔弗雷德·钱德勒:《规模与范围——工业资本主义的原动力》,张逸人等译,北京:华夏出版社,2006年版,第7页。

[2] [意]杰奥瓦尼·阿瑞基:《漫长的20世纪》,姚乃强、严维明、韩振荣译,南京:江苏人民出版社,2001年版,第300页。

很大程度上使其能成功运作。相反，美国是一种主导性经济。它只是部分地与世界经济体系融为一体，而部分地又要与其竞争，还往往要周期性地打乱其运作的习惯方式和节奏。根本不存在协调和管理世界贸易体系日常活动的美国商业和金融机构网络。不管某些进口是何等重要，外贸在总体上对美国经济不是关键。"[1] 如果将这种国内经济与世界经济的联系换成英国资本与美国资本在积累方式差异上的比较，埃利奥特对于领导型经济与主导型经济的划分非常类似于我们在前面介绍过的阿明对于自我中心型积累与外向型（但不是依附型）积累方式的差别。

这两种差别建立在英国和美国完全不同的地理禀赋上。英国的面积包括北爱尔兰只有9万多平方公里，不到美国纽约、宾夕法尼亚和俄亥俄州面积的总和。英国的国内市场更是密集地集中在一个由伦敦、加地夫、格拉斯哥及爱丁堡构成的狭窄的四边形区域内。[2] 英国狭小的领土和有限的人口决定了它明显的外向性。一旦这种外向性经济上升为世界经济的中心，它就立即将之贯彻而成为世界市场形成过程的基本取向——对自由贸易的倡导，以便获得由英国广泛的贸易和金融分支网络提供的巨大的外部经济。但美国洲际规模的领土面积，身处两大洋间与世隔绝的地理位置，丰富的自然资源以及因人口众多而获得巨大国内市场，都使得美国经济更倾向于内向性的发展策略。历史上的美国政府也更加习惯于保护主义的贸易立场。即使在"二战"结束之后，美国的经济实力已经上升到世界首位时，美国国会的这种保守立场也很少发生动摇。因此，当美国政府中更加洞察世界大势的有识之士开始提出罗斯福那个著名的"一个世界"的倡议时，立刻遭到了反对。尽管这一倡议将世界秩序建立在通过国际体系行使美国权力的基础之上，它放大了而非缩小了美国的权力空间时，仍然如此。

最终，罗斯福"一个世界"的理想被杜鲁门"两个世界"[3]的对抗所取

---

[1] ［意］杰奥瓦尼·阿瑞基：《漫长的20世纪》，姚乃强、严维明、韩振荣译，南京：江苏人民出版社，2001年版，第345页。
[2] ［美］艾尔弗雷德·钱德勒：《规模与范围——工业资本主义的原动力》，张逸人等译，北京：华夏出版社，2006年版，第51页。
[3] 两个世界指的是一个以苏联为首的共产主义世界和一个以美国为首的西方"自由世界"。其中，苏联被视为对西方自由世界的威胁，自由世界必须为捍卫自己的自由而在美国的领导和组织下进行对抗。

代。冷战秩序降临了。"杜鲁门及其幕僚的天才之处,就在于把没有哪种具体力量创造或控制的体系环境所产生的结果,归咎于另一个超级军事大国的所谓颠覆性本性。"杜鲁门用铁幕演说换取了美国公众对共产主义威胁的同仇敌忾,"成本—效益核算不可能也没有做到的事,恐怖却做到了"[①]。西欧被纳入美国的阵营,从而"制造"了美国资本向外扩张的体系环境。在亚洲方向,时任美国国务卿艾奇逊在上任伊始就一直期待,"在1950年的某个时候,在亚洲的边缘地带——朝鲜、越南、台湾地区的某个地方或所有这三个地方,会发生一起不测事件"。不久之后,朝鲜战争爆发,艾奇逊讲,"我们得救了"[②]。通过朝鲜战争,美国将冷战的分界线移到了东亚。美国和苏联这两个超级大国完成了全球范围内的势力划分。美国向外国政府提供的军事援助和在海外的直接军事开支,以及支持这种开支的大规模工业体系的建设和向外迁移,为重启美国周期的物质扩张既制造了需求,也提供了供给。

通过比较,我们倾向于将冷战秩序的建立对美国周期的作用等同于帝国主义和殖民主义对于英国周期的作用。它们都使得一前一后的两个霸权国家获得了经济扩张的广阔地理空间,从而巩固了自身在世界规模的资本积累过程中的中心地位。然而这种相似绝不应夸大。英国的帝国主义和殖民主义建立在"热战"的惨烈基础上,而美国仅用了"冷战"的恐惧就做到了。这种差异建立在世界权力比以往任何时候都更加集中在美国一国的现实基础之上。二者之间的另一个重大差异在于,在英国周期的物质扩张阶段,殖民地尤其是印度的"进贡"一直是英国能长期采取单方面的自由贸易政策的基石。到了英国周期的金融扩张阶段,英国资本大量流向海外,特别是正在崛起的美国;这是马克思曾经论述过的资本将由衰落的中心向新兴的中心流动的现实体现。这种流动是衰落的中心想要获得新兴的中心积累起来的大规模剩余资本的一种手段。但在美国周期已经完结的物质扩张阶段和正在经历的金融扩张阶段,资本的流向几乎和英国周期恰好相反。在战后的黄金时代,美国一直作为体系范围内的最大的债权人,向整个资本主义体系提供流动性;在20世纪70年代的确出现了资本积累过程的空间架构从高收入国家和地区向低收

[①] [意]杰奥瓦尼·阿瑞基:《漫长的20世纪》,姚乃强、严维明、韩振荣译,南京:江苏人民出版社,2001年版,第362页。

[②] Thomas J. McCormick. *American's Half Century: United States Foreign Policy in the Cold War* Baltimore, MD: Johns Hopkins University Press, 1989:98.

入国家和地区的重新分布，但这一过程只不过持续了 10 年左右，情况便迅速逆转，美国再次成了资本流入的主要目的地。虽然并不排除情势再次逆转的可能，但这种差异本身已经赋予了美国周期的金融扩张以特殊的内涵，并对我们提供了理解当下的危机及其走向，甚至资本主义世界体系历史极限的独特视角。

3. 美国主导下国际政治—经济秩序的建立

在英国霸权的崩溃期间，我们把美国定义为一个对国际事务"置身事外"的积极参与者。然而，一旦美国的实力上升到首位，它就毫不犹豫地以领导者的身份开始制定战后的国际政治—经济秩序。"到第二次世界大战结束的时候，这个新的世界秩序的主要轮廓已经初现端倪：在布雷顿森林，建立了新的世界货币体系的基础；在广岛和长崎，新的武力手段显示出了新的世界秩序的军事基础将会是个什么样子；在旧金山，联合国宪章规定了合法立国和进行战争的新规范和新规定。"① 再加上稍后出台的关税与贸易总协定，上述几方面构成了美国周期中国际政治—经济秩序的基本框架。

这一新的国际政治—经济格局宣告了与 19 世纪英国秩序的根本决裂。联合国成为一个所谓的世界政府的雏形。在这个世界政府中，"民主党能主宰美国议会多少，美国便能主宰联合国多少"②。但对世界规模的积累进程而言，最重要的改变还在于新的经济秩序的建立。布雷顿森林体系的主要意义不在于它所确立的黄金与美元之间固定的兑换标准，也不在于创建 IMF，而是"在巨额融资领域以公共调控代替私人调控"③，将对全球资本流动的控制权从伦敦和华尔街转移到华盛顿。这可以视为罗斯福新政在体系范围内的推广，马歇尔计划和道奇计划则直接促进了世界范围内资本的再循环，同时辅以和平时期最大规模的重新武装和消费以刺激全球的生产和贸易，最终启动了历

---

① ［意］杰奥瓦尼·阿瑞基：《漫长的 20 世纪》，姚乃强、严维明、韩振荣译，南京：江苏人民出版社，2001 年版，第 338 页。
② Franz Schurmann. *The Logic of World Power: An Inquiry into the Origins, Currents, and Contradictions of World Politics.* New York: Pantheon，1974:67.
③ ［美］乔万尼·阿瑞吉、西弗利·J·西尔弗等：《世界体系的混沌与治理》，王宇洁译，北京：生活·读书·新知三联书店，2006 年版，第 97 页。

史资本主义难以复制的黄金时代。

对美国周期而言，冷战秩序发挥了类似于帝国主义在英国周期中开疆拓土的功能。虽然它并未带来资本主义世界体系地理空间范围的扩大，反而有相当程度的缩小；但通过对敌我关系的明确界定，资本主义各国间的联系大大增强，也使得美国主导下的国际政治—经济新秩序能得以长期维系。正是美国政府在战后的积极作为，为美国公司资本开辟了一个可以充分扩张的地理—社会空间。美国公司资本在完成由国内大公司向跨国公司的转型后，已经做好了充分利用这一空间的准备。

三、美国周期的物质扩张

麦迪森对历史资本主义发展各个阶段增长速度的统计数据支持了将战后二十多年视为资本主义发展的黄金时代的看法，虽然这种总体上的高速增长总是与各地区间发展的高度不平衡性相伴。这一时期全球经济的复合增长率不仅高于英国主导下的自由贸易时期和20世纪70年代以后的新自由主义时期，更远远高于1820—1870年和1913—1950年间的全球复合增长率，在这两个时期，全球复合增长率分别为0.53%和0.91%。

表5-1 历史资本主义三个主要阶段的经济增长

	1950—1973（黄金时代）	1973—1998（新自由主义时期）	1870—1913（自由贸易时期）	1998年世界GDP	1998年世界人口
	人均GDP复合增长率（%）			占世界的比重（%）	
A组					
西欧	4.08	1.78	1.32	20.6	6.6
西方衍生国	2.44	1.94	1.81	25.1	5.5
日本	8.05	2.34	1.48	7.7	2.1
发达资本主义国家合计	3.72	1.98	1.56	53.4	14.2
复兴的亚洲	2.61	4.18	0.38	25.2	50.9
发达资本主义和复兴的亚洲（49个国家和地区）	2.93	1.91	1.36	78.6	65.1

续 表

	1950—1973（黄金时代）	1973—1998（新自由主义时期）	1870—1913（自由贸易时期）	1998年世界GDP	1998年世界人口
	B组				
40个亚洲其他国家	4.09	0.59	0.48	4.3	6.5
44个拉丁美洲国家	2.52	0.99	1.79	8.7	8.6
27个东欧和前苏联国家	3.49	−1.10	1.15	5.4	6.9
57个非洲国家	2.07	0.01	0.64	3.1	12.9
徘徊或衰落中的经济实体（168个）	2.94	−0.21	1.16	41.4	34.9
世界	2.93	1.33	1.30	100	100

说明：西方衍生国指美国、加拿大、澳大利亚和新西兰等四国。

资料来源：麦迪森：《世界经济千年史》，表3-5，第120页。

与经济的高速增长相联系的是世界贸易的更大幅度的增长。为和上表的经济增长指标相对照，我们将麦迪森对世界主要地区商品出口在1870—1998年间的年均复合增长率列在表5-2中。

表5-2　世界和主要地区商品出口实际增长率，1870—1998

	1870—1913	1913—1950	1950—1973	1973—1998
西欧	3.24	−0.14	8.38	4.79
西欧衍生国	4.71	2.27	6.26	5.92
东欧和前苏联	3.37	1.43	9.81	2.52
拉丁美洲	3.29	2.29	4.28	6.03
亚洲	2.79	1.64	9.97	5.95
非洲	4.37	1.90	5.34	1.87
世界	3.40	0.90	7.88	5.07

资料来源：麦迪森：《世界经济千年史》，表3-5，第117页。

上述数据通过历史对比，反映了在美国周期中世界经济、贸易增长的总体态势，然而我们更关心在此阶段，资本主义世界体系物质扩张的结构性特征，以及在此过程中处于积累中心的政府组织和商业机构的活动究竟施加了何种影响。下文就将对此展开分析。

1. 军事凯恩斯与美国周期的物质扩张

我们将战后美国主导的国际政治—经济秩序视为罗斯福新政的相关原则在国际体系间的延伸。"罗斯福关于新的世界秩序的梦想，是他的新政哲学的延伸。那种哲学的核心是，只有仁慈和专业的大政府才能保证人民的秩序、安全和公正……正如新政给美国带来了'社会安全'那样，'一个世界'也将给世界带来政治安全。"这要求战后的美国政府要舍得花钱，对穷国和盟友进行援助，以帮助它们克服混乱，防止其走向暴力革命；还得将它们牢牢地吸收进恢复了的世界市场体系中，重新启动经济增长，恢复跨大西洋的贸易，从而从长远来看也将有助于美国经济。"美国为了支撑战争曾经花了巨款，出现了巨额赤字。结果却是令人惊奇的、出乎意料的经济增长。战后的支出也会在世界范围内产生同样的效果。"①

然而历史的经验和对未来的美好描述完全不足以说服美国国内以孤立主义著称的国会。他们反对罗斯福梦想中的世界政府，因为这可能意味着美国政府将不得不与数量众多的敌人和朋友的排他主义观点相互妥协，从而削弱美国自由行动的能力；同时也反对美国采取任何类似于英国曾采取的单方面的自由贸易政策，这使得1948年成立的关税与贸易总协定仅仅成为一个政府间就削减关税和其他贸易壁垒不断扯皮的多边论坛；当然更不能妄想让国会同意放弃美国对世界流动资金的控制了。

世界流动资金、生产能力和购买力在一个国家内如此高度的集中在资本主义世界体系的发展中是史无前例的。正是这种辉煌使得美国国会对任何可能削弱这种集中的政策都持有强烈的反对态度。但也正是这种集中严重限制了世界经济的进一步增长。在战争中被摧毁了大部分生产能力的欧洲无法提供足够的资金来购买美国的产品，更无法通过向美国出口商品来获得重建的资本。只要世界流动资金还是如此高度地集中在美国手中，美国就不可能消除商品和资本自由转移的障碍，也将使美国失掉它的海外市场，普遍的经济增长将不可能实现。尤其具有讽刺意义的是，这种障碍恰

---

① Franz Schurmann. *The Logic of World Power: An Inquiry into the Origins, Currents, and Contradictions of World Politics*. New York: Pantheon，1974:40–42，67.

恰是世界力量过分集中于美国而造成的。①托马斯·瑞弗（Fhomas Reifer）和杰米·沙德勒（Jamie Sudler）将美国在战后世界秩序取向上的摇摆归结为国内具有民族主义倾向和国际主义倾向的两大群体博弈的结果。国会（尤其是右翼共和党）是前一种倾向的大本营，代表着大多数地方和地区的商业利益，希图通过保护国内市场以赢得选民支持，非常不愿意采取任何措施来资助他们以前的经济和军事对手；美国东部统治集团中具有世界眼光的律师们，如迪恩·艾奇逊（Dean Acheson）和约翰·麦克劳伊（John J. McCloy）等人，代表那些依赖于国际贸易和海外市场的跨国公司和银行家的利益，更希望将已经退回到民族国家限度内的经济联系重新建立起来。②"只有一个对美国人民至关重要的问题能够将民族主义与国际主义倾向协调起来，那就是安全问题。"③于是，冷战被发明出来。接着苏联的原子弹成功爆炸、中华人民共和国成立、朝鲜战争爆发，终于迫使国会授权加大对西欧和日本的军费支出，缓解了困扰世界体系运转的流动性短缺。通过将日本和联邦德国重建为亚欧地区的工业中心，并推进两国与它们各自地区的边缘区重新一体化，一种美国主导下的资本主义体系范围内的合作框架初步建立起来，也奠定了资本主义世界体系重启物质扩张进程的关键基础。在1946年，美国对西欧的直接援助就达到了33亿美元，在其后的几年间也基本维持了这一规模；朝鲜战争爆发之后，更有了大幅度的上升。④因此，美国周期和英国周期一样，那种在后来的积累过程中处于中心地位的商业机构，在开拓资本积累的地理和社会空间中仅发挥了很小甚至完全没有发挥作用，它们不过是利用了这种由政治权力开拓出来的商业空间。美国政府对西欧和日本的直接援助、军事重建和军费支出成为该周期物质扩张的物质和金融基础。

---

① ［美］特伦斯·K.霍普金斯，伊曼纽尔·沃勒斯坦：《转型时代——世界体系的发展轨迹:1945-2025》，吴英译，北京：高等教育出版社，2002年版，第17页。
② ［美］特伦斯·K.霍普金斯，伊曼纽尔·沃勒斯坦：《转型时代——世界体系的发展轨迹:1945-2025》，吴英译，北京：高等教育出版社，2002年版，2002年版，第21页。
③ Franz Schurmann: *The Logic of World Power: An Inquiry into the Origins, Currents, and Contradictions of World Politics*. New York: Pantheon, 1974:65-68, 76-107.
④ 鱼金涛：《战后资本输出结构与流向变化》，《外国经济与管理》，1990年第9期。

2. 跨国公司与对外直接投资

一旦有利于物质扩张和资本积累的环境被"发明"出来，商业机构就会将之牢牢抓住。美国的大工业企业随即开始了跨国扩张的进程，迅速地转化为跨国公司。在经历20世纪50年代的贸易自由化阶段之后，60年代迅速地被对外投资的自由化所取代。

（1）FDI（外国（商）直接投资）的迅速增长

在20世纪50年代，国际贸易的迅速增长已经大大加快了世界经济一体化的进程。在60年代，尽管国际贸易仍在继续发展，但FDI越来越成为跨国公司扩张其活动空间的主要方式。FDI在20世纪50、60年代的扩展主要是由美国跨国公司的对外投资导致的。这被美国跨国公司视为绕过欧洲经济共同体关税壁垒、占领欧洲市场的一个最有效手段。1946年，美国对外私人直接投资总额为72.27亿美元，1950年增为117.9亿美元，1958年为272.55亿美元，1962年为372.26亿美元，1969年增加到710.16亿美元。在1960—1962年间，美国对外直接投资的年平均流出量约占发达国家全部对外直接投资年平均量的64.9%。同期英国、法国、联邦德国和日本的比例分别为14.8%、7.8%、4.8%和1.9%。到70年代初，美国已经主要是一个对外投资者，而不再是国内工业品的出口者了。美国公司在国外的生产几乎等于美国出口的4倍，而且美国出口中的相当一部分还是跨国公司的内部贸易。[1]

20世纪60年代末至80年代初期，随着西欧经济的复兴和日本经济的崛起，国际直接投资的输出国开始出现明显的多元化趋势。美国虽然在投资的绝对数量上仍然占据了相当的优势，但其所占的比重则出现了明显的下降。到1981年，美国对外私人直接投资在发达国家私人直接投资流出总量中的比重下降到48.6%，比60年代初下降了十多个百分点。同时，西欧和日本的跨国公司开始大规模地进入美国，美国成为主要的对外投资流入国。西欧和日本资本开始效法20年前的美国，将这种方式视为绕过美国国内的保护主义政策的有效手段。到20世纪80年代，世界生产的三级结构——北美、欧洲和

---

[1] 余顽:《战后国际直接投资格局的演变》,《国际观察》,1997年第5期。

日本已经牢牢地将世界物质生产的绝大部分掌握在手中。

（2）跨国公司的作用进一步增大

FDI活动的不断增加，既是跨国公司不断推动的结果，也是后者壮大自身的手段。1950—1970年间跨国公司的规模，不管是从雇工数量、资本存量还是经营范围和地区来看都大幅度地增加了。下表简约地从跨国公司子公司网的扩张中反映了这一变化。大多数的跨国公司在20年的时间内将其经营活动范围扩大到了6个以上的国家，美国最大的180家跨国公司中，四分之一的跨国公司的子公司网络分布在20个以上的国家。这些跨国公司主导着世界的工业生产，它们在世界贸易和生产中越来越占据更大的比重，而且由海外子公司贡献的比重也越来越高。后一种变化在70年代的危机以后表现得越发明显。这标志了全球生产格局的一种转变。

表5-3　1950—1970年世界最大315家跨国公司在国外制造业子公司网

子公司的分布	以美国为东道国的180家跨国公司		以欧洲为东道国的135家跨国公司	
	1950	1970	1950	1970
少于6个国家	138	9	116	31
6—20个国家	43	128	16	75
20个国家以上	0	44	3	29

资料来源：[美]特伦斯·K.霍普金斯、伊曼纽尔·沃勒斯坦：《转型时代——世界体系的发展轨迹：1945-2025》，吴英译．北京：高等教育出版社，2002：82。

在20世纪70—80年代，工业部门跨国公司的海外活动开始出现新的趋势：①中心国家相互间的FDI数量大增。这种增加主要是由西欧和日本资本大幅增加对美国的投资造成的；这一趋势主要是由这三个地区日渐高涨的贸易保护主义所触发，是对全球物质生产领域竞争加剧的直接反映。②中心国家的FDI开始有选择地向边缘地区转移低成本的制造业，通过扩大国际剥削的基础来扭转日趋下降的平均利润率。这种活动对广大边缘国家所造成的影响差别极大。在东亚，一批国家抓住了产业升级的机会，顺利地实现了工业化；在拉美，经历过一段快速的增长之后，再次陷入增长的陷阱之中，尤其是在80年代的债务危机之后，发展前景不容乐观；非洲，尤其是撒哈拉沙漠以南，则完全成为一片被遗忘的大陆。由此造成的后果是，外围国家的工业化开始发动起来，但也陷入了对FDI的依赖，在国际分工格局中的地位进一步固化。③跨国公司间开始不断地进行合作与联盟，以求得对市场份额的更大控制，弱化竞争对于利润率下降的影响。

战后的 25 年间，构成了历史资本主义世界经济中发展的一个高峰。从历史数据的对比来看，即使用史无前例来形容也并无不妥。阿瑞吉将美国周期的物质扩张归类为"国家—公司"型扩张的典型，以和英国周期中"帝国—国家"型的扩张战略相区别。事实也的确如此。单从资本主义世界体系直接控制的地理空间而言，美国周期的早期阶段因为丧失了对"第二世界"的直接影响而代之以对抗，这个体系从地理空间的角度看，经历的是一次收缩，而非扩张。但是，"剩余资本以如此巨大的规模回流到商品贸易和生产，足以在资本主义世界经济的各个政府和企业组织内部以及相互之间创造出重新合作和劳动分工的条件"。在这一时期，全球生产的一体化趋势明显加速，并受到跨国资本管理阶层的精密控制。资本主义世界体系的生产空间的密度大幅度加强，并且在很大程度上超出了主权国家政治权力的控制。

然而，历史总是不断重复。物质扩张最终"导致资本主义世界经济中的每个政府和企业组织不得不相互竞争，最终成为你死我活的厮杀，货币资本随后从贸易和生产中大批撤回"[1]。关键的转折如期而至。在 1968—1973 年间，欧洲美元数量激增，其后又是 20 年爆炸性的增长。在此期间，作为扩张的基础，并由布雷顿森林体系而制度化的黄金与美元以及美元与其他货币间的固定比价被更加灵活的或浮动的汇率制度所取代。这反映了美国在控制全球资本和货币流动能力上的削弱。以存款形式积累的世界流动资金越来越多，且不受任何政府的控制。这给所有国家的政府施加了庞大的压力，迫使其操纵汇率和利率以减少损失或牟取暴利。金融扩展与投机繁荣一发而不可收，以至于吉尔平（Rooert Gilpin）将这一阶段称为"全球金融革命"的肇端。[2]

这一转折是如此的迅捷，当 FDI 在 20 世纪 70 年代还在以相当的规模扩张的时候，海外货币市场上进行的纯货币交易量就已经超过了世界贸易总值的许多倍，并且从那时起一发而不可收。这预示着美国周期中转折点的到来，开始进入金融扩张阶段，1968—1973 年的危机也被阿瑞吉赋予了美国周期信号危机的性质。

---

[1] ［意］杰奥瓦尼·阿瑞基：《漫长的 20 世纪》，姚乃强、严维明、韩振荣译，南京：江苏人民出版社，2001 年版，第 366 页。

[2] Rooert Gilpin. *The Political Economy of International Relations*. Princeton, NJ: Princeton University Press, 1987:144.

（3）跨国公司扩张：资本权力对政治权力的逆转

跨国公司的崛起使得资本主义经济组织的活动能力大大增加，能够轻松而灵活地跨越不同的政治辖区。如今，从空间角度来看跨国界的生产、贸易和金融流动却从属于微观角度的企业内部活动。这或许预示了资本逻辑与政治逻辑权力关系的一次逆转。受制于主权排他性影响的民族国家权力越来越难以驾驭以灵活性、流动性和垄断性为特征的资本活动。走到这一步，资本主义用了几百年的时间。

在热那亚周期，热那亚资本必须借助于伊比利亚半岛上的君主权力才能保护自身的商业利益，并且几乎不能对后者那些从经济角度看缺乏理性的行为施加有约束力的影响。热那亚资本所能做的不过是，在预见到所依赖的权力容器即将沉没的时候转身离开；在荷兰周期，特许公司内部实现了国家权力与资本逻辑的结合。特许公司的海外活动兼有政治和经济双重性质，但特许公司的特权本身是国家赋予的，它自身也始终是联省共和国驯服的权力工具；英国周期中以家族资本主义为基础的中小企业构成了英国资本积累的主体，英国政府也被自由主义的信条所主导。这一时期可能是历史资本主义的发展中最接近于新古典主义经济学对自由竞争描述的一个时期。但正如我们在第三章已经揭示的那样，英国的自由贸易与不受国家干预的家族资本主义企业制度建立在帝国主义和殖民主义的基础之上。正是英国国家权力在体系层面的积极作为才为英国企业建立世界贸易网络奠定了基础，才使得伦敦成为世界的金融中心，而这两种因素恰恰是英国中小规模的企业在相当长的时间内，在生产和技术已经被赶超的情况下仍然能够保持竞争优势的关键所在。英国企业受益于英国贸易和金融网络的巨大外部经济，足以抵消德国横向合并的大公司因组织革命而带来的内部节约。在这三个周期中我们看到，尽管政治权力与资本权力存在矛盾，但总体而言，二者相互依赖，相互促进；其中，政治权力往往占据主导地位。

在美国周期中，跨国公司上升为世界规模的积累进程的主导机构。但美国公司资本并没有启动战后资本主义世界经济的物质扩张阶段，它是由肯尼迪政府的冷战策略支配下的全球军事凯恩斯主义启动的。"美国公司资本的跨国扩张既是美国政府追求世界权力的一种关键手段，又是一个具有重要意义的结果。"①但这并不表明二者在任何情况下都能在什么是共同利益上达成一致。在"二战"后的黄金时代,随着西欧和东亚(主要是日本)被纳入美国国家的权力网络,美国资本先是利用这一网络,大规模地向这些地区转移,其后便为巩固美国霸权做出了贡献。

"但很快,这一迁移就发展出自己的动力学。"跨国资本,不仅仅是美国资本,也包括在西欧和东亚地区日益发展起来的跨国资本越来越按照自身逻辑行事,"他们不受任何国家权威的支配,即使在最强大的国家,包括美国"②。一个生产、交换、积累的全球流动空间开始出现。对这个空间最能发挥影响的不是资本主义国家而是跨国资本。早在20世纪70年代的时候,学者们就已经开始热切地讨论"跨国资产阶级"的形成问题了。"资本主义在全球运作,资本主义体系内的一些行为者和机构的确拥有更多的权力。而且,在社会生活的某些领域,那些全球资本主义力量的控制者做出了影响世界绝大多数人命运的决策。不仅如此,跨国资本家阶级还在某些方面成功地扮演了跨国统治阶级的角色。"③虽然在是否存在一个"跨国资产阶级"的问题上还存有极大的争议④,但超国家的经济和政治组织的大量出现,的确对所有国家不受限制地行动的权力形成了制约。

四、美国周期的金融扩张与当前的危机

20世纪七八十年代的金融扩张的确引人注目,但更多的是在规模、范围、所采用的技术手段和速度上超越以往。按照阿瑞吉一以贯之的观点,这种趋势不过是历史资本主义世界规模的资本积累周期中不断出现的趋势的延

---

① [意]杰奥瓦尼·阿瑞基:《漫长的20世纪》,姚乃强、严维明、韩振荣译,南京:江苏人民出版社,2001年版,第375页。
② [美]乔万尼·阿瑞吉、西弗利·J.西尔弗等:《世界体系的混沌与治理》,王宇洁译,北京:生活·读书·新知三联书店,2006年版,第159页。
③ Leslie Sklair. *The Transnational Capitalist Class*.UK:Blackwell Publishers Ltd,2001:5.
④ 王宏伟:《"跨国资本家阶级"理论评析——经济全球化是否导致了"超帝国主义"》,《国外社会科学》,2004年第6期。

续。20世纪的七八十年代看起来好像是又一个美好时期,但更可能仅仅是一个"镀金时代",金玉其外,败絮其中。然而,紧接着东欧和苏联在90年代解体,中国在更早的时候开始启动市场化的改革进程,美国经济在90年代强劲复苏,将这一美好时代大大延长了。正如我们在导论中所谈到的那样,已经有人在欢呼"历史的终结"了。此一时期更为学术化的分析也主要集中在争论这种增长的性质到底是"新经济"还是"新的长波上升期"上。① 已经很少有人再去谈论美国霸权的危机或是衰落之类的话题,更不要说去追问资本主义的历史极限了。

然而历史的翻转是如此的迅捷。当"新经济"还是"新的长波"的争论还在热烈展开中的时候,危机便接踵而至。先是在资本主义世界体系的外围地带,从墨西哥、阿根廷和俄罗斯开始,接着横扫东南亚各国,"成就"了所谓的亚洲金融风暴。普遍的危机在资本主义的外围地带完成了它的预演,在接下来的跨入新世纪的10年内,它直接冲击了资本主义世界体系的核心地带,演变为全球性的危机,也引发了全球性的动荡。"9·11"恐怖袭击证实了美国治下的政治—军事秩序的脆弱性;几年之后,由次贷危机引发的全球金融动荡证实了美国治下的经济秩序的脆弱性。维系美国体系积累周期的两大基石崩坏,或者更加谨慎地说,正在崩坏的过程中。新的一幕正在开启,尽管前景尚不明朗。

1. 全球危机的动力

吉尔平将自20世纪70年代以来的全球金融扩张定义为一场"金融革命",这也是众多研究这一现象的学者所持的观点。但革命性仅就此次扩张在规模、范围、所采用的技术手段和速度上超越以往而言,并不具有经典马克思主义中资本主义最后发展阶段那样的含义。自世界资本主义在中世纪晚期的欧洲萌芽以后,金融扩张就是屡见不鲜的现象。每次的金融扩张都使得当时的体系结构最终崩溃,也使得新的领导机构能够重整体系秩序,恢复生机。按照这样的逻辑,历史资本主义已经完成了好几次在顶层的换岗。然而,当前的扩张具有独特之处。由于作为体系积累中心的政治机构——美国政府及

---

① 高峰:《"新经济"还是"新的经济长波"》,《南开学报》,2002年第5期。

其军事力量和商业机构——跨国公司掌握的政治—军事权力和资本权力已经是如此的庞大，使得出现比这种联合更强的政治和经济综合体的可能性已经越来越小。自20世纪90年代以来，已经出现了这两种力量的明显的分离趋势：美国继续把持着具有支配地位的政治军事力量，而东亚则成为越来越有效率的资本积累中心。

　　基于上述认识，阿瑞吉赋予当前危机以双重的性质。第一种性质将当前的危机视为美国体系积累周期进入崩溃阶段的标志，它最终的发展将导致美国周期的终结，沃勒斯坦其至尝试性地为此划定了一个时间点——2025年左右。这种性质的危机有历史的经验做比较，在历史资本主义的演进过程中已经多次发生。第二种性质的危机曾被无数的马克思主义者热切地讨论，但又无一例外地落空了，那就是资本主义制度本身的终极危机。虽然对于何种制度将取代资本主义制度这一问题上，阿瑞吉并没有明确的答案，仅提供了几种可能的选择，但这种视角本身就已经给我们提供了一种新的思路来审视当前的危机。在这种分析中，中国的发展被纳入资本主义世界体系的分析框架之内，并被阿瑞吉视为影响体系未来走向的一支关键性力量。在本章的余下部分，我们主要将当前的危机视为前一种性质的危机，考察其发展和演变过程；在下一章，则将中国的发展纳入世界体系的分析框架中来，分析当前的危机是否还具有阿瑞吉所指的第二种危机的性质。

　　（1）1968—1973年危机：动荡的起点

　　对1968—1973年危机的性质至今仍存在巨大的争议。这场争议因为布伦纳发表于1995年的长篇论文《全球动荡的经济学：1950—1998年世界经济专题报告》，重新激活了战后马克思主义危机理论的争论高潮。

　　布伦纳的分析延续了战后危机理论的主流方向，将利润率动态作为分析的核心变量，但他从全球视角展开的分析赋予这一分析以广阔的视野和宏大叙事的风格。布伦纳坚持将70年代的危机理解为一场典型的马克思主义式的产能过剩和生产过剩（over-capacity and over-production）的危机。布伦纳认为，国际制造业利润率下降的根本原因在于，各国大力支持本国具有成本优势的厂商不断进入世界市场。由于大规模的固定资本投入和资产专用性，那些本该淘汰的落后产能被保留了下来，而采用新技术而具有成本优势的厂商又在不断地涌入这一市场，从而形成"后来者吃先来者，先来者又赖着不走"的局面，其结果自然便是生产能力过剩和生产过剩。各国政府为保持本国企业在国际市场上的份额而采取的各种措施——具有凯恩斯主义性质的增加政府赤字和私人债务、扩大信用等措施使得这一情形更加严重；货币主义的削减政府开支、平衡预算、紧缩信贷等措施，虽然加速了落后厂商的淘汰过程，但这种一刀切的紧缩倾向往往同时伤害了具有优势的厂商；另外，在实施紧缩政策的同时，军事凯恩斯主义的盛行以及空前的兼并与收购浪潮，导致对贷款的需求不断增加，提高了实际利率，从而抵消了该政策通过淘汰落后厂商、降低实际工资而使利润率恢复的效果。①

布伦纳对利润率下降的解释既不同于"利润挤压派"，也不同于"基本定理派"（通过资本有机构成提高来解释利润率下降），因而遭致严厉的批判也就在意料之中。福斯特批评布伦纳将重心集中在资本家与资本家之前的竞争上，完全忽略了劳资之间的斗争；而大卫·麦克纳利则批评布伦纳忽略了马克思主义的价值范畴，就是上述两派人士对布伦纳危机理论的典型反应。

上述争论涉及对于危机根源的不同理解，虽然差异极大，但又表现出一个共同点，即都是通过对危机之前经济过程的探讨来解释危机，并将利润率下降置于核心变量的位置。阿瑞吉在看待这次危机时，则采取了完全不同的视角。他没有过多地涉足究竟是什么因素导致了危机，而是从危机所造成的影响来展开其后续分析。在布伦纳、福斯特等人的分析中，此次危机是终点，而在阿瑞吉的框架中，危机是资本积累过剩的产物，具有转折点的性质，或者说起点的性质——开启美国周期金融扩张阶段的起点。同时，阿瑞吉在考察危机的影响时，也没有仅仅局限于经济领域。

在阿瑞吉看来，危机最重要的影响在于，它全面动摇了美国体系积累周期中美国以领导者的身份发挥作用的根基，美国在国际体系中的行为开始向支配者转变。②这最终将削弱而非加强了美国对这个体系的控制能力。在这短短的几年时间内，先是在军事上，美国军队在越南的泥沼里越陷越深；在金融上，美元和黄金之间的固定汇率脱钩，维持战后二十多年的布雷顿森林体系事实上已经坍塌；在意识形态上，美国政府的反共运动开始在国内和国

---

① 杨健生：《经济危机理论的演变》，北京：中国经济出版社，2008年版，第175-187页。
② 葛兰西区分了领导与支配两种霸权权力。领导将使得统治集团得到附加的权力，意味着统治集团的"权力扩张"，统治集团的政策确实有效地表现为不仅为自身利益服务，而且也为附属集团利益服务。这种行事权力的方式与塔尔科特·帕森斯的"权力收缩"的概念相反。"权力收缩"指凭借广泛地使用武力或进行武力恫吓而统治。这种方式被葛兰西称为"支配"，它最终将削弱而非加强统治集团的权力。

外失去其合法性和号召力。① 对于美国在欧洲和东亚的盟友而言，苏联的威胁或许是迫切需要防范的，但绝不比占领更大份额的全球市场的渴望更加迫切。以往对苏联共产主义的恐惧将它们联系在一起，重新恢复了全球生产、贸易和金融联系；而今，对各自经济利益的追求将盟友变成了对手。美国政府开始向承担越来越少的世界政府职能的方向转变，而美国资本则开始选择从贸易和生产领域转向金融领域。

1971 年，美国政府被迫放弃黄金—美元汇兑本位制的神话；1973 年，美联储和各国央行承认在制止日益高涨的、针对固定汇率制的投机风潮中失败了。这标志了华盛顿在控制全球资本流动活动中中心地位的丧失，控制权开始向纽约和伦敦转移，巨额融资领域的公共调节再次被私人资本所控制。这为新一轮金融扩张的到来做好了最重要的、制度上的准备。而在这之前的跨国经济活动中，一个早已形成的欧洲美元市场已经准备大显身手了。

欧洲美元市场的存在是维持一个以美元为单一国际结算货币的世界经济正常运转的基础。欧洲美元市场的储户包括社会主义国家在同西方的贸易中得到的美元余额，也包括其他国家持有的美元余额，它们被存放在欧洲的银行系统，尤其在伦敦。② 但从 60 年代开始，伴随着美国的跨国公司对欧洲的物质扩张，它们日益成为欧洲美元市场上最重要的储户；紧接着，美国的大银行渗透进来，到 1961 年时，美国的银行已经控制了欧洲美元业务半数以上的份额。一个事实上已经超出布雷顿森林体系货币调控原则的"金融飞地"发展起来。正如在上一节中已经分析过的那样，美国跨国公司的资本权力与美国国家的政治权力之间开始出现利益分歧。前者不像荷兰的特许股份公司那样是后者的驯服工具，早已发展出了自身扩张的动力学，它们的行动开始不受任何国家或机构的调节，只服从资本积累的逻辑。这是今天得到广泛讨论的金融化的真正起源，1968—1973 年间的危机正是其起点。

（2）新自由主义

美国政府迅速对此做出反应，意图重新掌握对世界流动资金的控制权。在黄金—美元汇兑本位制崩溃之后，通过在美元和石油之间建立排他性的联

---

① ［意］杰奥瓦尼·阿瑞基：《漫长的20世纪》，姚乃强、严维明、韩振荣译，南京：江苏人民出版社，2001年版，第368-369页。
② ［意］杰奥瓦尼·阿瑞基：《漫长的20世纪》，姚乃强、严维明、韩振荣译，南京：江苏人民出版社，2001年版，第370页。

系，美元作为世界货币的重要性不仅没有降低反而增加了。更重要的是，纯美元本位制事实上解除了固定汇率制施加给美国政府的行动限制。"美国为了恢复货物生产方面的竞争力而继续贬值美元时，再也不受产生往来账户盈余以支付资本账户赤字这个问题的困扰了。"① 在其后的几年时间里，美国政府的这一行动的确给美国跨国公司带来了更大的竞争优势，欧洲和日本的竞争对手则成为受害者。1974年1月，对外国资本流动的所有限制被彻底废除。这一转变和美国国内宽松的货币政策相结合，再次为美国跨国公司的海外扩张提供了动力。在1974—1979年间，美国扭转了它在对外直接投资总额中份额下降的局面。

但上述举措改变的不过是资本主义各强国在世界市场中所占的份额，对于缓解日趋严重的利润率危机收效甚微。长达二十多年快速的经济增长导致了要素市场——从劳动力到重要的原料供给价格的普遍上涨，在宽松的货币政策的推动下，"滞胀"——经济衰退和通货膨胀，这一在凯恩斯主义的理论体系中无法得到解释的现象在现实经济中出现了。现实的危机带来理论的危机，支撑战后经济增长的凯恩斯主义被40年前它所排挤掉的思想取代。② 新自由主义既作为意识形态也作为新的经济政策的理论基础重新登上历史舞台。

作为旧思想重生的第一阶段，它采取了"货币主义"的形式，这已经体现在美国政府的货币政策的调整之中。但10年之后，这一政策被证明对于改善普遍的利润率下降和资本积累的困境效果有限，于是重心转向了哈耶克（Friedrich von Hayek）和罗伯特·卢卡斯（Robert Lucas）的更加激进的版本，对国家干预提出了全面的批评。③

然而，哈曼对于"新自由主义意味着国家的退却"这一普遍主张提出了异议。哈曼强调需要对作为意识形态的新自由主义和实践中的新自由主义做出区分。前者的确宣扬了一种国家退却的观念，但在实践中，国家权力却被用于对劳动力市场施加压力。因此，仅在国家放弃对于公民社会，特别是劳工阶层的保护这一点上，新自由主义所谓的国家退却才是成立的。哈曼列举

---

① Riccardo Parboni : *The Dollar and Its Rivals*. London: Verso，1981:89.
② [英]克里斯·哈曼：《关于新自由主义理论研究的反思》，刘元琪：《资本主义经济金融化与国际金融危机》，北京：经济科学出版社，2009年版，第309页。
③ [英]克里斯·哈曼：《关于新自由主义理论研究的反思》，刘元琪：《资本主义经济金融化与国际金融危机》，北京：经济科学出版社，2009年版，第309页。

了在新自由主义时期国家更加有力地干预经济的诸多事例：在英国，撒切尔政府通过《反工会法》削弱劳工力量，并在1984—1985年的煤矿工人罢工中出动警察进行镇压；并且它也一再地被用于保护各种资本，使之免受危机的影响。1979年，美国政府帮助濒临破产的克莱斯勒渡过难关；80年代，美国政府承担了谈判任务，以防止美国银行被来自拉美的坏账所拖累。1998年，它资助了长期资本管理公司的对冲基金。在最近的次贷危机及其后续发展中，更是可以看到美国政府不惜采用国有化的方式挽救其金融系统和大企业。实际上，哈曼总结道："自从20世纪70年代以来，政府对危机的干预比60年代和50年代更多，原因很简单：这些危机更加严重。"[1] 我们则将指出一个更加重要的原因：资本权力已经扭转了它对国家政治权力的相对弱势地位，将后者转变为了自身的工具。一旦需要，它将毫不犹豫地使用这一工具，即使这将削弱它所极力宣扬的"新自由主义"信条的可信度时仍将如此。

因此，新自由主义的实质，就其国内方面来讲，不在于国家放弃干预活动，而在于国家调整了干预活动的方向，从较为中立的立场甚至亲劳工的立场，转变到亲资本的立场上来，放任资方对于劳方的打压，压低工资率以挽救不断下降的利润率。而就体系层面的运用而言，新自由主义意识形态和实践却保持了高度的一致，要求广大的外围国家切实按照新自由主义所要求的向自由化、私有化、全球化和市场化方向转变，其目的在于为本国处于主导地位的跨国资本扫清扩张的政治障碍，最大限度地开拓扩张的疆界。

以劳工阶层利益的普遍受损和第三世界国家融资环境的恶化为代价，新自由主义收获了里根时代的"美好时期"。正如在历次金融扩张阶段中已多次出现的"美好时代"一样，此时的经济繁荣，金玉其外，败絮其中。因此，对于这一繁荣最终将以更大的危机来结束，对于持有马克思主义的立场和观点的学者而言是显而易见的；真正的问题在于，这一过程为何如此漫长，直到21世纪的第一个十年行将结束的时候才最终爆发，并且在其间还经历了一个"新经济"繁荣。

---

[1] ［英］克里斯·哈曼：《关于新自由主义理论研究的反思》，刘元琪：《资本主义经济金融化与国际金融危机》，北京：经济科学出版社，2009年版，第311页。

2. 金融化的资本主义

对金融的过度关注和对债务的容忍是所有经济强国进入成熟阶段的典型特征——用布罗代尔那个著名的隐喻来形容，这是秋天到来的迹象。因此，里根时代的"美好时期"与80年前欧洲资产阶级所享有的美好时期并无本质的差别：空前的繁荣并不是建立在对物质扩张过程中利润率下降和资本积累危机的克服上。相反，新的繁荣建立在直接的金融扩张的基础之上，也即采取了从 M 到 M'的循环，金融资本放弃了自身的中介职能（服务和支持生产资本的职能），选择从物质生产和贸易领域退出。新的资本积累结构的基础，不是建立在真实财富增殖的基础上，而是纯粹的再分配，是一种剥夺式积累。在最好的情况下，所能做到的也不过是零和博弈，在更多的情况下是负和博弈。这是一个少数国家得利而多数国家受损的时期；即使在那些得利的国家，利益分配也集中在人口的顶层，中下层最终将为"金融化"付出代价。因为金融化无法维持，更不能培育一个庞大的中产阶级。体系范围内和国家范围内的两极分化都将在这一时期加剧，从而为动摇甚至颠覆已步入成熟期的积累体制做好了社会准备。

（1）金融化与剥夺式积累

虽然金融化在当前有关资本主义发展和危机的分析中已经是一个使用频率极高的术语，但就其含义而言却极不统一。在爱泼斯坦看来，金融化是指在国内和国际两个层面上，金融市场、金融机构以及金融业精英们对经济运行和经济管理制度的重要性不断提升的过程①；弗里格斯汀（Fligstein，1990，2001）则将重心放在企业层面和金融市场的内部活动上，从"股东控制权"概念出发，将金融化视为大工业公司治理结构中金融影响不断扩大的过程；与此类似，一些作者（Froud et al., 2000; Lazonick and O'Sullivan, 2000; Williams, 2000）将金融化理解为"股东价值"的支配地位；菲利普斯（Phillips，1997，2002）强调资本市场以银行为基础的金融制度日益增长的支配作用，有时又被用于描述与新金融工具相联系的金融贸易的急剧膨胀；而在马克思主义传统中更为久远的观点则认为金融化反映了食利者阶层享有越

---

① ［美］托马斯·I. 帕利：《金融化：涵义和影响》，《国外理论动态》，2010年第8期。

来越大的政治和经济力量,并在金融化与金融资本之间建立了本质的联系,金融化可广泛地视为金融资本的活动(霍布森,1902;希法亭,1910;列宁,1916)。① 上述定义着重于从金融资本的活动角度来界定金融化,差异在于有的定义从微观角度入手,另一些则从宏观视角展开。与上述定义不同,阿瑞吉从资本积累的角度,将金融化定义为资本积累主要通过金融扩张而非通过贸易和商品生产来实现,并将通过金融化进行的积累视为一种剥夺式积累。其中金融资本和信贷制度是剥夺的主要手段,而国家通过对暴力的垄断和对合法性的界定成为积累过程中的重要角色。② 在本书中,我们将沿用阿瑞吉对金融化的定义,主要将金融化视为一种通过剥夺来进行积累的手段(这意味着本书中对金融化的分析并不包括对金融和金融市场所具有的货币、信贷和投资等方面的内容)。进而具体地,我们划分了金融化剥夺的两种主要方式:经济金融化与金融证券化。经济金融化的定义类似于哈维的剥夺式积累,意指金融资本能够以非常低的成本(在某些情况下是零)释放出某些资产(包括劳动力),过度积累的资本能够抓住这些资产,并立即用它来赢利。金融证券化则指金融资本以投机方式,主要通过金融(衍生)工具人为推高或降低资产价格而牟利的行为。③

(2)经济金融化

符合上述定义的经济金融化通常与新自由主义的经济改革联系在一起。在前文中已经指出,作为意识形态的新自由主义与作为经济政策的理论基础的新自由主义,其国内含义和体系含义间存在巨大的差别。自20世纪80年代开始,英美等主要发达国家在国内的新自由主义政策初获成功之后,立即开始将其在体系范围内推广。首当其冲的是拉美的发展中国家,收获最丰的则是在东欧和苏联地区。在发展中国家,通过推行新自由主义的改革侵吞了这些国家的国有资产,将之转移到外国投资者和国内正在形成的少数金融寡

---

① [美]格莱塔·R.克里普纳:《美国经济的金融化》,刘元琪:《资本主义经济金融化与国际金融危机》,北京:经济科学出版社,2009年版,第110-111页。
② [美]乔万尼·阿瑞吉:《霸权的瓦解》(上),《国外理论动态》,2006年第9期。
③ 本书对金融证券化的行为与通常的定义存在差别。理论界一般将金融证券化定义为企业或者机构通过发行可以转让给第三者的金融工具,直接或间接地进入有价证券市场筹集和融通资金。只要定价合理,这种行为并不必定具有剥夺式积累的性质。可参见徐亚平:《金融证券化与金融监管》,《金融发展研究》,2010年第12期。

头手中，这种积累具有典型的剥夺式积累的特征；劳动力从社会保护网络中被驱赶出来，纳入资本主义全球金融和生产网络的控制之下，从而扩大了国内剥削和国际剥削的雇佣劳动基础，并形成了庞大的产业后备军，削弱了劳工阶层的自我保护能力。这些措施扩大了资本积累的地理空间和社会空间，从而缓解了资本积累的危机。

此种意义上的经济金融化与哈维所谓的资本主义"空间的生产"和"空间的修复"紧密相连，阿瑞吉也借用"空间生产"来阐述资本主义作为一种社会历史体系的形成以及向全球范围内的发展。[①] 哈维在《新帝国主义》一书中，用这种理论来解释美国在面临过度积累的危机时所做出的国家层面和资本层面的反应。哈维将美国视为"资本主义的帝国主义"或"资本主义类型的帝国主义"的典型，其行为模式受领土逻辑和资本逻辑的双重影响。但这两种逻辑并不总能保持一致。

战后冷战秩序的形成显然主要应被看成是由美国国家的政治决策和反共的意识形态立场推动的，但其结果既是政治上的，又是经济上的。通过将全球领土空间一分为二，美国资本获得了一个缩小的，然而更加统一的世界市场，得以更快速高效地整合之。这是我们在前文将冷战秩序的建立对美国周期的作用等同于帝国主义和殖民主义对于英国周期的作用的原因所在。然而，资本积累过程倾向于不断扩大其边疆，超越政治和领土空间对资本生产和流动空间所造成的障碍。在经历了战后30年的黄金时代之后，这种障碍已经越来越成为必须克服的障碍。由英美等中心国家向边缘国家强推的、以新自由主义为理论基础的自由化改革就是突破这一障碍的最重要的努力。

如果从空间生产的角度来审视这一过程，这实质上是对全球生产的空间结构和资本积累的流动空间结构的一种重大重组。从全球生产空间来看，它首先意味着资本主义世界体系地理空间的一次大规模扩张，东欧、苏联和中国，或主动或被动地纳入这一体系中；但更重要的一点还在于，后工业社会—工业社会—农业社会的三级结构取代了工业社会和农业社会的二元对立[②]；从资本积累的流动空间结构来看，它在中心国家的资本家阶级与边缘国家的上层阶级间建立起密切的联系，从而使得资本积累的空间结构凌驾于主

---

① ［美］乔万尼·阿瑞吉：《霸权的瓦解》（上），《国外理论动态》，2006年第9期。
② 孙江：《全球空间生产的新自由主义转向及其历史后果》，《苏州大学学报（社会科学版）》，2012年第2期。

权国家的政治结构之上,超越了后者对前者施加的种种限制。在之前的历史中,要做到这一点通常需要建立在武力征服的基础上;自20世纪70年代以来,新自由主义兵不血刃地做到了。随后,经济金融化在新自由主义开拓出来的新边疆内有效地进行了大规模的剥夺式积累。

苏联解体和在"休克疗法"名义下进行的野蛮的私有化,为这一过程提供了一个最佳的范本。它完全符合我们对于经济金融化的定义:金融资本能够以非常低的成本(在某些情况下是零)释放出某些资产(包括劳动力),过度积累的资本能够抓住这些资产,并立即用它来赢利。政治动荡和私有化进程为跨国金融资本的介入提供了前所未有的机会。大量国有资产被贬值出售,部分流入国内金融寡头,部分则为外国资本所控制,这被迈克尔·郝德森称为自500年前欧洲占领美洲新大陆以来最大规模的一次财产转移。① 大量劳动力被无产化的浪潮所吞噬沦为彻底的被剥削者和被剥夺者。短短的几年时间内,俄罗斯,这个苏联的最主要继承者,在经济金融化的剥夺中降格为一个能源出口国,只能依靠出口石油和天然气来维持国内经济的运转。在广大的发展中国家,在历次的金融危机和债务危机中,也经历了大致的过程。克鲁格曼(P. Krugman)曾指出,国际金融资本可以通过在新兴市场制造"金融泡沫"的方式来洗劫这些国家大量的实物经济成果。② 这当然不仅仅是理论上的可能,而是现实世界中一再发生的事实。

(3)金融证券化

本书将金融证券化定义为一种通过投机而进行的剥夺式积累方式,金融机构通过金融(衍生)工具人为推高或降低资产价格而牟利的行为。将发端于2007年的次贷危机从形式上归结为金融(过度)证券化的危机可能并不为过。然而,这种归纳流于表面了,它无法解释金融证券化何以发生,并在较长一段时间内支撑了所谓的经济繁荣,但最终又不能避免危机的全面爆发。为回答这些问题,我们将把当前的危机与1968—1973年的危机联系起来做历史的考察。

1968—1973年危机宣告了美国周期物质扩张阶段的终结,也意味着建立

---

① [美]迈克尔·郝德森:《私有化与资本主义的金融化》,刘元琪:《资本主义经济金融化与国际金融危机》,北京:经济科学出版社,2009年版,第150页。

② P. Krugman:"The Dutch Tulip Affair and Emerging Capital Markets", *Foreign Affairs*, 1995:7-8.

在国内剥削和国际剥削基础之上的资本积累进程陷于停滞。资本主义启动金融扩张阶段，主要通过改变体系范围内的财富分配来实现积累向中心国家的重新集中，资本积累越来越依赖于剥夺式积累来完成。在之前对经济金融化过程的分析中，我们已经揭示了这种积累的国际形式。在此处将要展开的对金融证券化的分析，从内容上集中于发达国家的金融市场，但需要强调的是，正是金融剥夺的国际基础构成了其国内基础。有了这一基础，中心国家建立在消费透支、信用透支和高福利政策基础上的非理性繁荣才得以持续如此之久。在此过程中，中心国家的工人阶级至少在短时间内部分地分享到了这种金融剥夺所带来的红利，在美国，它被表述为"美国梦"的实现。但这一过程的不可持续性最终将他们推进了99%的群体，推到了大资本家阶级的对立面。

金融证券化的供给方面。在20世纪70年代的危机之后，大企业自身已经积累了过剩的资本，因此其投资仅依赖于自身积累或通过公开市场进行融资就可进行。这削弱了银行系统通过发放贷款赚取利差的基础，迫使其寻找新的利润来源。一种途径就是对单个消费者提供个人金融服务，直接从个人收入中榨取金融利润。这一趋势由于住房、养老金、教育等公共服务的收缩而得到了促进。另一个途径就是在公开金融市场中从事投资银行业务。[①] 最终，金融证券化过程将这二者联系在一起，推高了经济中的泡沫成分。泡沫反过来吸引了非金融公司的金融部门，以及在美元霸权支配下被迫持有大量美元作为国际储备的发展中国家的外汇储备和私人资本的流入。这使得短期内经济呈现出繁荣的趋势。但这种繁荣仅仅是建立在账面财富增加上的繁荣，缺乏实体经济的支持，因而只能是一种泡沫经济，最终会因无法持续而破裂，从而引发剧烈的全球性危机。鉴于危机的严重性、复杂性，它很有可能标志着美国体系积累周期终极危机的到来。

---

① ［英］考斯达斯·拉帕维查斯：《金融化了的资本主义：危机和金融掠夺》，《政治经济学评论》2009年第1期。

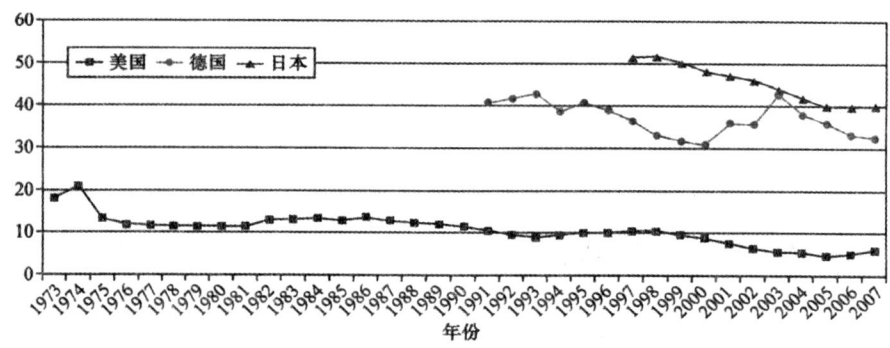

图 5-1　银行贷款占公司金融负债的比例（%）

资料来源：Flow of Funds Accounts, USA, Japan and German. 转引自考斯达斯·帕拉维查斯：《金融化了的资本主义：危机和金融掠夺》，《政治经济学评论》，2009卷第1辑，图1，第39页。

以20世纪70年代的危机为界，商业银行，尤其是美国商业银行的业务重心发生了极为明显的转移。大公司所面临的不是资本的短缺，而是缺乏有投资价值的商业机会，大企业对商业银行的依赖度大幅下降。帕拉维查斯提供的数据反映了这一转变。上图同时显示了美国与德国和日本公司与商业银行关系的差别。从历史上看，德国和日本的资本主义企业的发展更多地和银行联系在一起，而美国的金融体系则以市场为基础，拥有更加发达的直接融资市场。尽管如此，美国公司在1973年危机之后与银行系统关系的疏离仍对后者的利润来源造成了极为负面的影响。这迫使后者寻找新的利润基础。在20世纪70年代初的短短几年间，公司通过银行系统获得的贷款占其金融负债的比例下降了一半左右，维持在略高于10%的比例；在80年代经历了一个小幅度的回升，但在2000年以后，进一步的下降发生了，银行贷款占公司金融负债的比例下降至5%左右的历史低位。

银行系统对此做出的主要反应，一个是扩展其利润基础，将工人和其他群体的收入作为银行利润的来源；第二个则是为因应这种扩展而不断开发新的交易手段。银行开始向金融中介业务领域渗透，逐渐增加投资银行的职能[①]，以便能为以散户形式存在的大量客户群体提供产品。这些产品，首先针

---

① ［英］考斯达斯·拉帕维查斯：《金融化了的资本主义：危机和金融掠夺》，《政治经济学评论》，2009年第1期。

对高收入家庭的住房和养老需求，但最终囊括了美国家庭中较为贫困的那部分人群，通常是黑人和拉丁裔群体。这部分群体通常缺乏良好的信用基础和还贷能力，最终成为引发次贷危机的引信。

众多的研究成果证实了20世纪80年代以后美国经济所经历的金融证券化过程，它表现出以下几个方面的特征：①新的金融交易工具，尤其是衍生金融工具大量出现。自20世纪80年代以来，金融证券市场上出现了一次"金融自由创新"的浪潮，多种金融产品，特别是大量衍生金融产品被创造出来，其中最有代表性的如CDO，即债务抵押证券（collateralized debt obligations），以及CDS，即信贷违约互换（credit default swap）。[①] 这些产品从设计之初即主要针对个人收入，因而这些产品的利润基础与剩余价值无关，它们通常包括以信用为基础的承诺与义务的交换，而不是直接的等价交换。价值在金融主体之间的最终转移取决于制度框架、法律安排、产品设计、信息流动和社会权力基础上。在处于垄断地位的大金融资本与个别工人之间，前者在信息、权力、知识上的内部优势都决定了它们有能力使交易向它们自身的利益倾斜。"霸权（supremacy）和隶属（subordination）的要素存在于这些关系之中"[②]，正是这种不平等的关系决定了建立在金融交易上的金融积累具有典型的剥夺式积累的特征。

②金融证券化的自我膨胀。现代金融证券是一种典型的虚拟资产，虽然它宣称有实在的资产价值作为基础，但虚拟价值的膨胀和泡沫化严重偏离了实在资产的价值基础。特别是通过金融衍生工具，一项始发债券交易，可以衍生出超过其实在资产价值达数倍、数十倍的衍生证券交易。以美国的房贷市场为例，通过衍生金融产品创新，依托美国12万亿美元房贷而开发的CDO、CDS市值超过了100万亿美元的规模，为全球GDP的3倍。[③] 金融企业可以用这种成倍放大的虚拟资产收益来改善其资产负债表，进一步扩大信贷和投资活动，并从中赚取高额金融利润。金融企业越是依赖于这种盈利模式，就越有动力制造更大的资产泡沫，从而形成一种倾向于不断自我膨胀的机制。

---

① 刘诗白：《论过度金融化与美国的金融危机》，《经济学家》，2010年第6期。
② ［英］考斯达斯·拉帕维查斯：《金融化了的资本主义：危机和金融掠夺》，《政治经济学评论》，2009年第1期。
③ 刘诗白：《论过度金融化与美国的金融危机》，《经济学家》，2010年第6期。

③金融证券化的投机性。现代金融产品的定价机制已经严重偏离其实在价值基础,更多决定于产品供求,特别地受到心理因素的影响,具有明显的投机性质。在市场行情看好时,会出现对金融资产的抢购风潮,推动资产价格的不断上升;在人们心理预期逆转时,则会出现抛售风潮和价格的连锁式下挫。而市场心态本身具有不确定性和非理性特质,它决定了金融产品价格的易变性、资本市场的高风险性和脆弱性。一次轻微的变动都有可能引发整个金融市场的动荡。

金融证券化的需求方面。20世纪70年代的危机导致了银行和金融系统开始更加依赖于向个人提供金融产品而获利,它们为此开发了丰富的金融工具以供市场选择。然而这种供给能得以在市场上实现,还有赖于有相应需求的配合。自20世纪70年代以来,由于新自由主义的打压国内劳工阶层的政策和福利水平的下降以及美元霸权在整个资本主义世界体系的强势地位,这种需求也被制造了出来。

新自由主义对劳工阶层的打压严重制约了后者实际收入增长的速度。在战后黄金时代,占美国就业人口80%的生产工人和非管理类工人的工资水平的增长与劳动生产率的增长大致是同步的。但到了70年代末期,工资水平的增长陷于停滞,严重滞后于生产率的进步。图5-2就反映了20世纪70年代以来,美国生产工人和非管理类工人实际工资和劳动生产率之间日益脱节的动态变化关系。工人群体实际收入水平的停滞造成的影响是多方面的,这将直接恶化其生活水平,以及所能享受的住房、教育、医疗和养老等服务。在新自由主义的背景下,上述公共服务由于广泛的财政紧缩而更加恶化。这种趋势如果不得到有效的遏制,势必激化社会矛盾,危及资本主义统治的合法性和社会基础。这是一个严重的问题。但资本主义国家为此开出的药方却是简单的:大量的工人群体被推向金融市场,通过金融市场提供的消费信贷和住房信贷等维持这部分群体的生活水准。工薪阶层在更大程度上参与了金融机制,以满足他们在教育、医疗、住房和养老方面的需求,而银行和金融系统则从这种业务中直接抽取了可观的利润。

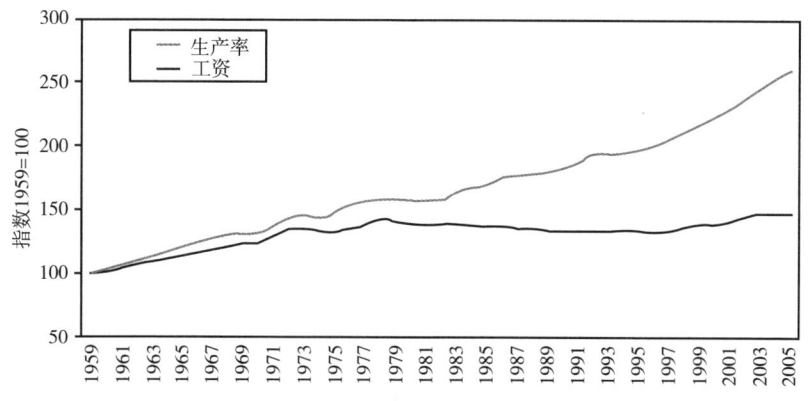

图 5-2　1959—2005 年美国生产工人和非管理类工人的生产率和小时工资

资料来源：托马斯·I.帕利：《金融化：涵义和影响》，《国外理论动态》，2010 年第 8 期。

其中住房信贷、消费信贷以及依托二者开发出来的多种创新工具成为美国工薪阶层实现"美国梦"的主要手段。2001—2003 年间，住房抵押贷款的膨胀满足了高收入群体的住房需求，于是次级抵押贷款迅速地在 2004—2006 年间经历了快速的增长。这部分贷款主要发放给了美国工薪阶层中较贫困的部分，其利率也是浮动的，即可变利率抵押贷款（adjusted rate mortgages，ARM）。在互联网泡沫破灭之后，美联储长期实行的低利率政策使得这些群体的还贷压力相对较低，然而从 2003 年开始，联邦基金利率从 1.13% 逐渐提高，到 2007 年时，已经达到 5.02% 的水平，这使得低薪阶层的还贷压力大幅提高，违约率上升，最终导致了次贷危机的爆发。

个人收入金融化产生的后果是多方面的，其中之一就是个人储蓄的崩溃，以及个人负债的增加。在 20 世纪 70 和 80 年代早期，美国家庭储蓄占可支配收入的 10% 左右，但在进入新世纪之后，这一比率已经接近于零，个别年份甚至为负。美国经济在几十年间完成了从过剩经济到债务经济的转变。在上文中，我们仅分析了美国家庭在卷入金融化过程中，陷入债务经济的模式，但对美国而言，债务经济的含义则要更加宽泛，它广泛地体现在美国政府的财政赤字、企业债务、消费信贷和国际贸易赤字等诸多方面。①

---

① 陈英：《从"过剩经济"到"债务经济"——当今发达经济运行的新特征》，《当代经济研究》，2010 年第 1 期。

表 5-4　2001—2006 年美国抵押贷款及证券化　　单位：10 亿美元

年份	发起数额	发起数额的证券化比率(%)	次级贷款	证券化的次级贷款	次级贷款的证券化比率(%)	可变利率抵押贷款	抵押贷款再融资	抵押贷款再融资比率(%)
2001	2215	60.7	160	96	60.0	355	2200	57.2
2002	2885	63.0	200	122	61.0	679	2900	61.6
2003	3945	67.5	310	203	65.5	1034	3800	66.4
2004	2920	62.6	530	401	79.8	1464	2800	52.8
2005	3120	67.7	625	508	81.3	1490	3000	52.0
2006	2980	67.6	600	483	80.5	1340	2700	48.6

资料来源：依据考斯达斯·帕拉维查斯：《金融化了的资本主义：危机和金融掠夺》，（《政治经济学评论》，2009 卷第 1 辑）表 1 和表 2 内容整理。

传统的经济理论认为，储蓄是经济增长的前提。那么，回答美国经济是如何能依靠举债维持数十年，并在危机之前实现长期增长这一违背传统理论的经验事实就显得尤为重要。在我们看来，问题的答案主要与美元霸权在整个资本主义世界体系的支配地位高度相关。

布雷顿森林体系的解体使得黄金—美元汇兑本位制终结，但美元作为最主要的国际储备货币和结算手段的地位被保留下来，实际上导致了纯美元本位制的确立，美元作为世界货币的重要性不仅没有降低反而增加了。[1]这一地位赋予了美国政府和美国资本在世界货币生产方面前所未有的行动自由。在整个 70 年代和 80 年代初期，通过宽松的货币政策和美元贬值，给美国政府和美国企业带来了很大的竞争优势。美元对马克和日元大幅贬值 50% 以上，保障了美国相对成本的突然好转，而在之前，美国的制造业部门没有能力通过提高生产力和限制工资来做到这一点。[2]在 1985 年，我们还看到这一幕的再次上演。在这一年，通过《广场协议》，美元再次贬值，在损害欧洲和日本的竞争对手的情况下，为美国商品在国内和国外赢得了更大的市场，美国的贸易收支也一度回到了顺差状态。美元本位制同时也为美国企业提供了

---

[1] ［意］杰奥瓦尼·阿瑞基：《漫长的 20 世纪》，姚乃强、严维明、韩振荣译，南京：江苏人民出版社，2001 年版，第 377 期。

[2] Robert Brenner：*Economics of Global Turbulence: The Advanced Capitalist Economies from Long Boom to Long Downturn*，1945-2005，New York: Verso，2006:123.

通过直接投资和对外贷款保持跨国扩张的势头所需的全部流动资金。这是美国得以在1974—1979年间扭转它在对外直接投资总额中比例下降的首要因素。

然而，这尚不是美元霸权带给美国的最大收益。最大的收益在于，美国藉此摆脱了国际收支平衡对于美国经济施加的限制，使其能够通过这种货币霸权地位对其他国家进行金融掠夺。对此，有学者曾精辟地指出："浮动汇率体系使美国再也没有任何必要来控制其自身的国际收支逆差，不管逆差从何而来，因为现在它可以发行数量无限的不可兑换的美元进入国际流动渠道。因此，美国为了恢复货物生产方面的竞争力而继续贬值美元时，再也不受产生往来账户盈余以支付资本账户赤字这个问题的困扰……实际上，美国国际收支结算这个问题完全消失了。"①

对于美国而言，只要能维持美元霸权，贸易赤字只需要通过"出口美元"进行平衡即可。但对于其他国家，尤其是广大的发展中国家而言，由于美元是最主要的结算货币，它们必须持有相当数量的美元储备才能维持其经济的正常运转。因此，这部分国家，从富有的石油出口国到贫穷的非洲国家都积累了大量的美元储备。

表 5-5　部分发展中国家和地区的储备积累　　　单位：10 亿美元

年份	2000	2001	2002	2003	2004	2005	2006	2007
总计	800.9	895.9	1072.6	1395.3	1848.3	2339.3	3095.5	4283.4
其中：中国	168.9	216.3	292.0	409.0	615.5	822.2	1069.5	1531.4
俄罗斯	24.8	33.1	44.6	73.8	121.5	156.5	296.2	445.3
印度	38.4	46.4	68.2	99.5	127.2	132.5	171.3	256.8
中亚	146.1	157.9	163.9	198.3	246.7	351.6	477.2	638.1
撒哈拉沙漠以南	35.0	35.5	36.0	39.7	62.3	83.0	115.9	144.9

资料来源：考斯达斯·帕拉维查斯：《金融化了的资本主义：危机和金融掠夺》，《政治经济学评论》，2009 卷第 1 辑，表 7。

---

① Riccardo Parboni：*The dollar and its Ricals*, London: Verso 1981:89-90. 转引自杰奥瓦尼·阿瑞基：《漫长的20世纪》，姚乃强、严维明、韩振荣译，南京：江苏人民出版社，2001年版，第378页。

美元国际储备的一部分由各国的中央银行和外汇储备管理当局以购买美国国债的方式流回了美国,尽管美国的利率相对较低,并且如果美元贬值的话,还会遭受损失。这促使另一部分美元国际储备流向美国的金融证券市场,以求能获得更高的收益。发展中国家因而成了向美国提供资本的净供给者。这才是美国的债务经济得以持续的最根本原因。没有这些回流的美元储备,美国货币当局既不可能维持美元的长期贬值但短期稳定甚至偶尔升值的趋势——这一点对美元霸权得以维持的一个基本条件,二者互为因果,也不可能支撑美国泡沫化的债务经济的繁荣。

至此,我们已经可以为美国周期金融扩张的逻辑线条做出梳理了:这是一个建立在美元霸权基础上的剥夺式积累体系。美国通过"出口美元"的方式输入由发展中国家包括社会主义国家创造的大量廉价产品满足国内需求,稳定了资本主义国家的市场稳定和经济发展,也缓和了国内的阶级矛盾。另一方面,又利用美元霸权的国际地位,通过"出口美国金融产品"的方式吸引其他国家的美元储备回流美国,既维持了美元币值的适度稳定以巩固美元霸权,又支持了美国不断膨胀的金融证券业,推动着美国的金融扩张。购买美国的金融产品是美国政府唯一欢迎的对美投资方式。一旦其他国家,尤其是中国(在20世纪80年代,防范的对象则主要是日本)试图收购美国的实物资产的时候,它将毫不犹豫地对此说不。这一点在2005年中海油收购美国优尼科公司事件上表露无遗。虽然交易双方已就交易细节达成一致,但最终还是被众议院以"有损美国国家安全"为由而撤销了交易。一位里根政府时期的国防部高级官员为此做出了危言耸听的解释,认为类似的交易将使得中国"取代美国成为世界首要经济强国,而且一旦有必要,就在军事上击败我们"[1]。对此,普雷斯托维茨(Clyde V. Prestowitz)——里根时代的贸易官员评论道:"现在我们又告诉中国人请继续投资于我们的债券,但你不能用相当于顺差一小部分的资金投资于一家石油公司。这太令人费解,而且我方也很虚伪。"[2] 我们想要告诉普雷斯托维茨先生的是,这的确很虚伪,但并不令人费解。这是一个早已沦为世界上最大债务国的正处于衰落中的霸权国家,处于维护这种霸权而必然做出的选择,尽管这一借口是如此的拙劣和幼稚。

---

[1] S.Lohr, "Who's Afraid of China Inc.?", *New York Times*, July 24, 2005.
[2] S.Lohr, "Who's Afraid of China Inc.?", *New York Times*, July 24, 2005.

在这个过程中，美国政府和美国资本是最大的受益者，美国的工薪阶层至少在短期内也分享了其中的好处，所谓"美国梦"的实现在很大程度上受益于此。然而，正如我们已经指出的，这是一种建立在剥夺式积累基础上的经济增长。新的资本积累结构的基础，不是建立在真实财富增殖的基础上，而是纯粹的再分配，是一种剥夺式积累。在最好的情况下，所能做到了的也不过是零和博弈，在更多的情况下是负和博弈。这是一个少数国家得利而多数国家受损的时期；即使在那些得利的国家，利益分配也集中在人口的顶层，中下层最终将为"金融化"付出代价。金融化无法维持更不能培育一个庞大的中间阶层。体系范围内和国家范围内的两极分化都将在这一时期加剧，从而为动摇甚至颠覆这一不可持续的积累体制做好了社会准备。

3. 当前危机的性质

在阿瑞吉的理论框架中，20世纪70年代的危机具有信号危机的性质，它宣告了美国周期物质扩张阶段的终结。这种终结不应理解为物质生产（或实体经济）的实际停滞，而应理解为这些部门中的利润率已经降到了合理的水平之下，以至于它们不再是进行资本积累的主要机构。

在20世纪70和80年代，美国曾试图采取多种措施来改善这种状况。在国内主要通过对劳工阶层的打压，在体系范围内则主要通过美元贬值，打击美国大工业公司的主要竞争对手——西欧和日本的制造业公司。这些措施在一定程度上恢复了美国公司的竞争力，但它同时也为东亚出口导向型的新兴工业国的快速成长提供了机会。这些国家大多将自己的货币与美元挂钩，从而间接地享受了美元贬值的好处。这一措施最终恶化而非改善了全球生产过剩和资本积累的危机。

大量资本选择退出实体经济领域而转向金融扩张。格雷塔·克里普纳（Greta Krippner）提供的分析表明，美国公司利润中金融、保险和房地产（FIRE）部门所占的份额不但在1980年代就几乎赶上并在1990年代超过制造业的份额，更重要的是，在1970年代和1980年代，与对工厂和设备的投资相比，非金融企业本身急剧增加了它们对金融资产的投资，并且，相对于生产活动所得，它们的收入和利润也越来越依赖于金融来源。①这的确是一个关键性的转折点，它意味着美国主导下的物质扩张已经越来越难以承担无止尽地进行资本积累的任务。

此后，美国的积累策略改弦更张，越来越依赖于通过金融剥夺来完成。1995年，美、德、日之间签订了一份后来被称为"反广场协议"的文件，协议要求三国政府共同采取措施，改变美元走势的疲弱，大幅度增加日、德购买以美元标价的证券。这个协议"让洪水一样的巨额现金从日本、东亚和其他海外地区涌入美国金融市场，导致利率水平显著下降，并为公司大量举债以便融资在股票市场上购买股票铺平了道路"②。这可以视为真正开启了美国周期中资本积累的"金融化"趋势，它使全球资本重新大规模地向美国集中，不仅缓解了美国国内的阶级矛盾，也支撑了美国经济的复苏。

然而这种复苏却是建立在脆弱的基础上，它削弱而非加强了美国在整个体系中的领导地位，导致的不是美国权力的扩张而是收缩；"新的繁荣建立在危机从一套关系转化为另一套关系的基础之上。危机将在更棘手的形式下重现，这只是个时间问题"③。并且，危机将具有完全不同的性质，不再是一次"信号危机"，而很有可能是一次"临终危机"。"信号危机"在阿瑞吉的概念体系中具有这样的性质，这种危机反映出的问题在相当长的时期内通过体系范围内的调整还能得到解决，世界体系的基本结构和统治秩序在经过调整后还得以维系。④在资本主义世界体系几百年的演变发展中，这样的信号危机已经发生了多次，这样的调整也发生了多次。最重要的调整就是资本积累的主要领域由物质扩张转向金融扩张，后者使现有的积累中心能够把对自身霸权形成挑战的竞争加剧的负担，转嫁到国内外从属群体的身上；"临终危机"则具有完全不同的性质，这种危机将不可能仅通过体系范围内的调整得到解决，而必须完全地重组世界体系的结构和积累机制才能得以实现。阿瑞

---

① ［美］乔万尼·阿里吉：《亚当·斯密在北京——21世纪的谱系》，路爱国、黄平、许安结译，北京：社会科学出版社，2009年版，第137页。

② Robert Brenner: *Economics of Global Turbulence: The Advanced Capitalist Economies from Long Boom to Long Downturn*, 1945-2005, New York: Verso, 2006:139.

③ ［意］杰奥瓦尼·阿瑞吉：《漫长的20世纪》，姚乃强、严维明、韩振荣译，南京：江苏人民出版社，2001年版，第397页。

④ ［美］乔万尼·阿里吉：《亚当·斯密在北京——21世纪的谱系》，路爱国、黄平、许安结译，北京：社会科学出版社，2009年版，第148页。

吉从对历史的比较中发现,"临终危机"通常在金融扩张的后期出现。原因在于"在经济上,金融扩张系统地把购买力从由需求创造的对商品(包括对劳动力)的投资转向囤积和投机,从而恶化了现实问题。在政治上,金融扩张往往与新力量组合的崛起联系在一起,从而破坏了现任霸权国家把体系范围内的竞争加剧转为对己有利的能力。而在社会上,金融扩张导致大规模的报酬再分配和社会错位,往往激起那些现存生活方式遭受打击的从属群体和阶层的抵抗和造反运动"①。

在历史资本主义迄今已经完成的两次霸权转换中,都能发现三种趋向的某些组合。而在阿瑞吉写下上述论断的数年之后,我们也已经能够在当前的世界格局中明显地识别出其中两种主要趋势的出现。唯一尚不明朗的是新的力量组合究竟会以何种方式出现。有鉴于此,阿瑞吉倾向于将当前体系的动荡,既包括政治上的,也包括经济和社会层面的危机视为美国体系积累周期的"临终危机",它最终将导致当前积累体制的崩溃。② 但另一方面,阿瑞吉同时又指出了在当前世界体系的普遍动荡中存在着两个异于以往的关键性差别。其一,正在衰落中的霸权国家拥有世界上规模最庞大和最尖端的军事机器,这使得美国拥有力量把自己正在衰落中的霸权转变为剥削性(剥夺性)支配关系。③ 美国如何使用自己的这种力量将在很大程度上决定目前的体系动荡最终将走向何方,至少在短期来看是如此;而且,特别重要的是,在阿瑞吉的体系积累周期概念中,短期可能长达数年甚至数十年。新世纪以来,美国对伊拉克、阿富汗的占领已经昭示了美国的统治阶级具有将世界体系的

---

① [美]乔万尼·阿里吉:《亚当·斯密在北京——21世纪的谱系》,路爱国、黄平、许安结译,北京:社会科学出版,2009年版,第159-160页。
② 阿瑞吉在其主要著作和论文中一直非常谨慎地回避是否已经出现美国周期的临终危机这一判断。但在2009年刊载于《新左派评论》第56期由大卫·哈维对阿瑞吉的访谈中,他明确地将当前由房地产泡沫破裂所引发的危机视为美国金融霸权的临终危机。在此访谈中,阿瑞吉还对自己90年代的主要著作《漫长的20世纪》中的某些看法做了修正。在该著作中,阿瑞吉判断在20世纪90年代,美国的黄金时代已经过去,但事实上,那时才刚刚开始。我们在本章前面的部分则对此做了更加详细的分析。参见[美]乔万尼·阿里吉:《亚当·斯密在北京——21世纪的谱系》,路爱国、黄平、许安结译,北京:社会科学出版,2009年版,代序。
③ [美]乔万尼·阿瑞吉,贝弗利·J.西尔弗等:《现代世界体系的混沌与治理》,王宇洁译,北京:生活·读书·新知三联书店,2006年版,第315页。

未来发展引向这一方向的可能，即通过军事手段占领资源和地缘政治的关键节点，重新开启比金融化剥夺更为赤裸裸的暴力剥夺式积累的新阶段，并以此驯服其他国家对美国的挑战。

其二，一个有能力提供新的体系层面解决方案的全球性领导力量尚未出现，或尚未做好这种准备。从20世纪90年代开始，阿瑞吉即对这种力量在东亚的出现给予厚望。最初，阿瑞吉将日本视为这种力量的中心，将日本企业中盛行的"无组织资本主义"和"灵活积累"模式视为对美国"有组织资本主义"和"福特式"积累模式的替代。但其后，阿瑞吉放弃了这一看法，将目光投向了中国，并将中国的崛起视为改变不平等的资本主义世界体系积累机制而走向一个更加平等的"世界市场社会"的关键性力量。这是阿瑞吉的遗作《亚当·斯密在北京——21世纪的谱系》一书所关注的重点，也将是本书最后一章将要论述的主题。

第六章　世界体系与中国的经济发展

在阿瑞吉研究生涯的最后阶段，他将目光投向了东亚，也投向了当下和未来。从阿瑞吉思想发展的脉络来看，这种转变既是对其早期研究的一种继承，也意味着一种重大的转折。在其早期最重要的代表作《漫长的20世纪》中，他孜孜以求的是探究对现代世界两个相互依存的主要进程现代民族国家体系的创立和世界范围的资本主义体系形成历史过程的解释。他从布罗代尔处获得灵感，以资本积累为中心，"把他（指布罗代尔）提供的十分丰富的设想和阐释，整理加工成对资本主义世界体系的崛起和全面扩张的一个简洁的、前后一致的和言之有理的解释"①，通过将资本主义世界体系的整个生命周期划分为更加便于操作的分析单位——他将之命名为"体系积累周期"（Systemic Cycles of Accumulation），出色地完成了他的分析。《漫长的20世纪》已被普遍认为是当代致力于世界资本主义长时段研究的扛鼎之作。② 在完成了对持续5个多世纪的资本主义世界体系的历史考察后，阿瑞吉转向了对资本主义世界体系历史极限——这一马克思主义终极命题的思考上来。

在《漫长的20世纪》一书的结束语中，他敏锐地指出了自20世纪70年代爆发美国周期的信号危机以来，资本主义世界体系中权力转移之异于以往历次周期更迭的新的动态。那就是：资本积累的世界性过程的中心从美国逐渐向东亚转移，但衰落中的霸权却继续把持着全球政治、军事的决定性力量。这种政治、军事力量和经济、金融力量的分离在五个多世纪以来是史无前例的。它使得以一个国家为基础的新的世界霸权来提供全球治理秩序的可能性大大降低了。但在最终将形成何种新的体系秩序这一点上，阿瑞吉并未提供

---

① ［意］杰奥瓦尼·阿瑞基：《漫长的20世纪》，姚乃强、严维明、韩振荣译，南京：江苏人民出版社，2001年版，前言与致谢。
② ［美］汤姆·雷弗：《乔万尼·阿里吉——资本的绘图师》，《国外理论动态》，2011年第3期。

明确的答案，而仅仅指出了三种可能的结局：全球性的帝国主义秩序，核心是以美国为首的西方资本和西方国家的联盟，它建立在政治和军事强制力量的基础之上；以东亚地区日益增长的经济力量为主要基础的全球性秩序，这是一个比第一种秩序更加平等的秩序，在《亚当·斯密在北京——21世纪的谱系》一书中，这一秩序被概括为世界市场社会；最悲观的一种结局，没完没了的全球性混乱。① 不管哪种秩序（或无秩序）会成为现实，都可能意味着持续了五个多世纪的资本主义制度的解体。从这一思路出发可以发现，阿瑞吉实际上赋予了自20世纪70年代以来的全球动荡以双重危机的性质——既是美国体系积累周期的临终危机，也很有可能是资本主义制度的终极危机。

在其遗作——《亚当·斯密在北京——21世纪的谱系》一书中，阿瑞吉集中论述了决定当前体系走向的世界政治、经济和社会形成中两个最为重要的过程：一个是新保守主义的"美国新世纪计划"的出现与消亡；另一个是中国成为东亚经济复兴的领导者。在阿瑞吉看来，正在经历衰落和正在实现崛起的两个大国，选择以何种方式和何种态度使用自己的力量，在很大程度上决定了当今世界的走向。更为具体的是，阿瑞吉倾向于认为，如果世界体系最终走向建立在政治—军事强制基础上的全球性帝国主义秩序，甚至是全球性混乱，那么重要的原因很可能就在于美国拒绝接受它的衰落，并动用国家和资本的力量与历史发展的趋势相对抗；相反，如果对于东亚地区（中国）的新兴经济力量，美国能够调整和容纳，并且东亚地区（中国）愿意而且有能力挑起重担，为美国霸权遗留下来的体系层面的问题提供整体的解决方案，那么一个更加平等和公正的世界体系就将是值得期待的。在这些问题中，最棘手的就是如何抹平世界人口的一小部分与绝大部分的生存机会与收入水平之间不可逾越的鸿沟。② 在我们看来，要切实可行地解决这个问题，不改变现代世界体系建立在剥削和剥夺基础上的积累方式是无法做到的。阿瑞吉将这一为新的世界秩序开辟发展道路的希望寄托在了东亚，尤其是中国的身上。

在本书的最后一章中，我们也将"重新回到关于我们这个时代的中心问题的讨论上来"，以阿瑞吉提供的理论对其留下的问题做出解读，以"响应

---

① [意] 杰奥瓦尼·阿瑞基：《漫长的20世纪》，姚乃强、严维明、韩振荣译，南京：江苏人民出版社，2001年版，中文版序。
② [美] 乔万尼·阿瑞吉：《现代世界体系的混沌与治理》，王宇洁译，北京：生活·读书·新知三联书店，2006年版，第315页。

其创建一个更人道的世界体系的理想"的方式,来表达我们对这位杰出的思想者的敬意。另一方面,我们更希望能够从一个中国人的立场出发,理性地看待这个国家,以积极的姿态参与到现代资本主义世界体系中;评估已经成为世界第二大经济体,并在发展中坚持社会主义制度的国家能够对这一体系的未来发展施加何种积极的影响;或者,从消极的方面看,中国能否依据自身的一些优势,更快地从危机中走出来,转变经济发展方式,改变其在体系中所处的边缘或半边缘的位置。因此,本章的内容将成为本书的最终落脚点。它将以中国为中心,但将中国的经济发展放置在资本主义世界体系的历史与现实背景之下展开。在此之前,我们将简要回顾五个多世纪以来东亚与外部世界的互动,以便能更加准确地把握当前局势的历史根源。

一、东亚与世界——一个历史的分析

在对"二战"后日本、韩国和中国台湾半个多世纪以来的经济发展进行研究时,布鲁斯·卡明斯(Bruce Cumings)发现,"只有通过隐藏在各经济体之间以及本地区与外部世界之间的系统性交往关系,才能理解东北亚的政治经济"[1]。阿瑞吉对此心领神会,并且当他自己也开始类似的研究时,他将这种方法在时间和空间方面都推进了一步。阿瑞吉坚持应将早期的东亚作为一个世界区域来理解,不仅考虑区域内部地区层面的交往关系,而且更加重视世界性—地区性层面的互动对之发生的持续性影响。这样,阿瑞吉对东亚的研究就像他对资本主义体系积累周期的研究一样,被放置在了更广阔的时空背景之下。[2]

---

[1] Bruce Cumings. "The Origins and Development of the Northeast Asian Political Economy: Industrial Sectors, Product Cycles, and Political Con-Sequences", in F.C.Deyo(ed.), *The Political Economy of New Asian Industrialism*. Ithaca, NY: Cornell University Press, pp.44-83.

[2] [美]乔万尼·阿里吉、[日]滨下武志,[美]马克·塞尔登:《东亚的复兴——以500年,150年和50年为视角》,马援译,北京:社会科学文献出版社,2006年版,第2页。

1. 作为世界区域的东亚发展的三个历史时段

当阿瑞吉等人采用世界区域而非布罗代尔和沃勒斯坦更加流行的世界经济体（world-economy）来概括东亚时[①]，明显地表达出对后者过分关注于经济交往这一弊端的反驳，更加重视政治和文化与经济交往的互动。世界区域中的"世界"一词，用于强调东亚地区是一个在物质文化和政治制度上保持了相对独立性和自成体系的实体，而"区域"则对这种独立性构成了限制，它指明这种独立性仅对于"地球的某个部分"是有效的，同时又指出了这种独立的相对性。

将这种独立性置于时间视角下进行考察的时候，其相对性的意义就显得更加突出。阿瑞吉对东亚发展的三个历史阶段所进行的划分，在很大程度上就以东亚世界区域独立性的相对减弱为基础。阿瑞吉对东亚发展所展开的长时段的研究以 16 世纪为起点。当时这一地区尚处于世界的领先地位，与地中海世界主要通过陆上和海上的远程贸易相联系。这一时期同时对应于资本主义因素在欧洲的早期发展阶段。西方经济、政治和军事力量开始呈现一种新的融合关系，并开启了向外扩张的进程。这种力量的融合在"东亚的整个帝国主义和革命时代及以后的时期中不断发挥着新的作用"，但在 19 世纪之前，很难说这种力量对东亚的核心国家——中国，以及以中国为中心的朝贡贸易体系造成了根本性的动摇；从中时段开始——阿瑞吉以中国鸦片战争的失败和日本德川幕府体系的衰败作为中时段的起点，东亚大部分地区被殖民化和半殖民化，东亚世界区域在历史上曾拥有的地位及权力开始出现明显的衰落，朝贡贸易体系趋于瓦解。东亚作为一个世界区域所享有的独立性基本丧失，逐步被融入以西方为中心的资本主义世界体系中，扮演着边缘化的角色。在此期间，日本是一个显著的例外。在明治维新实现快速的工业化之后，日本开始了对东亚富裕地区的征服，并在 20 世纪上半叶屡次发动对中国的侵略战争，试图以其军事和工业力量为基础，取代中国而成为地区霸主，重组地区

[①] 此处的东亚并非地理学意义上的东亚地区，而更多地从经济、政治和文化方面的联系来定义东亚世界区域，因此，在一方面它包括地理意义上的东亚国家和地区中的一部分而非全体，另一方面它又超越了地理东亚的空间范围，将部分东南亚、中亚国家和地区纳入分析的范畴中来。

秩序。这种企图最终以失败告终。在第二次世界大战之后，东亚的发展进入第三个阶段，其标志是该区域内的国家、地区以及东亚整体上所代表的成功模式。这种模式被小哲智辉模型化为东亚崛起中的滚雪球效应，或者赤松要的雁行模式。日本成为东亚崛起中的头雁，继之以新兴的东亚"四小虎"（中国台湾、中国香港、新加坡和韩国），然后惠及东盟主要国家，最后在70年代末80年代初，中国和越南这两个主要的社会主义国家先后实行改革开放和革新开放也主动地参与到资本主义的世界体系中来，实现了各自经济的快速增长。

从中时段开始，东亚世界区域经历了明显的"去区域化"（de-regionalization）过程，东亚在全球政治经济体系中的融合达到了前所未有的高度。尽管如此，在"二战"以后的发展中，东亚地区又出现了一种重新区域化的趋势，"这种重新区域化并不是对过去区域间相互依存和交往方式的简单重复，而是包含了一种区域整合的新形式，这种形式受到本土化朝贡贸易体系的历史、东亚早期内部交往的各种方式，以及与欧洲为中心的现代世界体系碰撞和遭遇等因素的共同影响"[1]。只有从历史的角度，我们才能更好地理解并发现被笼统地概括为"东亚模式"中技术变迁、亚体系秩序和文化重建中的独特性，以及这种变迁能够对当前不平等的世界体系施加何种影响。

2. 东西方发展的大分流

（1）大分流之原因

从1850年或稍早一个时期开始，英国引领下的资本主义世界体系的生产和贸易扩张已经逐步控制了全球，从而也把以中国为中心的朝贡贸易体系压缩为一个地区性分支。[2] 此时距热那亚资本支持下由伊比利亚半岛上的统治阶级开启的全球贸易和领土扩张已经过去了三个世纪之久。在资本主义正式登上欧洲历史舞台之后的这三个多世纪里，它们收获了美洲，并将非洲转变

---

[1] ［美］乔万尼·阿里吉、［日］滨下武志、［美］马克·塞尔登：《东亚的复兴——以500年，150年和50年为视角》，马援译，北京：社会科学文献出版社，2006年版，第11页。
[2] ［美］乔万尼·阿瑞吉、许宝强、孔诰烽、马克·塞尔登：《资本主义的历史——东方和西方》，［意］阿里吉、［日］滨下武志：《东亚的复兴——以500年，150年和50年为视角》，马援译，北京：社会科学文献出版社，2006年版，第332页。

为自身的劳动力仓库，开辟了利润丰厚的大西洋三角贸易。尽管如此，欧洲的经济规模、技术水平以及繁荣程度至18世纪晚期仍然落在中国的后面。这使得欧洲（资本主义）在19世纪的这种逆转足以担当"崛起"一词赋予它的内涵。这种崛起同时由于东方世界陷于长时期的衰落而显得尤为引人注目。这一被加州学派的代表人物彭慕兰（Kenneth Pomeranz）命名为东西方发展史上"大分流"（great divergence）[①]的历史现象引起了巨大的学术争议。在较为主流的解释框架中，工业革命通常被放置在核心位置，认为正是工业革命的发生导致了东西方发展史上的这种巨大分野。然而，在加州学派看来，工业革命本身是作为结果出现的，它得益于欧洲，其中特别重要的是英国，在恰当的时候发现了煤这一新能源，以及获得了美洲源源不断的资源供给。而东亚的边缘地区则无法为其核心地区提供这些条件。这种差异使得欧洲的技术和投资朝劳动力节约、土地和能源密集型的方向发展。与此同时，东亚所有核心地区都面临着资源紧张的压力使其走上了一条资源节约和劳动力吸纳型的发展道路。[②]

即使我们承认加州学派的这一解释具有充分的说服力，那么，它在说明问题的同时，也带来了更多的问题。其中非常重要的一点在于，它无法说明，为什么从15世纪开始，欧洲国家表现出了明显的向外扩张的愿望并付诸实际；而同期的中国，在技术水平和国家财政都更加富足的情况下，即使完成了郑和七下西洋这样的壮举却从未表现出这种武力拓殖的倾向。阿瑞吉等人则从当时两个最重要的世界区域内部结构以及相互间关系的差异入手做出了解释。

结构上的原因在于，欧洲各国间维持了长期的均势，缺乏一个明确的治理中心，这导致了欧洲各国竞争的激化和欧洲国际体系的无政府状态；而在东亚，中国的核心地位是无法撼动的，它主导着朝贡贸易体制，建立稳固的等级秩序，保证了这一世界区域在长时间内的秩序稳定，从而也固化了其既定的发展路径而缺乏变革的动力。欧洲不断升级的竞争导致国家的财政紧张，

---

① ［美］彭慕兰：《大分流——欧洲、中国及现代世界经济的发展》，史建云译，南京：江苏人民出版社，2003年版。
② ［美］乔万尼·阿瑞吉、许宝强、孔浩烽、马克·塞尔登：《资本主义的历史——东方和西方》，［意］阿里吉、［日］滨下武志：《东亚的复兴——以500年，150年和50年为视角》，马援译，北京：社会科学文献出版社，2006年版，第335页。

这使得统治阶级更加依赖由富有的商人阶层所掌握的流动资金。正如韦伯所指出的那样:"(欧洲)各个国家不得不为流动资本而展开竞争,而流动资本则向这些国家强行规定了帮助其获取权力的条件……这样,封闭的民族国家给资本主义提供了发展的机会——只要民族国家不让位给一个世界帝国,那么资本主义也会持续不衰。"[①] 这一过程,在热那亚周期中已经初现端倪,在荷兰周期中就表现得相当明显,到了英国周期的后期阶段,资本积累的逻辑(MCM')就已经开始在与领土逻辑(TMT')的竞争中占据上风。资本积累和领土扩张都被置于严格的资本逻辑之下,并且获得了一种自我强化的机制,直接或间接地成为这些地区技术和制度革新的主要推动力量,并最终使欧洲体系获得了全球霸权。在中国则相反,虽然中国有着高度发达的商业技巧和商业文明,拥有数量巨大的商人资本家群体,但始终不曾发展为布罗代尔意义上的垄断资本主义和政治资本主义。他们在东亚朝贡贸易体系的夹缝间生存,建立了普遍的商业贸易网络,保持了旺盛的生命力,并在历次的或长或短的东亚复兴浪潮中扮演着关键的角色。

第二个原因则涉及两个世界区域在贸易关系上的不对称性。在整个现代化早期阶段,东西方间的贸易是极度不平衡的,东方长期处于出超地位,并且东方对远程贸易的依赖也远远小于欧洲,尤其是地中海世界对这种贸易的依赖。因此,在中世后期,因蒙古帝国瓦解而造成的东西方陆路贸易线路的中断对东亚的影响就远远小于对西方的影响。这种影响迫使后者以更大的热情去开辟通往东方世界的海上通道。作为一个意外的收获,美洲"被发现",欧洲不仅找到了进入亚洲市场的新途径,而且在大西洋地区还发现了另外的财富和权力之源。这种新的财富和权力与欧洲已经发展起来的资本主义自我强化机制的结合,最终导致了在几个世纪之后东西方发展路径上的巨大分流。

(2)东亚的勤劳革命

东亚稳定的体系结构以及它在世界经济中所处的优势地位都使得其在发展和演变过程中存在一种明显的路径依赖,缺乏一种类似西欧工业革命的突破性发展。但这种较低水平的增长绝不意味着陷入马尔萨斯式的低水平均衡增长陷阱中。在16—18世纪,东亚人口实现了持续的增长,生活水平也稳

[①] Max Weber : *General Economic History*, New York: Collier, 1961:247-249. 转引自阿瑞基:《漫长的20世纪》,姚乃强、严维明、韩振荣译,南京:江苏人民出版社,2001年版,第15页。

步提高。在杉原薰看来，东亚之所以能够做到这一点，在于它通过劳动力吸纳型制度（labour-absorbing institutions）和劳动密集型技术（labour-intensive technology）成功地解决了人地关系紧张的资源约束问题，并开辟了东亚独特的工业化道路，①也即速水融所谓的东亚勤劳革命（industrious revolution）②；同时，速水融将与之对应的英国的发展定义为工业革命（industrial revolution）之路。速水融用下图表示了这两种发展道路的差别。

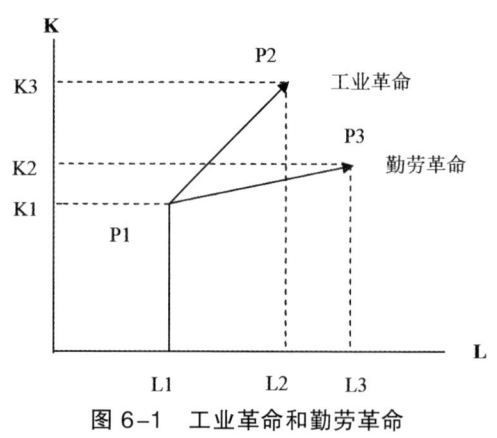

图 6-1　工业革命和勤劳革命

资料来源：[意]阿里吉、[日]滨下武志等：《东亚的复兴以500年，150年和50年为视角》，第103页，图3-1.

从生产函数的角度看，这两条道路的实际区别表现为经济发展中资本和劳动这两个变量的不同组合。工业革命的道路更加依赖于通过资本（和资源）投入的方式来获得经济增长，而勤劳革命则采取投入更多劳动的方式来达到同样的目的，体现出劳动密集和资源、资本节约的特点。另外一个隐含在图中的结论是，勤劳革命追求的是土地产出的最大化，但在提高劳动生产率上效果有限；工业革命则相反，它的主要目的在于提高劳动生产率。这很可能是19世纪东西方发展出现大分流的一个关键原因。但无论如何，我们不能简

---

① [日]杉原薰：《东亚经济发展之路》，[美]阿里吉、[日]滨下武志：《东亚的复兴——以500年，150年和50年为视角》，马援译，北京：社会科学文献出版社，2006年版，第101-106页。
② 速水融的勤劳革命概念是在将德川幕府时期的日本与工业革命时的英国对比中得出的，但这一概念同样适用于同一时代的中国，杉原薰就将它用于分析中国的情况，因此我们在本书中更加宽泛地使用了东亚的勤劳革命这一表述。

单地将 19 世纪后的东亚发展视为停滞，尤其是不能简单地与马尔萨斯式的低水平均衡相对应；即使要用停滞一词，它对应的也应该是伊懋可的高水品均衡下的停滞。

（3）劳动密集型工业化

两种不同的发展道路导致在其后迅速推进的工业化进程中东西方技术模式的显著差别。在西方，工厂制度被发展起来，通过不断细化的单位内技术分工以更有效地整合资本、技术和劳动之间的协调关系，实现了劳动生产率的大幅提高，并在其上建立起严格的官僚管理体系以监督从生产到销售的全过程，最终实现了从工厂制到大公司制的转变。但在同期的东亚，以日本为代表的东亚工业化进程明显地向着劳动密集型工业化的道路上转进。明治维新后国家主导下的工业化着眼于充分发挥劳动密集型技术的长处，进行传统工业的现代化改造，并有选择和改良地将西方技术有意识地纳入本土化的工业体系中。

不能说东亚的这一发展道路是失败的。迟至 20 世纪早期，中国和日本的纺织品在国际上都具有相当的国际竞争力，即便是在与兰开夏郡和其他西方厂家的竞争中也并未处于下风。马克思和恩格斯曾有过一个著名的论断：（资本主义）商品的低廉价格，是它用来摧毁一切万里长城、征服野蛮人最顽强的仇外心理的重炮。事实却是，即使英国人用炮舰将中国政府保护国内市场的法令完全摧毁之后，英国工业制成品在与中国同行的公平竞争中仍然占不到什么便宜。直到输入鸦片之后，英国人才最终找到了"可以卖给中国人的东西"。西方在军事上的优势以及它们为所欲为地应用这种优势的行动才是从 19 世纪开始东亚全面衰落的主要原因。它们运用这种优势，摧毁当地的工业体系，在发达的西方国家与东亚及其他发展中国家之间建立一种固化的不平等的国际劳动分工模式。其中，西方国家垄断了高技术和高附加值的工业，而后者则在劳动密集型的工业方面具备了一定的竞争力。后者在这方面的选择，即是基于自身资源禀赋的考量，但更重要的还在于西方列强主导下的国际政治秩序和国际分工体系所施加的限制。

"二战"以后，国际政治——经济秩序的改变使得日本在美国的庇护下实现了重工业化。即便如此，东亚勤劳革命的影响仍然在此一时期的日本重工业化进程中发挥着重要的作用。日本率先实现了西方技术与东亚人力资源优势的结合。在杉原薰看来，这种融合相比于以美国为代表的资本和资源密集型道路，以及东亚早期的劳动密集和资源节约型工业化道路都更富有前景。

在"二战"之后的60年间,因日本经济发展的滚雪球效应,这一模式在东亚实现了投资和劳动力的联动循环,促进并延续了该地区的经济增长。①图6-2简单地表示了东亚发展的这一扩张过程。

从杉原薰的观点来看,"二战"以后东亚的发展模式具有全球性的意义。它既是大多数发展中国家能够实现工业化的一条有效途径,同时也表明了扭转全球收入差距的可能。工业革命之后西方发展路径代表了一种生产的奇迹,它建立在西方资本支配的不平等的积累体制之上;东亚的崛起则代表着一种分配的奇迹,它表明一种更加公平的分配方式是可能的,这将使得经济发展的好处能够被更多的群体分享。

在我们看来,杉原薰的上述结论可能过于乐观了。卡赞斯坦同样针对东亚技术变迁的研究向杉原薰的这一预言提出了挑战。卡赞斯坦并不认为日本开创的发展道路是一条通向地区和全球性的国家间更加平等的发展之路。相反,他认为日本经济的迅速发展,来源于并重复了东亚地区比欧洲更加等级化的劳动分工特点。②

两人的结论在经验上都能获得相应的支持,这取决于从何种层次出发来对之进行解读。从体系层面来看,东亚经济在过去60年来的发展的确对改变全球经济的不平等贡献巨大,如果在发达国家与发展中国家的比较中抽离东亚国家和地区,我们将得出完全相反的结论。并且东亚地区也已经成为全球资本积累的一个主要中心,东亚国家手中所持有的大量外汇储备,以及选择以何种方式来运用这种储备,对于全球经济秩序的稳定或者变革而言都是一个关键性的变量。但就地区层面而言,东亚国家和地区之间的收入鸿沟自20世纪80年代以来一直在扩大,至今仍是世界上不平等程度最严重的地区之一;这种情况甚至在同一国家内部——比如中国也出现了。更加紧要的是,东亚迟迟未能完成地区内的政治经济整合,即便是那些在经济发展上成就巨大的国家,如日本和韩国在政治和军事层面仍然处于依附性的地位。东亚国家和地区间因历史和领土等方面的巨大分歧和争议也对这种地区整合造成进

---

① Terutomo ozawa: "Foreign Direct Investment and Structural Transformation: Japan as a Recycler of Market and Industry", *Business and the Contemporary World*. 1993.Vol2. pp.129–150.
② [美]皮特·J.卡赞斯坦:《日本,技术与亚洲地区主义的比较分析》,[意]阿里吉、[日]滨下武志:《东亚的复兴——以500年、150年和50年为视角》,马援译,北京:社会科学文献出版社,2006年版,第271-313页。

一步的障碍。所有这些都对未来局势的演变注入了巨大的不确定性,现在就断言哪种趋势最终将赢得未来,的确为时过早。

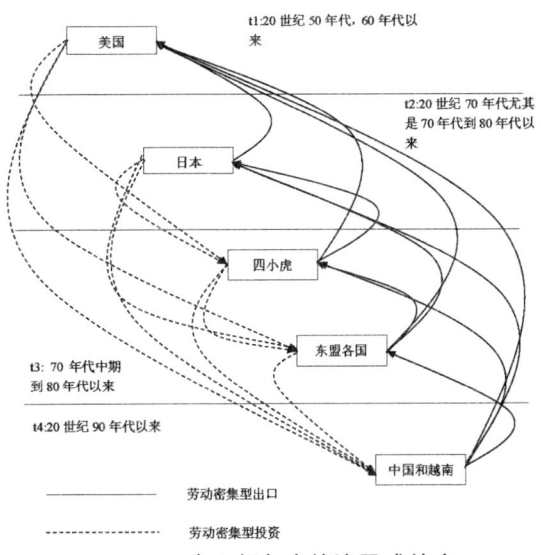

图6-2 东亚崛起中的滚雪球效应

资料来源:Terutomo ozawa. "Foreign Direct Investment and Structural Transformation: Japan as a Recycler of Market and Industry", Business and the Contemporary World. 1993. Vol2. pp.143.

或许正是意识到了东亚作为一个整体内部所具有的这种多样性和非一致性,阿瑞吉最后跳出了东亚整体框架,而以中国为中心来展开其对资本主义世界体系未来走向的分析。这也是本书最后一部分的工作,但与阿瑞吉不同的是,我们将把阿瑞吉所划定的中国发展的当前阶段再做一次区分,以1978年为界划分为前后两个阶段展开分析,并且这种分析更以资本积累为中心。

二、中国的资本积累:1949-1978

1949—1978年间中国的资本积累体制与计划经济体制高度相关,但它本身有一个发展的过程。在1949—1952年,对官僚资产的接收具有剥夺式积累的特征。这部分资产构成了新政权开始新的经济实践时最重要的物质基础;在1952—1956年间以"一化三改"为特征的过渡时期总路线则以和平赎买的方式实现了对个体和私营经济的改造,完成了资本向国家和集体的高度集中,"三改"的完成夯实了"一化"的物质基础,同时为其后进行的计划体制下的资本积累奠定了组织和制度基础。同期以156个工业项目为代表的苏联对华援助则构成了此一时期中国资本积累的另一个重要来源。从比较的角度来看,苏联对华援助在性质上类似于战后美国分别针对西欧和日本的马歇尔计划和道奇计划。虽然这一援助仅仅持续了数年便因为中苏两国关系的交恶而终止,但其遗产仍对中国的工业化进程产生了深远的影响。中国能在建国后较短的时间内实现由农业国向工业国的转变,建立完善的工业体系,都直接或间接地受惠于这种援助。苏联对华援助终止后,中国开始了艰难的自主工业化进程。我们将这一时期的积累体制命名为"计划式积累",对于其含义将在下文中展开。

1. 剥夺式积累与新民主主义改造

1949年中华人民共和国的成立揭开了中华民族发展历程中崭新的一页。然而持续一个多世纪的动荡和战争几乎摧毁了国家的经济基础。在较短的时间内恢复国民经济成为执政党面临的最急迫的任务。早在抗战还未结束的时候,毛泽东等中共领导高层就已经开始思考胜利之后的中国该如何发展经济。在1944年同美军观察组成员谢韦思的多次谈话中,毛泽东表达过在中美两国间进行经济合作的构想。从中国现有的物质条件出发,毛泽东认为:在中国,工业化只能通过自由企业和在外国资本帮助之下才能做到;中国可以为美国提供"投资场所"和重工业产品的"出口市场",并以工业原料和农产品作为美国投资和贸易的"补偿"。[①] 但战后国际局势的演变和冷战秩序的建立使得这种可能化为乌有。美国对华采取的极端敌视政策——外交上孤立,经济上封锁,军事上包围,政治上颠覆,使得中国共产党于1949年确立了向苏联"一边倒"的外交方针。之后朝鲜战争的爆发更加强化了这种趋势。

从资本积累的角度看,1949—1952年间对旧有官僚资本的接收造就了一批国营企业。这些资本集中于交通、金融、原材料、机械等战略性行业。在新中国成立前夕,以家族资本和派系资本为特征的官僚资本控制了全国银行

---

① 董志凯等:《延安时期毛泽东的经济思想》,西安:陕西人民教育出版社,1993年版,第114–115页。

总数的 70%，产业资本的 80%，控制了全部铁路、公路、航空运输以及 43% 以上的船舶吨位。据新中国建立初期的清产核资统计，全国国营和公私合营企业资产原值为 191.6 亿元，其中大部分为没收和接管的原国民党官僚资本的资产；而 1948 年全国 12.3 万户民族工业企业资产净值仅 20.08 亿元。① 对这些行业的接管具有剥夺式积累的特点，它们构成了新政权开始新的经济实践时最重要的物质基础。

但新政权对当时仍然举足轻重的私营经济则予以了保留。1950 年，私营经济尚占工业总产值的 52%，商业总零售额的 85%，外贸总额的 33.47%。② 私营经济主要集中在与人民生活息息相关的轻工业和流通领域，从维护社会稳定的角度出发，新政权对之采取了审慎的态度。同时，积极推进土地改革，造就了一个庞大的农业个体经济。至此，国营经济、私营经济和个体经济之间形成一种三足鼎立的局面，快速地实现了国民经济的恢复。这种平衡促成了所谓新民主主义经济秩序。新政权在 1949—1952 年的行事方式更像是一个凯恩斯主义者而非斯大林主义者。③

2. 社会主义改造阶段的和平赎买

1950 年，朝鲜战争爆发。战争本身以及它所产生的持续影响在很长一段时间内都成为影响新政权经济决策的重要变量。从世界局势来看，它使得新政府在苏联和美国之间取得某种平衡的可能性彻底消失，不得不奉行对苏联的"一边倒"策略；从对国内经济政策的影响来看，战争打破了之前在国营、私营和个体经济之间建立起来的微弱平衡。战时经济要求国家建立起对国民经济更加严格和直接的控制，并更加倾向于优先发展重工业。而苏联恰恰为中国的工业化提供了一个最佳的范本。这使得新政权随即开始了对苏联经济政策的全面效仿。

---

① 董志凯：《1949-1952 年中国经济分析》，北京：中国社会科学出版社，1996 年版，第 28-30 页。
② 董志凯：《1949-1952 年中国经济分析》，北京：中国社会科学出版社，1996 年版，第 318 页。
③ 高原：《经济结构的形成与变迁——1949-1952 年中国的经济实践》，http://www.21bcr.com/a/shiye/lishiguan 2010/0809/1333.html。

1953年，以"一化三改"为主要内容的过渡时期总路线全面推行。改造的目标直指手工业、农业和资本主义工商业。到1956年，私营经济已经基本消失，而集体化也使农业个体经济成为过去。邓小平曾指出："我国资本主义工商业社会主义改造的胜利完成是我国和世界社会主义历史上最光辉的胜利之一。"① 它成功地将马克思、恩格斯提出的对资本主义所有制进行"和平赎买"的设想变成了现实。

　　从资本积累的角度来考察社会主义改造，我们强调其两方面的作用，一是它直接促成了资本向国家的集中，增大了国家直接掌握和支配的资本规模，为我国进行大规模的社会主义建设创造了条件。尤其是为实现这种集中所采用的"和平赎买"方式，具有典型意义。其二，通过这种改造建立起全面的公有制，为计划经济体制的建立奠定了基础，为国家动员全国经济力量和人员提供了制度保障，它同时还为我们所定义的"计划式积累"体制的建立提供了组织和制度的保障。而这种积累体制，是苏联停止对华援助之后，中国的工业化进程得以继续推进的主要原因。

　　在此，有必要强调一下作为公有制组成形式的全民所有制和集体所有制的区别。首先这两种所有制在部门间的分布极为不同，全民所有制集中在工业部门，是国家倾力发展的部门，而后者则在农业部门中占据了主导地位，虽然其发展本身是落后的，却被赋予了向工业部门输送资本的任务。在1958年中共中央关于在农村建立人民公社的决议中写道，人民公社带有全民所有制成分，并且这种成分"将在不断发展中继续增长，逐渐代替集体所有制"。因此，不能在农业集体化与农民合作经济组织之间划等号。集体所有制从一开始就处于国家的控制之下，并不意味着国家对集体所有制采取了较为宽松的国家控制形式。恰恰相反，通过在农村经济中设置党和行政的基层组织，新兴政权改变了自古以来"皇权不下县"的治理传统，加强了对农村的管理。周其仁曾指出："集体所有制与全民所有制的真正区别，在于国家支配和控制前者但并不对其控制后果负直接的财务责任。但国家控制全民经济时，却以财政担保其就业、工资和其他福利……概言之，集体公有制既不是'共有的、合作私有产权'，也不是纯粹的国家所有权，它是由国家控制但由集体来承受其控制结果的一种农村社会制度安排。"② 在周其仁的分析中，这一产权安排

---

① 《邓小平文选》第二卷，北京：人民出版社，1994年版，第186页。
② 周其仁：《中国农村改革——国家和所有权关系的变化》(上)，《管理世界》，1995年第3期。

完全被描述为一种单纯为截取农村剩余而做出的制度安排。我们不怀疑这的确是这一制度设计的最主要动机，但不认同将其视为唯一的动机。在我们看来，这更像是一种带倾向性的再分配机制，它服从于当时国家的工业化优先发展的战略，但并不意味着国家放弃了对农村的责任。否则，我们将无法解释整个计划经济时代在普及基础教育和提高人民生活水平方面取得的巨大成就。政府在全国范围内开展了广泛的识字运动，大量投资基础设施，大大降低了中国的文盲率。中国在医疗卫生领域采取了"低成本、高覆盖"的政策，改善了人民的基本健康水平。以反映健康水平的婴儿死亡率为例，建国初期（1950—1954年），中国的婴儿死亡率男性和女性分别为千分之一百四十六和千分之一百三十，到1978年，两者分别下降为千分之四十四和千分之三十八，而印度到2000年之后才达到这个水平。[1] 在阿瑞吉看来，这些成就才是中国改革开放过程中比较优势的真正基础。

3. 苏联对华援助

苏联的对华援助构成新中国建国后资本积累的另一个来源。1949年，毛泽东亲赴莫斯科访问，中苏双方在签订《中苏友好同盟互助条约》的同时也签订了关于苏联贷款和经济援助的协定，这标志着中苏双方在对华经济援助上达成共识。在此后的数年间，双方就此展开了多轮协商和谈判，苏联对华的经济、技术援助也陆续开展。这些援助在今天被习惯性地称为苏联对华的"156项"援助计划。[2] 这些项目大多集中在中国急需的煤炭、电力、钢铁、有色金属、化工、机械和军工等重工业部门。[3] 这些援助并非完全无偿，并有其特殊的历史背景。但毋庸讳言的是，它奠定了中国工业，特别是重工业的现代化基础，其意义绝非仅仅单纯的通过计算中国所获得的物质资本而得到客观的评价，更重要的意义在于，它使得中国完成了人力资本、技术和知识的早期积累。这是在对华援助终止之后，中国的工业化进程得以继续推进的又一个重要原因。

---

[1] 姚洋：《中国道路的世界意义》，《国际经济评论》，2010年第1期。
[2] 董志凯：《关于"156项"的确立》，《中国经济史研究》，1999年第4期。
[3] 钟魏：《战后初期苏联对中国的经济援助》，《法制与社会》，2008年第11期（下）。

4."计划式积累"与中国的工业化

从 1956 年开始,中苏两党两国关系逐步恶化,最终导致苏联在 1960 年全面终止对华经济技术援助。在不到一个月的时间内,苏联政府不但撤走了正在中国工作的 1390 名专家顾问,而且片面撕毁了中苏两国政府签订的 12 个协定和两国科学院签订的 1 个议定书以及 300 多个专家合同和合同议定书,废除了 200 多个科学技术合作项目。① 在因冷战和朝鲜战争切断了与西方世界的联系之后,中苏关系的交恶又恶化了中国与社会主义阵营的正常联系,迫使中国不得不主要采用我们所定义的"计划式积累"的方式来完成国家的工业化。

(1)计划剩余与"计划式积累"方式

"计划式积累"这一概念的提出受到巴兰和斯威齐的启发。二人在 1966 年出版的《垄断资本》一书中提出用经济剩余的概念来分析美国垄断资本主义的困境和出路。② 在巴兰的理解中,经济剩余指一定时期中总产量与消费量之差。经济剩余分为三种类型:实际经济剩余、潜在经济剩余和有计划的经济剩余。对巴兰而言,他所重视的是潜在剩余的概念,指的是在一定自然条件和技术条件下,利用可获得的生产资源所可能生产出来的产品和可认为必须消费品之间的差额。③ 有计划的剩余是指在社会主义经济中,在所有资源可以有计划地得到充分利用的情况下,生产出来的最优产量与最优消费量之差。但是,在巴兰和斯威齐的研究中,计划剩余是一个未得到充分展开的参照性概念,我们则借用这个概念来表达中国在计划体制下所采取的特殊的积累方式,并且不具有"最优"的含义。在此处,"计划式积累"被界定为一种社会的积累方式,特指在国家主导下,农业部门在自身积累尚且不足的情况下,通过多种方式向工业部门进行直接或间接的"剩余"输送,支持工业部门的资本积累。说这种积累并不具有"最优"的性质,是因为当时的农业部门在自身尚需要进行资本积累的情况下,它所产生的剩余却在国家计划的

---

① 罗念龙:《当代中国外交》,北京:中国社会科学出版社,1988 年版,第 117 页。
② 经济剩余这一概念由巴兰在 1953 年的《经济进步和经济剩余》中提出,并在 1957 出版的《增长的政治经济学》一书中做出全面、系统的阐述。
③ [美]巴兰:《增长的政治经济学》,蔡中兴、杨宇光译,北京:商务印书馆,2000 年版,第 70 页,第 107 页。

安排下以自愿（非强制）或非自愿（强制或半强制）的方式转移到了工业部门。国家从整个社会发展的长远目标出发，通过牺牲一部分群体（农民）、部门（农业）的做法，支持和促进了另一部分群体（工人阶级）和部门（工业，特别是重工业）的发展。通过这一发展战略，一方面，中国在几乎与"两个世界"完全隔绝的情况下，独立自主地依靠自身积累，建立起了完善的工业体系，奠定了改革开放后经济快速发展的物质基础；另一方面，它所产生的一些负面影响，至今仍在影响着中国的经济转型。

（2）"计划式积累"的方式与数量

20世纪90年代，李溦在《农业剩余与工业化资本积累》[①]一书中对中国这种独特的积累方式、数量及时间长度等方面做了专门的研究。李溦等人认为，税收、工农产品价格剪刀差和储蓄构成了农业部门向工业部门进行剩余输送的主要方式。前两种具有强制和半强制的性质，而后者则是自愿的转移。在这三种方式中，"剪刀差"这种隐形的输送方式占据了最主要的份额。李溦等人按可比劳动力法对这种转移进行了定量研究。研究结果显示，在1952—1990年间，中国农业通过"剪刀差"方式为工业化提供了高达8708亿元的资金积累，平均每年达223亿元。再加上农业税收而转移的1527.8亿元，和通过储蓄转移的部分，在这个工业化的前中期阶段，农业部门为工业化提供了高达万亿的资本积累。没有农业的这种贡献和农民群体做出的集体牺牲，我国工业化能发展到今天这样的水平是不可能的。[②]

然而，这种发展战略在今天却遭遇了诸多的责难，并被认为是当今诸多社会问题的历史根源。这反映出学界中普遍存在的一种将共和国六十年发展割裂开来的倾向，问题都是前三十年的，而成绩都是后三十年的。这实在是对历史的阉割，而且还是双重的阉割。既没有看到共和国六十年历史发展的延续性，特别是前三十年为改革开放打下的坚实基础——不仅仅工业化的基础，也包括打下的国际政治基础和全体人民普遍的素质的提高；同时也完全忽视了中国不得不做出这种痛苦的"计划式积累"的体系环境。毕竟，冷战的铁幕并非由中国所开启，朝鲜战争更非中国军队所挑起。

---

① 李溦：《农业剩余与工业化资本积累》，昆明：云南人民出版社，1993年版。李溦在该书中并未使用"计划式积累"这一概念。
② 冯海发、李溦：《我国农业为工业化提供资金积累的数量研究》，《经济研究》，1993年第9期。

从 19 世纪开始，中国所主导的朝贡贸易体系完全崩溃，东亚地区丧失了作为一个世界区域的相对独立性，在西方世界的炮舰政策之下，东亚以被动的方式融入资本主义世界体系中。一个多世纪以后，在美国体系积累周期中，东亚部分国家和地区以部分让渡国家主权和独立性的方式赢得了经济的快速发展，中国则因为坚持国家主权和经济的独立，先是被一条冷战的分割线隔离在西方世界之外，后又因中苏关系的恶化而切断了与社会主义阵营的正常联系。一个多世纪前的被动融入与半个多世纪前的被迫隔离，对于中国来讲都不是主动做出的选择。前者导致了中国在近代的长期衰落，而后者则在极为艰难的环境下，取得了巨大的成功，并为其后的改革开放打下了坚实的基础。从 20 世纪 70 年代末期开始，体系环境的转变促使中国第一次以主动的态度选择参与到全球化的浪潮中；三十年后，它已变得更加自信，当世界开始用"中国奇迹"或"中国模式"来指称这一成就时，这里面的确包含了更多褒奖的成分；对于那些对中国的发展寄予更多厚望的人——比如阿瑞吉而言，中国的成功，以及导致这种成功的独特发展路径中更有可能蕴含着改变当今不平等体系的希望。

三、中国崛起的根源：1978-2012

截止目前，经济学术界甚至更为广泛而言的思想界对于改革开放以来所谓"中国奇迹"的关键驱动力依然呈现相互对立的解读，对作为"客观事实"的"中国奇迹"的社会后果的评价也有着截然不同的态度。对于中国改革开放成果的取得，较为激进的左派经济学家们认为，中国经济之所以能够在三十多年的改革实践中取得巨大进步，所凭藉的依然是建国以来国家权力主导下的对基层民众的制度化掠夺，依靠对廉价劳动力和自然资源的破坏性开采——即某些新古典经济学家之所谓"比较优势"的透支。在此基础上，一方面对外开放，进行大规模的招商引资，另一方面则继续采用"集中力量办大事"的计划经济体制，并辅以大规模的财政扶持、放权让利等权力再分配手段，充分发动基层的逐利动机，在短期间内使中国成为世界投资规模最大、增长速度最快的发展中国家。沿着这样的思路分析下去，则不难想见，激进的经济学家们对改革开放三十多年的所谓"奇迹"多少抱有负面的评价，并认为这一实践是当前各种社会—生态危机的总根源,对这一模式在未来的可持续发展前景也抱有怀疑的态度。

与此相对立的则是新古典主义的推动者和信奉者们,习惯于将"中国奇迹"描述为依靠制度创新和市场化逐步得以实现长期经济增长的经典案例。世界银行、国际货币基金组织和美国财政部都夸耀说,自1980年代以来伴随中国经济增长而出现的世界收入不平等和贫困的减少,都可归因于中国坚持了其开出的药方。然而,和中国比较起来,拉丁美洲、沙哈拉沙漠以南的非洲地区和俄罗斯更加坚信新自由主义的信条,却遭受了一系列长期的经济灾难和社会动荡。[①] 这多少削弱了新自由主义信条的有效性。这些机构和学者同时试图让我们相信:只要坚持改革的市场化取向,则现实中已经产生的各种社会经济问题,也都会自动解除。他们在回答质疑者或民众的诘难时的标准答案即如吴敬琏曾经表述过的:所有的问题都不是改革本身造成的,而是改革不彻底之故。因而,他们对于目前在经济领域表现出来的国进民退等现象常常感到"痛心疾首",而对诸如生态环境恶化、血汗工厂、贫富分化、劳资对立、贪污腐败等社会—生态矛盾问题所开出的一揽子方案更可简单到用一句话来总结,即一方面进一步按照新古典主义的基本要求扩大市场化范围,同时按照新制度学派的理论推进产权清晰化(现实的含义则是私有化)。

观点对立如此,究竟孰是孰非?显然,对这一问题,任何客观的研究者都清楚不能非此即彼地完全赞同一方而彻底地否定另一方。实际的情况很可能是,激进经济学家眼中三十年改革所积累起来的社会—生态危机和新古典学派笔下的经济奇迹其实都是中国经济发展所带来的结果,对其解读要求我们重新梳理中国崛起的根源与动力——它不是凭空掉下来的,而是植根于共和国前三十年乃至更长时间的历史进程之中,同时也与体系环境的变化高度相关。

1. 中国崛起的社会根源

在对中国改革开放三十年发展经验的总结中,一个普遍被接受的说法

---

① [美]乔万尼·阿里吉:《亚当·斯密在北京——21世纪的谱系》,北京:社会科学文献出版社,2009年版,第357页。

是，成功建立在出口导向型的发展模式上，而这个模式之所以能成功是因为中国有低成本的劳动力优势。[①] 不管是林毅夫从发展经济角度，还是周其仁从制度经济学角度对之做出的肯定性分析，还是如秦晖等对这一模式持否定态度的学者，对这一结论都鲜有异议。然而，阿瑞吉则对这一主流看法提出了挑战。在其遗作《亚当·斯密在北京——21 世纪的谱系》一书中，阿瑞吉给出了他的看法。在阿瑞吉看来，在当下美国主导的世界体系中，中国的成功不是因为其劳动力成本的低廉，而是因为中国的劳动力素质比其他发展中国家更高。这种高素质人力资本的形成主要应从历史中去寻找答案，既包括长期的小农经济历史，也包括革命和社会主义建设时期的历史。

（1）小农经济与中国的人力资本

阿瑞吉对中国高素质的人力资本形成的分析与杉原薰提出的"勤劳革命"具有很大的联系。东亚地区人地关系的高度紧张诱发了东亚经济发展过程中的"勤劳革命"，以求通过对人力的不断挖掘以更有效地利用有限的土地和资源。对经验和学识的特别推崇成为东亚农耕社会，尤其是深受中华文明影响的儒家文化圈中特别重要的一种特质。这种对人力资本的挖掘和提升不是通过现代意义上的学校教育和技能培训实现的，而是蕴含在日常的生产劳作中，具有"干中学"的性质。

按照贝克尔关于人口的数量—质量消长理论，一个国家的人口数量多了，人口的质量就会下降。然而，东亚的经验与此明显相悖。要解释这一悖论，就需要从东亚小农体系中不同的劳动分工格局入手。

东亚的小农家庭构成一个独立的生产单位，并长期持续。其内部基于性别和年龄差别而发展起来的分工格局同样保持了长期的稳定，延缓了向更加细化的社会分工和内部分工发展的趋势。就像当代企业一样，小农家庭要预测未来的市场行情，制定作物生产计划，理解生产的全过程以及影响生产的外在因素，规划劳动力投入，掌握在市场上出售产品的最佳时机等。不仅如此，它还是一个完整的消费单位，在生产技术低下、产量不高的情况下，它必须谨慎地计划一年的消费，保证在青黄不接的时候一家人不至于挨饿。[②] 要解决这些综合性的问题，对家庭决策者及其成员的知识、经验和技能都提

---

① 姚洋：《亚当·斯密在北京——重看中国的小农经济》，《乡音》，2009 年第 11 期。
② 姚洋：《小农体系和中国长期经济发展》，《读书》，2010 年第 2 期。

出了非常高的要求。家庭成员通常从其前辈处获得这种知识、经验和技能的积累，并且也将之传向后代。

将这一分工模式和西欧对比，我们能获得更直观的印象。在西欧，分工向着逐步细化的方向发展，并对劳动力素质造成了严重的损害。虽然亚当·斯密在《国富论》中赋予分工如此重要的地位，以至于熊彼特曾感叹：无论在斯密生前还是死后，没有任何人像他那样赋予分工如此沉重的负担。在斯密那里，"它几乎成了经济进步的唯一因素"[1]。但实际上，斯密已经注意到了分工的负面影响。斯密谈到，工人日复一日地从事简单的操作将使他没有机会发挥理解力或运用创造力，也就自然地丧失了运用这些能力的习惯，往往变成了最愚钝、最无知的那种人。而"在所有经过改良的文明社会，这是穷苦的劳动民众即大多数民众必然陷入的状态，除非政府做出某些努力来阻止它"[2]。然而在中国，小农家庭在长期的社会动荡中保持了其历史的延续性，也使得世代相传的技能和知识得以传承。小农家庭中的个体可能并未经受过系统的学校教育，甚至很可能还不识字，但多方面的劳动实践和技能培养使之足以胜任多方面的工作，更重要的是，他们继承了在实践中学习的传统。

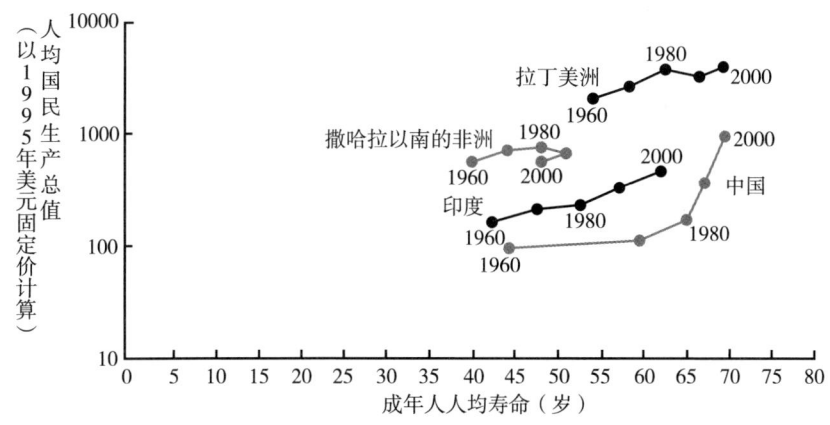

图 6-3　人均国民生产总值与成人人均寿命

资料来源：乔万尼·阿里吉：《亚当·斯密在北京——21世纪的谱系》，路爱国、黄平、许安结译，北京：社会科学文献出版社，2009年版第374页。

---

[1] Joseph Schumpeter, *History of Economic Analysis*, New York, Oxford University Press, 1954:187.
[2] ［英］亚当·斯密：《国民财富性质和原因的研究》第二卷，英文版，第302—303页。

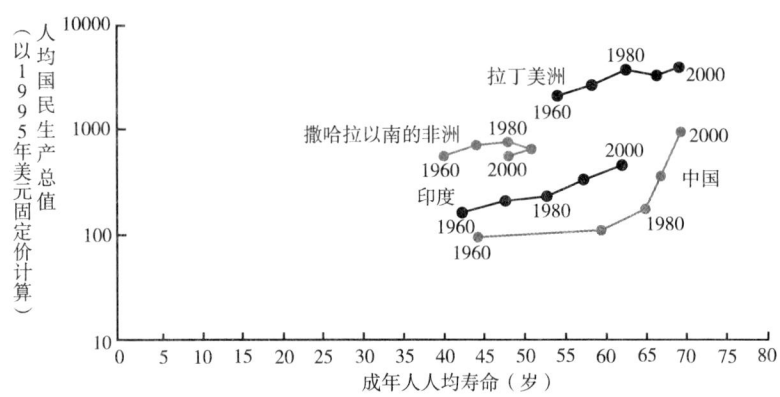

图 6-4 人均国民生产总值与成人扫盲率

资料来源：乔万尼·阿里吉：《亚当·斯密在北京——21 世纪的谱系》，路爱国、黄平、许安结译，北京：社会科学文献出版社，2009 年版，第 374 页。

在新中国成立之后，中国在人力资本开发上的这种传统优势被继承下来，并以建国初期在初级教育和基本医疗上所取得的非凡成就为基础，再次升级了这一人力资源的宝库。图 6-3 和图 6-4 对此做了简单的比较，从中我们可以看到，和经济发展水平大致相当的发展中国家比较起来，中国人力资本的真正优势体现在质量上，而非数量上；并且，这一优势并不是改革开放的结果，而是相反，改革开放受惠于这一历史遗产。此外，长期以来的革命传统、工业化和集体化的实践更赋予了这支劳动力队伍以严格的纪律性和组织性。在改革开放之后，特别是 20 世纪末期开始的高等教育的逐步普及更加完善了这种优势，从而为中国经济的转型奠定了新的基础，即便是在全球范围内进行比较，中国的人力资本在质量上也具有相当的优势。在下面我们还将看到，这种巨大的人力资本在质量上的优势更因为在释放过程中的无剥夺的性质而获得了成本上的优势。

（2）中国人力资本的释放——无剥夺的积累

阿瑞吉借用了吉利莲·哈特（Gillian Hart，2002）在对南非和中国工业化的研究中创立的"无剥夺的积累"这个概念来描述中国工业化的主要战略。[①] 在我们看来，用这一概念来描述中国工业化的整体进程可能是存在偏颇的，但它的确抓住了中国改革开放后在劳动力释放过程中的主要特征。与

---

① Gillian Hart：*Disabling Globalization*，Berkeley: University of California Press. 2002.

此相对应，哈特将南非的工业化进程用"剥夺的积累"来描述。[①] 哈特的"剥夺的积累"和马克思的"原始积累"在含义上非常类似，即资本主义的工业积累是以一部分人——在英国资本主义早期，是广大的农民；在南非，是广大的黑人——的被剥夺为代价的。这种剥夺既造成了直接劳动者与生产资料的分离，也是资本积累在早期的一个主要来源。然而，在结果上，南非和英国的剥夺式积累是完全不同的。在马克思那里，这种剥夺既是资本积累的源泉，也为工业准备了大量的廉价劳动力，降低了资本主义生产的成本；在哈特那里，南非的"剥夺的积累"反倒提高了工业化的成本。[②] 两者的差别可以从不同的时代背景来加以理解。在马克思所处的时代，社会保障并没有成为社会的共识，农民变成城市工人之后，资本家没有义务为他们提供生活、教育和医疗等方面保障，因此，他们的保留工资仅仅维持在生存工资的水平。在南非，种族隔离剥夺了大部分有色人种的土地，把他们变成了无产者；在种族隔离解除之前，这降低了白人资本家获得土地的成本。但是，当种族隔离解除之后，政府必须给有色人种劳工提供和白人一样的社会保障。这样，有色人种劳工的保留工资上升，种族隔离期间对他们的剥夺反倒增加了种族隔离解除之后南非工业化的成本。

有南非相对照，我们便可以更好地理解中国在人力资本的释放过程中无剥夺的性质及其意义。20世纪80年代家庭联产承包制的推行在全国范围内确立了"集体所有，农户经营"的双层土地所有制度。这个制度受到许多新自由主义和新制度主义经济学家的批评，认为它对产权的界定是模糊的，有损效率。本书不涉入这一争议，而是重点分析这一制度对于中国的工业化进程所产生的影响。

用哈特的话来讲，这种制度为广大的农民群体提供了一种社会保障机

[①] 阿瑞吉在更早的时候表达了同样的思想。在发表于1966年的《罗的西亚的政治经济》长文和1973年的《历史视角下的劳动供给》等论文中，阿瑞吉分析了罗的西亚（今津巴布韦）农民全民无产阶级化后给资本积累造成的矛盾的途径。阿瑞吉发现，无产阶级化最终为资本主义部门带来了更多的问题而非有利条件。然而，只要无产阶级化是局部的，它就创造了非洲农民补贴资本积累的条件。参见 Arrighi, "The Political Economy of Rhodesia", *New Left Review*, Sep–Oct 1966; Arrighi, "Labour Supplies in Historical Perspective: A Study of the Proletarianization of the African Peasantry in Rhodesia", collected in Arrighi and John Saul, *Essays on the Political Economy of Africa*, New York 1973.

[②] 姚洋：《小农体系和中国长期经济发展》，《读书》，2010年第2期。

制，也就为工业化提供了一个"社会工资"，从而降低了工业化的成本。首先，它使得国家在几乎不需要多少投入的情况下就为全体农民提供了一种尽管不充分却全面而且稳定的社会保障。这对于处在发展初级阶段的国家而言，非常重要；其次，土地保障有利于农民的兼业工业化，在工业化的早期，这尤为重要。当哈特在20世纪90年代初访问中国农村的时候，她吃惊地发现，中国乡镇企业的发展如火如荼，在其中平均化的土地分配是支撑中国乡村工业化的重要前提。如果土地分配极端不平均，无地的农民就无法兼业，而只能依赖工厂的工资生存，这样就大大提高了工业化的成本。第三，在工业化的中期阶段，这一制度安排也使得农村剩余劳动力在进行跨区域转移时能够接受更低的工资水平。今天中国工业化所取得的成就很大一部分来自于农民工的贡献。从阶级分析的角度看，这一群体可被定义为"半工人阶级"。他们本人已经主要或全部在工业部门实现就业，但并未切断与土地的联系，其后代和老人则仍然依靠在农村的家庭提供抚养或供养。这意味着马克思所定义的劳动力的价值（它决定工资的水平）中的一部分：维持其他家庭成员和繁衍后代所必须的生活资料的价值的一部分或大部分可以通过这一制度被转嫁到由"半工人阶级"的家庭来承担，企业主可以向农民工支付更低的工资，加大剥削率。这很可能是中国工资性收入占国民收入份额长期维持在很低水平的一个关键原因。中国的农业、农村和农民至今依然在通过这种隐形的方式为工业化提供积累。

2. 中国崛起的政治根源

上述独特的产权安排并非社会各阶层和个人间自由契约的结果，而是由国家权力主导并监督实施的。这将我们引向对于中国崛起的政治根源的思考。在近年来逐渐热闹起来的对"中国模式"的解读中，尽管存在诸多的分歧，但国家权力的介入始终占据了非常重要的位置。我们用实用主义的中性政府[①]来解释国家权力对于经济生活的深度介入。

在姚洋的相关文章中，中性政府指不偏向于任何特定社会集团的利益，

---

① 姚洋：《中国道路的世界意义》，《国际经济评论》，2010年第1期。在该文中，姚洋将中国道路的特色归纳为四个特征，即社会平等、贤能体制、制度的有效性先于制度的纯洁性和中性政府。我们将后两项合并在一起用"实用主义的中性政府"来概括。

也不被任何社会集团所挟持的政府。这和资本主义世界体系中，政治权力和资本权力的高度融合形成了强烈的对比。在我们之前针对历史资本主义各个体系积累周期的分析中，这种融合一直是推动周期演变的主要动力。资本权力逐渐增强对于政治权力的影响力，并最终控制了政治权力，国家沦为资产阶级谋求资本利益的工具。但在中国，虽然在改革开放后选择了主动参与到这一体系中，但在政治权力和资本权力的互动中，政治权力相对于资本权力的主导作用被保留了下来。这不仅表现在政府对于发展战略的制定以及发展长期目标的设定上，同时体现在对广泛存在的各种利益集团的斗争中不预设特定立场，不倾向于任何一方。这不意味着它是一个慈善政府、一个好人政府。相反，中性政府具有强烈的利益诉求，并且也不排除政府对经济剩余的截取。因此，在实践中，政府的行为可能表现出明显的倾向性，在短期内做出有利于一个社会阶层而损害另一个社会阶层利益的制度安排和政策调整，但这种调整本身不是从特定阶层的视角出发，而是根据政府对国家长远发展规划做出的。

  这一性质决定了中国政府在制度设计、政策取向上严格的实用主义态度，这就是姚洋所谓"制度的有效性先于制度的纯洁性"的含义。但与姚洋不同的是，我们不认为这是改革开放之后中国政府施政独具的特点，它向来就是中国久远的国家治理的一个传统。它不仅仅体现在"摸着石头过河"的渐进式改革路径的探索和设计中，甚至在建国前后这个从时间上看非常短暂但发生了关键性变革的历史阶段中所进行的政策调整中体现出来。在解放战争时期，在中共的有关文献和毛泽东主席的论著中我们能够发现对于建设一个独立富强的现代中国的强烈渴望，但很难发现从单纯的意识形态出发对西方国家采取的敌视态度。在前文已经介绍了毛泽东早在抗战末期曾表达过依靠美国来实现中国的工业化的相关设想。[①] 然而，战后格局的迅速转变使这一设想已经无法实现，中共于是迅速调整了自己的政策。这种政策在今天被称为"意识形态挂帅"，并被认为与主要领导人的浪漫主义与理想主义气质高度关联。从形式上看，这的确具有浪漫主义和理想主义的特点，但我们想强调的是，在当时的体系环境之下，还有什么能比这种政策更能激励人心，进

---

① 董志凯：《延安时期毛泽东的经济思想》，西安：陕西人民教育出版社，1993年版，第114—115页。

行广泛的社会动员以开展独立自主的社会主义建设呢？在这种浪漫主义和理想主义的外表之下，隐藏着建设独立富强的现代中国的实用主义逻辑。不同的是，杜鲁门用共产主义的恐怖完成了对于西方世界的整合，开辟了美国资本进行物质扩张的体系环境；而毛泽东用共产主义的荣光启动了国民经济的重建进程，揭开了中国工业化崭新的一页。历史如此吊诡，却又遵循着一致的逻辑。本书从上述角度展开的解读并不意味着对这一政策正确性的充分肯定，它毕竟是在极为被动的条件下做出的一种选择，并且带来了很多负面的影响，有些影响甚至延续至今；对它的反思也仍在继续，并启发着今后的路径选择。我们做出这样的解读，仅仅是希望能够更加全面和客观地看待共和国六十多年的发展路径，尤其强调不能忽视体系环境对于做出这种政策调整的影响。在20世纪80年代之后，我们选择的空间更大，对经济社会发展规律的理解也更加深刻。有理由期待，中国的制度创新能够为中国，也为世界体系范围内的治理机制提供新的思路。

3. 中国崛起的体系环境

在本小节，我们将简约地讨论中国崛起的体系环境，尤其强调海外华人资本网络在其中发挥的关键性作用。如果说前两节的分析对于厘清中国崛起的人力因素和制度因素多少有所助益的话，那么本节的分析将廓清中国崛起过程中的另一个重要因素——资本的来源。在阿瑞吉建立的分析框架中，海外华人资本发挥了关键性的影响，他们既作为最早的投资者参与了中国的改革开放，也在后续的进程中扮演了其他外国资本进入中国的"媒人"的角色。[1]

在《亚当·斯密在北京——21世纪的谱系》一书的第11章，阿瑞吉详细考察了海外华人资本的起源，将之追溯到了中华帝国晚期阶段。[2] 其时，

---

[1] [美]乔万尼·阿里吉：《亚当·斯密在北京——21世纪的谱系》，北京：社会科学文献出版社，2009年版，第354页。
[2] 中华帝国晚期阶段在海外中国研究中是一个常用的术语，而中国传统史学通常按古代（秦汉之前）、中世（又分中世前期（汉—唐）、中世后期（宋—清末）和近代（鸦片战争—中华人民共和国的建立）作为划分标准。可参见：周谷城：《中国通史》，上海人民出版社，1957年版。两相对照，中华帝国晚期大致对应中世后期的后半段（明朝和鸦片战争之前的清朝）和近代的前半段（鸦片战争之后的清朝，截止辛亥革命中帝制的被推翻）。

东亚世界区域以中国为中心的朝贡贸易体制已经牢固地建立起来，由官方垄断和受到官方严格监视的朝贡贸易在其中占据主导地位，国家对商人采取的抑制政策压缩了民间贸易的生存空间。① 这迫使民间商人在帝国权力所及的范围之外开辟更加广泛的贸易网络。华人资本的海外扩张在朝贡贸易之外建立了广泛的跨国家商业网络，"其强大的适应性和持久的经济重要性在世界历史上几乎无与匹敌"②。即使在西方资本大举入侵的情况下，它们依然保持了旺盛的生命力，赚取着丰厚的利润。

在美国周期中，海外华人资本在日本所推动的多层次分包体系的跨境扩张（滚雪球效应和雁行模式）和美国公司在该地区寻找商业伙伴的活动中同样获益颇丰。当中国大陆在20世纪80年代重新参与到地区和全球市场时，它们在此寻找到了新的机会。

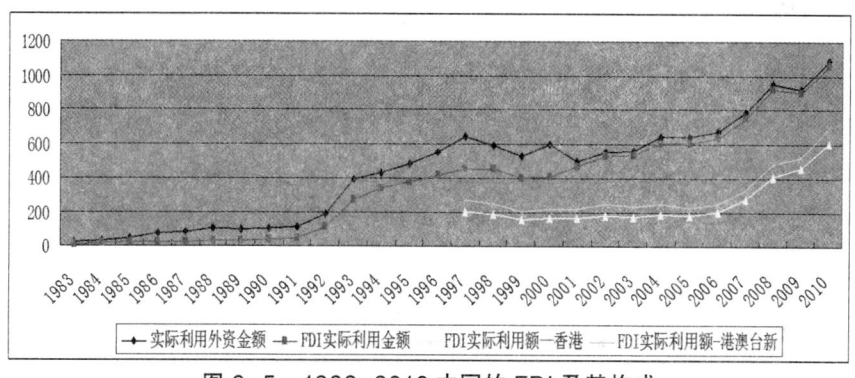

图6-5　1983—2010中国的FDI及其构成

资料来源：依据中经网统计数据库和《中国对外经济统计年鉴》历年数据整理绘制。

图6-5反映了中国在1983—2010年间实际利用外资尤其是外商直接投资的增长情况，并列出了1997年后港资和来自港澳台新等地的FDI实际利

---

① 有关中国统治阶级对于商人阶层采取抑制政策原因及其后果的分析，可参见蒋南平、李博：《李约瑟难题的王亚南解》，《当代经济研究》，2012年第2期。作为对照，张宇燕和高程则分析了同期西欧国家和商人群体不同性质的互动关系及其后果。参见张宇燕、高程：《海外白银、初始制度与东方世界的停滞——关于晚明中国何以"错过"经济起飞历史机遇的猜想》，《经济学》（季刊），2005年第4卷第2期；张宇燕、高程：《美洲金银和西方世界的兴起》，《社会科学战线》，2004年第1期。

② ［美］乔万尼·阿里吉：《亚当·斯密在北京——21世纪的谱系》，北京：社会科学文献出版社，2009年版，第336页。

用金额。从总量上看，中国吸引外资表现出明显的阶段性特征。从改革开放初期直至 1992 年可视为一个起步阶段，增长幅度较小，实际利用外资金额很少超过 100 亿美元；从 1992 年开始，邓小平的南方讲话明确了中国坚持改革开放的决心，从而激活了海外资本对中国投资的热情，投资规模在深度和广度上迅猛发展。1993 年实际利用外资金额就达到了 1990 年的三倍以上。这一势头一直延续到 1997 年亚洲金融危机的爆发。金融危机对引进外资的影响一直延续到 2000 年左右；从 2001 年开始，引进外资再次开始大幅度增加，并且受中国国内产业升级的吸引，FDI 在实际利用外资中所占的比重进一步增加，占据了中国吸收外资总额的 90% 以上（但实际上升的比重比图中显示的要小一些，原因在于从 2000 年开始，在利用外资的相关统计中不再包含对外借款项）。外资对中国的投资构成了中国在 20 世纪 90 年代之后资本积累的一个重要来源。表 6-1 列举了 1981 年到 2011 年间中国全社会固定资产投资资金来源及其构成情况。从中可以看出，在 1992—2000 年间，在全社会固定资产投资资金的来源中，利用外资所占的部分甚至超过了国家预算内资金。

表 6-1 1981-2011 年全社会固定资产投资资金来源和构成

年度	投资总额（亿元）	预算内资金（亿元）	国内贷款（亿元）	利用外资（亿元）	自筹和其他（亿元）	预算内比重（%）	国内贷款比重（%）	外资比重（%）	自筹和其他比重（%）
1981	961.0	269.8	122.0	36.4	532.9	28.1	12.7	3.8	55.4
1982	1230.4	279.3	176.1	60.5	714.5	22.7	14.3	4.9	58.1
1983	1430.1	339.7	175.5	66.6	848.3	23.8	12.3	4.7	59.2
1984	1832.9	421.0	258.5	70.7	1082.7	23.0	14.1	3.9	59.0
1985	2543.2	407.8	510.3	91.5	1533.6	16.0	20.1	3.6	60.3
1986	3120.6	455.6	658.5	137.3	1869.2	14.6	21.1	4.4	59.9
1987	3791.7	496.6	872.0	182.0	2241.1	13.1	23.0	4.8	59.1
1988	4753.8	432.0	977.8	275.3	2968.7	9.3	21.0	5.9	63.8
1989	4410.4	366.1	763.0	291.1	2990.3	8.3	17.3	6.6	67.8
1990	4517.0	393.0	885.5	284.6	2954.4	8.7	19.6	6.3	65.4
1991	5594.5	380.4	1314.7	318.9	3580.4	6.8	23.5	5.7	64.0
1992	8080.1	347.5	2214.0	468.7	5050.0	4.3	27.4	5.8	62.5
1993	13072.3	483.7	3072.0	954.3	8562.4	3.7	23.5	7.3	65.5
1994	17042.1	529.6	3997.6	1769.0	11531.0	3.0	22.4	9.9	64.7
1995	20019.3	621.1	4198.7	2295.9	13409.2	3.0	20.5	11.2	65.3
1996	22913.5	625.9	4573.7	2746.6	15412.4	2.7	19.6	11.8	66.0

年度	投资总额	预算内资金	国内贷款	利用外资	自筹和其他	预算内比重	国内贷款比重	外资比重	自筹和其他比重
1997	24941.1	696.7	4782.6	2683.9	17096.5	2.8	18.9	10.6	67.7
1998	28406.2	1197.4	5542.9	2617.0	19359.6	4.2	19.3	9.1	67.4
1999	29854.7	1852.1	5725.9	2006.8	20169.7	6.2	19.2	6.7	67.8
2000	32917.7	2109.5	6727.3	1696.3	22577.4	6.4	20.3	5.1	68.2
2001	37213.5	2546.4	7239.8	1730.7	26470.0	6.7	19.1	4.6	69.6
2002	43499.9	3161.0	8859.1	2085.0	30941.9	7.0	19.7	4.6	68.8
2003	55566.6	2687.8	12044.4	2599.4	41284.8	4.6	20.5	4.4	70.5
2004	70477.4	3254.9	13788.0	3285.7	54236.3	4.4	18.5	4.4	72.7
2005	88773.6	4154.3	16319.0	3978.8	70138.7	4.4	17.3	4.2	74.1
2006	109998.2	4672.0	19590.5	4334.3	90360.2	3.9	16.5	3.6	76.0
2007	137323.9	5857.1	23044.2	5132.7	116769.3	3.9	15.3	3.4	77.4
2008	172828.4	7954.8	26443.7	5311.9	143204.9	4.4	14.5	2.9	78.3
2009	224598.8	12685.7	39302.8	4623.7	193617.4	5.1	15.7	1.8	77.4
2010	251683.8	14677.8	47258.0	4986.8	244041.7	4.7	15.2	1.6	78.5
2011	311485.1	14413.3	45591.4	5087.3	–	4.3	13.4	1.5	80.9

资料来源：中经网统计数据库。

和这种总量上的分析相比，我们更关注外资来源在结构上的特征。图 6-6 选取了 1997、2002、2007 和 2010 这四个年份中国 FDI 实际利用资金的来源地构成情况。它更好地证明了阿瑞吉所强调的海外华人资本在引进外资中所起的引导和桥梁作用。在 1997 年之前，来自海外华人资本（在图中用港澳台新四个地区和国家作为代表，其中特别重要的是香港地区）的投资长期占据了 60% 左右的份额，并且越是将时间往前推进，这一比例通常也越高。这一现象充分说明了在海外华人资本与中国的发展间始终存在着紧密的联系。从历史的角度来看，可将这种联系视为东亚早期以中国为中心的朝贡贸易的变体和延续。在明清之际，处于主导地位的官方朝贡贸易对民间贸易的打压给华人资本在海外的扩张施加了强大的压力，使之在中国沿海与东亚和东南亚之间建立起庞大的商业网络。虽然明清统治集团对这一群体在多数情况下采取敌视的态度，但后者却始终未放弃和这个庞大的国家建立起类似于热那亚资本和伊比利亚半岛的统治阶级之间的"政治交换"关系。在历次的革命和变革的时代，海外华人资本都试图在其中发生积极的影响。而中国共产党统一战线的提出实际上也从正面回应了这一要求。因此，当大陆开始启动其改革开放的进程时，海外华人资本，尤其是来自香港的资本很快做出反应，大量企业迅速从香港迁往广东，"速度之快几乎与它们40年前从上海迁往香港一样，但规模要大得多"①。

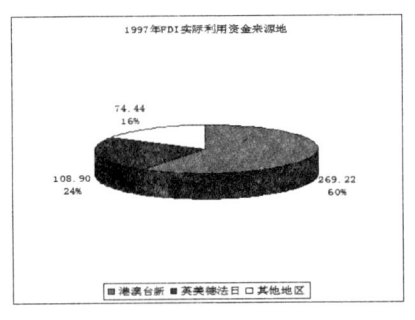
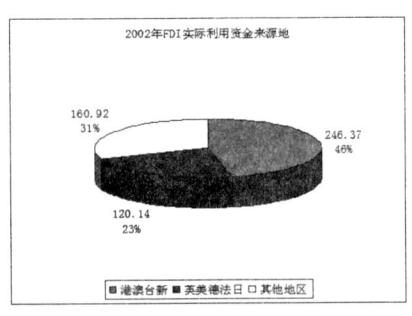
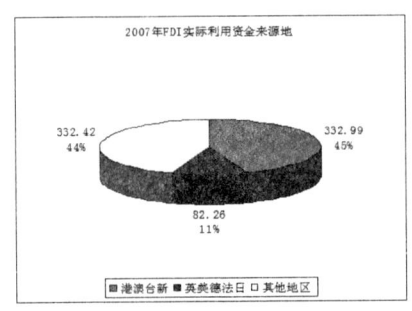
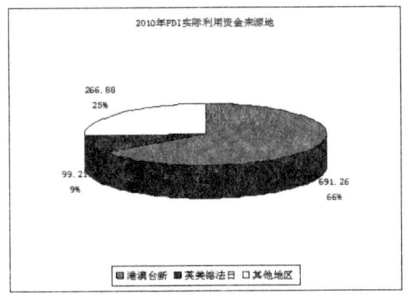

图6-6　1997、2002、2007和2010中国FDI实际利用资金的来源地构成

数据来源：依据中经网统计数据库和《中国对外经济统计年鉴》历年统计整理绘制。

因此，在改革开放的初期阶段中国所获得的外来资本中，海外华人资本占据了最大的份额，真正意义上的外国资本——那些来自西欧、北美和日本的跨国资本只是在后期才参与进来。当1990年代中国崛起已经获得来自自身的动力时，日本、美国和欧洲资本才开始大规模地涌入中国，使得20世纪90年代中国吸收的外国资本总量达到了80年代的10倍以上。考虑到20世纪70年代以来在整个世界体系范围内不断加剧的危机趋势，阿瑞吉总结道：从任何角度来看，外资（特别是美资）对中国的需要，远高于后者对前者的需要；外资搭上了既非由其启动又非由其引领的经济扩张的顺风车。②

---

① ［美］乔万尼·阿里吉：《亚当·斯密在北京——21世纪的谱系》，路爱国、黄平、许安结译，北京：社会科学文献出版社，2009年版，第355页。
② ［美］乔万尼·阿里吉：《亚当·斯密在北京——21世纪的谱系》，北京：社会科学文献出版社，2009年版，第356页。

在图 6-6 中，我们还有另一个发现，就是在全球经济形势比较好的时候，真正意义上的西方资本（在图 6-6 中以英美德法日为代表）通常会加大对中国的投资，而一旦经济形势恶化，投资就会受到影响。这在图 6-6 中表现为海外华人资本和西方资本在比重上的变化。在 2002 年和 2007 年间，亚洲金融危机的负面影响基本被消化，而次贷危机尚未爆发，因此，海外华人资本投资的绝对数额虽然仍然保持上升态势，但其相对比重却出现了明显的下降。而到了 2010 年，受全球经济、金融危机的影响，西方资本对华投资再次落在了华人资本身后。

四、经济成功的社会矛盾：资本积累的视角

1. 市场化条件下的资本积累

经过建国后六十多年的发展，中国已经成长为世界第二大经济体，这使得"中国崛起"看起来含金量十足。然而，金无足赤。随着时间的推移，社会矛盾也在积蓄之中，收入不平等的加剧导致人们对改革进程和结果日趋不满。自新世纪以来，国内学者对此已经展开了广泛的讨论。在本书的最后，我们将从资本积累机制转型的角度对此提供一种解释。

中国自 20 世纪 70 年代末期开始，主动参与到以美国为中心的资本主义世界体系之中。以上述时间为界，在资本积累方式上明显的分为两个阶段。在前一阶段以"计划式积累"为主，农民和农村为整个国家的工业化做出了巨大的牺牲。高积累、低消费、低效率成为当时经济生活的主要特征。虽然在总体上采取了向工业部门倾斜的政策，工人群体在就业、福利等方面获得了更多的保障，但社会的两极分化是不明显的。

在后一阶段，向市场经济的转进使得中国的积累体制发生了根本性的转变。党的十五大报告指出："坚持按劳分配为主体、多种分配方式并存的制度。把按劳分配和按生产要素分配结合起来……依法保护合法收入，允许和鼓励一部分人通过诚实劳动和合法经营先富起来，允许和鼓励资本、技术等生产要素参与收益分配。"这些论断和原则的提出建立在对我国现实国情和经济发展阶段客观认识的基础之上，对于促进我国的经济和社会建设起到了极

其巨大的作用。在此之后，外资和民营企业获得快速发展，对国有经济的改革步伐也开始大幅加快。分配方式的变化必然带来积累方式的变革，既有的计划积累体制逐步瓦解，新的积累体系开始建立。

在 2000 年前后，国内学者对私营和外资企业中是否存在剥削以及如何判断剥削的性质展开了激烈的争论，并呈现较大的分歧。在争论中主要出现了三个判断剥削的标准：是否无偿占有他人劳动、行为是否合法以及生产要素是否得到最优配置。第一种标准遵循马克思对剥削的定义，也是多数学者所持有的观点，将剥削视为一部分人凭借生产资料的私人占有无偿获取他人劳动成果的经济现象。根据这种理解，在社会主义市场经济条件下，尤其是在民营经济、外资经济存在并不断发展的背景之下，剥削是一个必然会出现的现象。[①] 因此，按照这种观点，真正的问题就不在于争论是否存在剥削，而在于在承认剥削现象日益普遍、剥削行为不断增多的前提下，如何量化分析现阶段的剥削行为及其后果，以及如何规范和引导。

第二种观点完全反对第一种标准，认为这种观点过于保守，有悖于"十五"大提出的按劳分配与按生产要素分配相结合的分配原则，难以适应形势的发展。在《判别剥削标准刍议》一文中，石康将"剥削"这一经济学范畴的命题偷换成了一个法学命题，以行为是否合法作为判断剥削是否存在的依据。这从石康为剥削所下的定义中可以看出来。在该文中，他将剥削定义为"将应属他人的收入（财产）或社会共有的收入（财产）非法变为自己所有的行为"。"只要是合法收入，不论是来自按劳分配，还是来自按生产要素分配，再多也不是剥削所得；任何行为主体的收入，只要是非法收入，不论通过什么形式得到的，再少也是剥削所得。"[②] 对此，我们想问的是，依照这一标准，应该如何回答"资本主义国家是否存在剥削"这一问题。

第三种观点与第二种观点类似，其目的都在于否定当前阶段所存在的剥削现象，差别则在于，这种观点用"效率标准"取代了石康的"合法标准"，认为适应社会生产力发展的客观要求而形成的按生产要素分配，是一种客观经济规律，只要这种形式能改善资源配置效率就不能认为凭借生产资料所有

[①] 王大超：《关于剥削理论与剥削行为实践作用的再思考》，《东北师大学报（哲学社会科学版）》，2001 年第 4 期。

[②] 石康：《判别剥削标准刍议》，《经济学动态》，1999 年第 8 期。

权而分享别人劳动成果的行为是剥削。[①] 正如王大超所指出，后两类标准的提出实质在于为否定一种行为事实而不惜改变判断这种行为的标准，甚至不顾客观历史而主观随意地根据需要改变标准，是学术短期行为的表现，它使理论的真实性、可靠性大打折扣，从而使基本概念出现混淆，乃至思维、判断无章可循。[②]

在此我们指出，剥削现象之存在与否与剥削之合法与否和剥削能否改善经济效率完全是不同范畴的问题，承认剥削的存在并非要否定剥削在特定时空背景下的合法性，也非否认民营和外资经济在资源配置过程中的有效性。因此，我们认为，对马克思主义的剥削概念不能随意解读，更不能有意误读和歪曲。只有以正确的理论做指导，才能正确地看待我国现阶段的剥削现象，认识其合理性和必要性，同时也才能采取合理的措施将之限制在适当的范围，对剥削的程度自觉地加以限制。面对我国由于劳动力总体过剩、经济发展方式转变等导致的劳资双方利益分配失衡而产生的收入差距扩大的现状，面对"资强劳弱"的现状，政府应采取各种手段，减少剥削的负面影响，以维护社会经济的长期稳定发展。

现实地看，在改革开放30多年以后，中国经济保持了快速的增长态势，全体人民的生活水平也得到了大幅度的提高，"允许和鼓励一部分人先富起来"的目标已经实现。然而另一方面也要看到，离"共同富裕"的社会主义目标还有很大的差距。改革开放以来的经济发展，既是中国经济整体增长最快的时期，也是收入差距大幅扩大、劳动者工资收入占比不断下降的时期。表6-2反映了改革开放后我国在岗职工工资总额与国内生产总值之间的动态变化关系。从表中可以看到，在多数年份里，工资总额占国内生产总值的比重呈不断下降的趋势，从最高的17%左右降到最低的11%左右，下降幅度达30%以上。好在自2009年以后，这一比例开始出现明显上升的趋势。

[①] 李步青：《"剥削"新释》，《宁夏党校学报》，2000年第4期。
[②] 王大超：《关于剥削理论与剥削行为实践作用的再思考》，《东北师大学报（哲学社会科学版）》，2001年第4期。

表 6-2　在岗职工工资总额与国民收入：1978-2011

年份	在岗职工工资总额（现价：亿元）	国内生产总值（现价：亿元）	工资收入占比	年份	在岗职工工资总额（现价：亿元）	国内生产总值（现价：亿元）	工资收入占比
1978	568.90	3645.22	15.61%	1995	8100.00	60793.73	13.32%
1979	646.70	4062.58	15.92%	1996	9080.00	71176.59	12.76%
1980	772.40	4545.62	16.99%	1997	9405.30	78973.04	11.91%
1981	820.00	4891.56	16.76%	1998	9296.50	84402.28	11.01%
1982	882.00	5323.35	16.57%	1999	9875.50	89677.05	11.01%
1983	934.60	5962.65	15.67%	2000	10656.20	99214.55	10.74%
1984	1133.40	7208.05	15.72%	2001	11830.90	109655.17	10.79%
1985	1383.00	9016.04	15.34%	2002	13161.10	120332.69	10.94%
1986	1659.70	10275.18	16.15%	2003	14743.50	135822.76	10.85%
1987	1881.10	12058.62	15.60%	2004	16900.20	159878.34	10.57%
1988	2316.20	15042.82	15.40%	2005	19789.90	184937.37	10.70%
1989	2618.50	16992.32	15.41%	2006	23265.90	216314.43	10.76%
1990	2951.10	18667.82	15.81%	2007	28244.00	265810.31	10.63%
1991	3323.90	21781.50	15.26%	2008	33713.80	314045.43	10.74%
1992	3939.20	26923.48	14.63%	2009	40491.90	340902.81	11.88%
1993	4916.20	35333.92	13.91%	2010	47270.00	401512.80	11.77%
1994	6656.40	48197.86	13.81%	2011	59955.00	472881.56	12.68%

数据来源：依据中经网统计数据库和《中国对外经济统计年鉴》历年统计整理绘制。

在我们看来，工资收入占国内生产总值比重的不断下滑与我们已经分析过的人力资源释放过程中的"无剥夺"性质高度相关。在改革开放以后获得快速成长的民营经济部门，其员工的绝大部分来源于外出就业的农民工。这部分劳动者因获得了主要由土地所提供的社会保障，以及由家庭承担的赡养和抚养的责任，使得他们能够接受更低的工资水平。由此，哈特所称的"无剥夺的积累"最终带来了更高程度上的"剥削式积累"。这降低了工资收入在国民收入中的占比，也加大了先富起来的少数群体与其他社会阶层之间的收入鸿沟。民营经济中的剥削性收入主要被一部分先富起来的群体所占有，部分用于再投资，其余的则转化为个人财富。和大多数中低收入群体不同，先富群体的资产增长速度远远超过了平均增长水平。

表6-3 人均收入与富豪净资产（名义）增长率（%）

年份	城镇人均收入	农村人均收入	胡润榜（前100名）净资产	福布斯榜（前100名）净资产
2004	11.21	11.98	25.70	
2005	11.37	10.85	38.74	
2006	12.07	10.20	63.03	52.44
2007	17.23	15.43	209.56	181.77
2008	14.47	14.98	-30.66	-54.86
2009	8.83	8.25	23.85	88.61
2010	11.27	14.86	26.51	27.99
2011	14.1	17.9	16.81	2.16
年均	12.55	13.01	35.21	29.80

资料来源：李实、罗楚亮：《我国居民收入差距的短期变动与长期趋势》，《经济社会体制比较》，2012年第4期。

与人力资本释放过程中的"无剥夺的积累"不同，部分公有资本和国有、集体资源通过改制被转移到私人手中则具有明显的"剥夺"性质。在哈维的理解中，剥夺式积累意味着：以非常低的成本（在某些情况下是零）释放出某些资产（包括劳动力），过度积累的资本能够抓住这些资产，并立即用它来赢利。在中国的实践中，剥夺式积累在某些方面也有所表现，这尤其体现在国企改制和部分国有资源的私有化过程中。这些资产（资源）的新的所有者甚至完全通过银行借贷的方式完成了对公有资产的收购，仅以企业未来的赢利预期为担保。本身具有的剥夺式性质更因为转制过程中的官商勾结和暗箱操作而增加了公众的质疑。这意味着程序正义和实质正义的双重缺失，它既不能保证起点的公平，也不能保证结果的公平。在这一过程中，形成了中国式资本主义的"原罪"，也是今天官民对立和所谓"仇富"心理的一个历史症结。虽然具有"剥夺"性质的资本积累方式在改革开放中并非普遍的形式，但由于其社会影响的广泛性已经产生了极大的负面效应，动摇着改革开放的合法性基础。

2. 化解资本积累的风险

非公有制经济在当前阶段对促进我国的经济发展具有重大意义，然而其中剥削的存在又使我们不能不将之控制在合理的范围。必须在坚持公有制为主体的前提下发展非公有制经济，才能从制度上确保全体公民的平等诉求和共同富裕的实现，才能有效防止收入差距的进一步扩大。在当前阶段，国家尤其需要加大对劳动者群体的保护力度，逐步提高工资性收入在国民收入中的占比。具体而言可以采取如下措施：

第一，建立职工工资的正常增长机制和支付保障机制。从制度设计上打破地板工资的局面，确保工资随着劳动生产率的增长而增长，随着经济发展和企业利润的增长而增长。

第二，建立最低工资标准合理增长机制，逐年提高最低工资水平，并根据经济状况的变化进行定期或不定期的调整。

第三，大力培育工会组织，增强工会的组织能力和谈判能力，建立并完善工资集体协商机制。

第四，禁止企业不合理的加班和变相加班行为。

此外，尚需针对在国企改制和出售公有资产和资源过程的监管，防止侵夺国有资产的行为发生。

五、中国与世界体系

上一小节的分析主要集中于国内层面，然而我们应该看到在全球化的背景下，中国的经济发展与整个的世界体系已经发生普遍的联系。在此过程中，我们获得了巨大的进步，成长为第二大经济体，但同时我们还应看到，在这个过程中，中国所处的结构性地位还具有边缘或半边缘的性质，是中心国家国际剥削式积累和剥夺式积累的一个来源地；在国际分工体系中，中国占据的主要还是低附加值的领域。要改变这种状况，一方面要求我们改变经济增长方式，推进自主创新，增强经济增长的内生动力，加快产业升级的步伐。从人力资本、技术储备、资金储备和国内市场等各方面的情况来看，我们具有实现这种转型的良好基础。另一方面则要求我们依靠自身的力量，更加积极主动地参与国际政治经济秩序的制定。如果说之前中国只能以一个迟到者的身份被动地接受国际政治经济秩序的话，那么在这一秩序已经出现明显的混乱并显露出崩溃势头的今天，作为一个正在崛起中的大国，中国理应在塑造未来国际政治经济秩序的过程中发挥更大的作用。作为一个在发展中坚持了社会主义制度，并在长期的历史交往中秉持和平与平等传统的国家，中国不仅应为谋求自身的利益而努力，更应该为建立一个更加平等的世界体系而努力。这是阿瑞吉和沃勒斯坦等国际左翼学者对中国寄予厚望的原因。在本书的最后，我们将提出一个可行的选择，以回应阿瑞吉等人的期望。

在《漫长的 20 世纪》一书的结尾，阿瑞吉指出了未来世界体系演变的三种可能：全球性的帝国主义秩序，它的核心是以美国为首的西方资本和西方国家的联盟，它建立在政治和军事强制力量的基础之上；以东亚地区日益增长的经济力量为主要基础的全球性秩序，这是一个比第一种秩序更加平等的秩序，在《亚当·斯密在北京——21 世纪的谱系》一书中，这一秩序被概括为世界市场社会；最悲观的一种结局，没完没了的全球性混乱。① 在《亚当·斯密在北京》一书中，阿瑞吉通过分析美国在新世纪展开的保守主义行动的失败以及 2007 年次贷危机的爆发，认为向第一种方式转化的可能性已大大降低了。其判断的依据是，美国的绝对力量和相对力量都已经出现了明显的下滑。阿富汗和伊拉克占领行动的失败表明依靠武力威慑在重新赢得体系领导权方面往往适得其反。而美国的经济、金融困局又使得它比任何时候都更加依赖其他国家尤其是东亚国家的支持。因此，在之后的利比亚和叙利亚的冲突中，美国似乎又再次扮演起它在一个世纪以前曾扮演的"置身事外"的积极参与者的角色。虽然嗓门比一个世纪以前明显高出许多，但在对其力量的投放上则明显趋于谨慎。美国的这种转变也使得向第三种方式转化的可能性大大降低了。于是，可能性更多地集中在了第二种方式上。这种可能同时回答了我们在导论中提出的那个问题，即当前的危机是否同时具有资本主义制度终极危机的性质。尽管有很大的不确定性，尤其是考虑到向第三种可能的发展具有极大的可能由偶然因素所触发，我们仍愿意谨慎地做出肯定的回答。

但与阿瑞吉不同，我们并不认为这种更加平等的秩序能够建立在东亚经济力量的一枝独秀上。一种更加平等的体系秩序需要一种更加平等的体系结构和力量的分配为前提，但同时这种结构和力量又不至于过于分散而向无政府状态方向发展。因此，我们提出一种建立在区域化基础上的世界体系来作为对当前不平等的世界体系的替代。每个区域化单位有相对明显的权力中心，这保证了区域单位作为世界体系的子系统的稳定性；另一方面，由于每个区域单位都包括了发展程度不同的民族国家，区域单位与区域单位之间在力量

---

① ［意］杰奥瓦尼·阿瑞基：《漫长的 20 世纪》，姚乃强、严维明、韩振荣译，南京：江苏人民出版社，2001 年版，中文版序。

对比上的差别将远远小于当前体系下的中心国家与外围国家的力量对比，这使得每个区域单位都更有可能在平等的基础上进行协商，从而为建立更加平等的体系秩序创造条件。

现实地看，就在学者们为当前的世界体系贴上全球化的标签时，区域化的进程反而加快了步伐，以抵抗全球化对民族国家经济的伤害。东亚以中日韩和东盟十国组成的区域化集团、北美自由贸易区和欧盟等区域化集团实际上已经奠定了一个以区域化为基本组成单位的新的世界体系的结构性基础。

在历史资本主义的发展中，每次普遍的危机都是在摧毁旧的积累体制，并在体系秩序的基础上，使这一制度恢复生机并进行改组，其基础是一个起主导作用的政府和企业的综合体，它的军事力量和经济力量都比以前的综合体强大。依靠这种力量，这个中心推动着体系范围内的物质扩张进程，将资本主义的控制范围向全球伸展。而在当前的危机中，鉴于现有的中心所拥有的权力是如此强大，要出现一个以民族国家为基础的更加强大的政府和企业综合体来提供新的全球治理秩序的可能性已经大大减少了。这是阿瑞吉的判断，也是我们提出以区域化为基础重组全球秩序的基础。在我们上面所提到的三个最主要的区域化集团中，东亚的整合难度是最大的，既有历史的纠葛，也有领土的纠纷；但另一方面，这个区域也有久远的政治、经济和文化的联系，同样经历过殖民统治的苦难，对于一个更加公平的体系秩序的追求也更加强烈；更为重要的是，中国经济的崛起为该地区的整合提供了新的机遇。这个在发展中坚持了自身社会主义制度的国家理应在其中发挥更大的作用，不仅改变其在当前体系中的边缘和半边缘地位，而且也应该从根本上推动这一体系向更加平等的体系秩序转化。

参考文献

中文部分：

[1]《邓小平文选》第 2 卷，北京：人民出版社，1994 年版。

[2]《胡寄窗文集》，北京：中国财政经济出版社，1995 年版。

[3]《马克思恩格斯全集》第 1 卷，北京：人民出版社，1995 年版。

[4]《马克思恩格斯全集》第 25 卷，北京：人民出版社，1974 年版。

[5]《马克思恩格斯全集》第 44 卷，北京：人民出版社，1982 年版。

[6]《马克思恩格斯全集》第 46 卷（上），北京：人民出版社，1979 年版。

[7]《马克思恩格斯全集》第 7 卷，北京：人民出版社，1959 年版。

[8]《马克思恩格斯选集》第 1 卷，北京：人民出版社，1972 年版。

[9]《马克思恩格斯选集》第 2 卷，北京：人民出版社，1995 年版。

[10]《马克思恩格斯选集》第 4 卷，北京：人民出版社，1995 年版。

[11]《资本论》第 1 卷，北京：人民出版社，2004 年版。

[12]《资本论》第 3 卷，北京：人民出版社，2004 年版。

[13][希]A.伊曼纽尔：《不平等交换——帝国主义贸易的研究》，汪尧田等译，北京：中国对外经济贸易出版社，1988 年版。

[14][英]E.E.里奇、C.H.威尔逊：《剑桥欧洲经济史》第 4 卷，张锦东、钟和等译，北京：经济科学出版社，2003 年版。

[15][美]E.O.赖特：《对马克思主义积累理论和危机理论的另一种透视》，J.G.施瓦茨：《资本主义的精妙剖析》，魏埙等译，济南：山东人民出版社，1992 年版。

[16][美]艾尔弗雷德·D.钱德勒：《战略与结构——美国工商业成长的若干篇章》，孟欣等译，昆明：云南人民出版社，2002 年版。

[17][美]艾尔弗雷德·D.钱德勒：《规模与范围——工业资本主义的原动力》，张逸人等译，北京：华夏出版社，2006 年版。

[18][英]安格斯·麦迪森：《世界经济千年史》，伍晓鹰等译，北京大

学出版社，2003年版。

［19］［英］安格斯·麦迪森：《中国经济的长期表现：公元960-2030年》，伍晓鹰等译，上海：上海人民出版社，2008年版。

［20］［法］布迪厄：《马克思主义的帝国主义理论》，陆俊译，重庆：重庆出版社，2003年版。

［21］曾枝盛：《20世纪末国外马克思主义纲要》，北京：中国人民大学出版社，1998年版。

［22］陈英：《从"过剩经济"到"债务经济"——当今发达经济运行的新特征》，《当代经济研究》，2010年第1期。

［23］［美］大卫·科茨：《新自由主义和20世纪90年代美国的经济扩张》，《国外理论动态》，2003年第8期。

［24］［美］大卫·科兹：《法国调节学派与美国积累的社会结构学派之间的比较》，载张宇、孟捷、卢荻：《高级政治经济学》，北京：经济科学出版社，2002年版。

［25］［美］戴维·M、戈登，托马斯·韦斯科夫、塞缪尔·鲍尔斯：《力量、积累和危机：战后积累社会结构的兴衰》，《外国经济学说研究会》，载《现代国外经济学论文选》（第15辑），北京：商务印书馆，1992年版。

［26］邓久根、刘鸿明：《长波理论的比较与创新》，《经济纵横》，2010年第12期。

［27］董志凯等：《延安时期毛泽东的经济思想》，西安：陕西人民教育出版社，1993年版。

［28］董志凯：《1949-1952年中国经济分析》，北京：中国社会科学出版社，1996年版。

［29］［荷］范·杜因：《经济长波与创新》，刘守英、罗靖译，上海：上海译文出版社，1993年版。

［30］［法］费尔南·布罗代尔：《15至18世纪的物质文明、经济和资本主义》，施康强、顾良译，北京：生活·读书·新知三联书店，1996年版。

［31］［法］费尔南·布罗代尔：《菲利普二世时代的地中海和地中海世界，上卷》，唐家龙、吴模信等译，北京：商务印书馆，1996年版。

［32］［法］费尔南·布罗代尔：《资本主义的动力》，杨起译，北京：生活·读书·新知三联书店，1997年版。

［33］［法］费尔南·布罗代尔：《资本主义论丛》，顾良、张慧君译，北

京：中央编译出版社，1997年版。

［34］冯海发、李溦：《我国农业为工业化提供资金积累的数量研究》，《经济研究》，1993年第9期。

［35］［法］弗朗索瓦·沙奈：《金融全球化的历史及现状》，《马克思主义与现实》，1999年第4期。

［36］［美］弗朗西斯·福山：《历史的终结及最后之人》，黄胜强、许铭原译，北京：中国社会科学出版社，2003年版。

［37］高峰：《"新经济"还是"新的经济长波"》，《南开学报》，2002年第5期。

［38］高峰：《产品创新与资本积累》，《当代经济研究》，2003年第4期。

［39］高峰：《金融化全球化的垄断资本主义与全球性金融、经济危机》，《国外理论动态》，2011年第12期。

［40］高峰：《资本积累理论与现代资本主义：理论和实证的分析》，天津：南开大学出版社，1991年版。

［41］高原：《经济结构的形成与变迁——1949-1952年中国的经济实践》，北京：中国社会科学出版社，1996年版。

［42］［美］格莱塔·R.克里普纳：《美国经济的金融化》，载刘元琪：《资本主义经济金融化与国际金融危机》，北京：经济科学出版社，2009年版。

［43］［德］亨利希：《存在马克思的危机理论吗？》，《马克思恩格斯列宁斯大林研究》，2000年第1期。

［44］胡代光、魏埙：《评当代西方学者对马克思〈资本论〉的研究》，北京：中国经济出版社，1990年版。

［45］江华：《世界体系理论研究：以沃勒斯坦为中心》，上海：上海三联书店，2007年版。

［46］蒋南平、李博：《李约瑟难题的王亚南解》，《当代经济研究》，2012年第2期。

［47］［意］杰奥瓦尼·阿瑞吉：《漫长的20世纪》，姚乃强、严维明、韩振荣译，南京：江苏人民出版社，2001年版。

［48］［英］卡萝塔·佩蕾丝：《技术革命与金融资本——泡沫与黄金时代的动力学》，田方萌、胡叶青译，北京：中国人民大学出版社，2007年版。

［49］［德］考茨基：《爱尔福特纲领解说》，陈多野译，北京：生活·读书·新知三联书店，1963年版。

[50][英]考斯达斯·拉帕维查斯:《金融化了的资本主义:危机和金融掠夺》,《政治经济学评论》,2009年第1期。

[51][英]克拉克:《经济危机理论:马克思的视角》,杨健生译,北京:北京师范大学出版社,2011年版。

[52][英]克里斯·弗里曼、弗朗西斯科·卢桑:《光阴似箭:从工业革命到信息革命》,沈宏亮译,北京:中国人民大学出版社,2007年版。

[53][英]克里斯·哈曼:《1930年代的大萧条与当前经济危机》,《经济社会体制比较》,2009年第3期。

[54][英]克里斯·哈曼:《20世纪30年代的大萧条与当前的金融危机(上)》,《国外理论动态》,2009年第6期。

[55][英]克里斯·哈曼:《20世纪30年代的大萧条与当前金融危机(下)》,《国外理论动态》,2009年第7期。

[56][英]克里斯·哈曼:《次贷危机与世界资本主义危机》(上),《国外理论动态》,2008年第4期。

[57][英]克里斯·哈曼:《次贷危机与世界资本主义危机》(下),《国外理论动态》,2008年第7期。

[58][英]克里斯·哈曼、丁为民、崔丽娟:《利润率和当前世界经济危机》,《国外理论动态》,2008年第10期。

[59][英]克里斯·哈曼:《对新自由主义理论研究的反思》(上),《国外理论动态》,2008年第9期。

[60][英]克里斯·哈曼:《对新自由主义理论研究的反思》(下),《国外理论动态》,2008年第10期。

[61][英]克里斯·哈曼:《战后资本主义的主要发展趋势》,《国外理论动态》,2008年第2期。

[62]李民骐、朱安东:《新自由主义时期的世界经济》,《高校理论战线》,2005年第7期。

[63]李其庆:《金融全球化的特点、起源和发展》,《国外理论动态》,1999年第8期。

[64]李其庆:《经济全球化、当代资本主义和社会主义》,《科学社会主义》,2003年第1期。

[65]李其庆:《马克思经济学视阈中的金融全球化》,《当代经济研究》,2008年第2期。

［66］李其庆：《世界经济危机与资本主义发展模式的演变》，《政治经济学评论》，2010年第2期。

［67］李溦：《农业剩余与工业化资本积累》，昆明：云南人民出版社，1993年版。

［68］厉以宁：《资本主义的起源》，北京：商务印书馆，2004年版。

［69］梁树发等：《冷战结束后国外马克思主义研究报告》，载俞可平主编：《马克思主义研究论丛》，北京：中央编译出版社，2006年版。

［70］［俄］列宁：《帝国主义是资本主义的最高阶段》，北京：人民出版社，2004年版。

［71］刘辉锋：《长波理论研究述评》，《江西社会科学》，2004年第5期。

［72］刘景华：《16世纪意大利城市衰落的历史考察》，《长沙电力学院社会科学学报》，1997年第3期。

［73］刘明远：《从"六册结构"体系看马克思经济危机理论的逻辑结构》，《马克思恩格斯列宁斯大林研究》，2001年第1期。

［74］刘明远：《马克思主义经济危机和周期理论的结构与变迁》，北京：中国人民大学出版社，2009年版。

［75］刘明远：《马克思主义经济危机理论与当代现实》，北京：经济科学出版社，2009年版。

［76］刘诗白：《论过度金融化与美国的金融危机》，《经济学家》，2010年第6期。

［77］［德］鲁道夫·希法亭：《金融资本》，福民等译，北京：商务印书馆，2007年版。

［78］罗念龙：《当代中国外交》，北京：中国社会科学出版社，1988年版。

［79］［德］罗莎·罗森堡：《资本积累论》，彭尘舜、吴纪先译，北京：读书·生活·新知三联书店，1959年版。

［80］吕清华：《热那亚兴衰原因论》，湖南师范大学硕士学位论文，2005年。

［81］［美］迈克尔·郝德森：《私有化与资本主义的金融化》，载刘元琪：《资本主义经济金融化与国际金融危机》，北京：经济科学出版社，2009年版。

［82］孟捷：《劳动价值论、不确定性和演化经济学》，第三届中国经济学

［83］孟捷：《马克思主义经济学的创造性转化》，北京：经济科学出版社，2001年版。

［84］孟捷：《资本主义经济长期波动的理论：一个批判性评述》，《开放时代》，2011年第10期。

［85］彭慕兰：《大分流——欧洲、中国及现代世界经济的发展》，史建云译，南京：江苏人民出版社，2003年版。

［86］蒲国良：《关于资本主义概念的讨论述评》，《当代世界与社会主义》，2004年第3期。

［87］［美］乔万尼·阿里吉、［日］滨下武志、［美］马克·塞尔登：《东亚的复兴——以500年，150年和50年为视角》，马援译，北京：社会科学文献出版社，2006年版。

［88］［美］乔万尼·阿里吉：《亚当·斯密在北京——21世纪的谱系》，路爱国、黄平、许安结译，北京：社会科学出版社，2009年版。

［89］［美］乔万尼·阿瑞吉、贝弗利·J.西尔弗等：《现代世界体系的混沌与治理》，王宇洁译，北京：生活·读书·新知三联书店，2006年版。

［90］［美］乔万尼·阿瑞吉：《霸权的瓦解》（上），《国外理论动态》，2006年第9期。

［91］［法］萨米尔·阿明：《不平等的发展——论外围资本主义的社会形态》，高铦译，北京：商务印书馆，1990年版。

［92］［法］萨米尔·阿明：《世界规模的积累——欠发达理论批判》，杨明柱等译，北京：社会科学文献出版社，2008年版。

［93］［美］萨缪尔·鲍尔斯：《理解资本主义：竞争、统制、变革》，孟捷等译，北京：中国人民大学出版社，2010年版。

［94］沈汉：《重新认识金融资本形成和资本输出时间》，《史学理论研究》，2012年第1期。

［95］沈汉：《资本主义史》第1卷，北京：人民出版社，2009年版。

［96］孙江：《全球空间生产的新自由主义转向及其历史后果》，《苏州大学学报》（社会科学版），2012年第2期。

［97］孙寿涛：《20世纪三派长波理论比较研究》，《当代经济研究》，2003年第10期。

［98］［美］汤姆·雷弗：《乔万尼·阿瑞吉——资本的绘图师》，《国外理

论动态》，2011 年第 3 期。

［99］汤在新：《〈资本论〉续篇探索——关于马克思计划写的六册经济学著作》，北京：中国金融出版社，1995 年版。

［100］［美］特伦斯·K. 霍普金斯、伊曼纽尔·沃勒斯坦：《转型时代——世界体系的发展轨迹：1945-2025》，吴英译，北京：高等教育出版社，2002 年版。

［101］［美］托马斯·I. 帕利：《金融化：涵义和影响》，《国外理论动态》，2010 年第 8 期。

［102］王蓓：《16 世纪安特卫普衰落的内在经济因素分析》，《世界历史》，1999 年第 1 期。

［103］王宏伟：《"跨国资本家阶级"理论评析——经济全球化是否导致了"超帝国主义"》，《国外社会科学》，2004 年第 6 期。

［104］王其藩、李农：《中国经济与长波初探》，《复旦学报》（自然科学版），2003 年第 42 卷第 2 期。

［105］王正毅：《世界体系与中国》，北京：商务印书馆，2000 年版。

［106］［美］韦斯科普夫：《马克思主义的危机理论和战后美国经济中的利润率》，载《外国经济学说研究会编》，《现代国外经济学论文选》（第 6 辑），北京：商务印书馆，1984 年版。

［107］吴易风：《马克思的经济增长理论模型》，《经济研究》，2007 年第 9 期。

［108］吴苑华：《世界体系的马克思主义研究》，重庆：重庆出版社，2011 年版。

［109］肖磊、赵磊，《长期经济波动理论研究述评》，《当代经济研究》，2012 年第 4 期。

［110］谢富胜、李安：《国外学者对马克思国际价值理论的新探讨》，《中国人民大学学报》，2001 年第 2 期。

［111］徐亚平：《金融证券化与金融监管》，《金融发展研究》，2010 年第 12 期。

［112］续文利、李晓澜：《反"市场"的市场观》，《山西财经大学学报》，2003 年第 25 卷第 1 期。

［113］［英］亚当·斯密：《国民财富性质和原因的研究》上卷，郭大力、王亚南译，北京：商务印书馆，1972 年版。

[114][英]亚当·斯密:《国民财富性质和原因的研究》下卷,郭大力、王亚南译,北京:商务印书馆,1972年版。

[115]杨健生:《经济危机理论的演变》,北京:中国经济出版社,2008年版。

[116]姚曾荫:《伊曼纽尔的不平等交换学说述评》,《世界经济》,1983年第6期。

[117]董志凯:《关于"156项"的确立》《中国经济史研究》,1999年第4期。

[118]姚洋:《小农体系和中国长期经济发展》,《读书》,2010年第2期。

[119]姚洋:《亚当·斯密在北京——重看中国的小农经济》,《乡音》,2009年第11期。

[120]姚洋:《中国道路的世界意义》,《国际经济评论》,2010年第1期。

[121][比]伊·普里高津、[法]伊·斯唐热:《从混沌到有序——人与自然的新对话》,曾庆宏、沈小峰译,上海:上海译文出版社,1987年版。

[122][美]伊曼纽尔·沃勒斯坦:《现代世界体系》第1卷,罗荣渠等译,北京:高等教育出版社,1998年版。

[123][美]伊曼纽尔·沃勒斯坦:《现代世界体系》第2卷,吕丹等译,北京:高等教育出版社,1998年版。

[124][美]伊曼纽尔·沃勒斯坦:《现代世界体系》第3卷,孙立田等译,北京:高等教育出版社,1998年版。

[125][美]伊曼纽尔·沃勒斯坦:《反体系运动在今天意味着什么》,《世界经济与政治》,2003年第1期。

[126][美]伊曼纽尔·沃勒斯坦:《历史资本主义》,路爱国、丁浩金译,北京:社会科学文献出版社,1999年版。

[127]于民:《16-18世纪的大西洋贸易与现代早期世界经济的不平衡发展》,《西华大学学报(哲学社会科学版)》,2008年第2期。

[128]余顽:《战后国际直接投资格局的演变》,《国际观察》,1997年第5期。

[129]鱼金涛:《战后资本输出结构与流向变化》,《外国经济与管理》,1990年第9期。

[130][美]约翰·B.福斯特、弗雷德·马格多夫:《当前金融危机与当代资本主义停滞趋势》,刘元琪:《资本主义金融化与国际经济危机》,北京:

经济科学出版社，2009 年版。

［131］［美］约翰·B. 福斯特、罗伯特·W. 麦克切斯尼：《结构凯恩斯主义对国际金融危机解释的局限性》，《国外理论动态》，2010 年第 10 期。

［132］［美］约翰·B. 福斯特、罗伯特·麦克切斯尼：《垄断金融资本、积累悖论与新自由主义本质》，《国外理论动态》，2010 年第 1 期。

［133］［美］约翰·B. 福斯特：《垄断资本的新发展：垄断金融资本》，《国外理论动态》，2007 年第 3 期。

［134］［美］约翰·贝拉米·福斯特：《失败的制度：资本主义全球化的世界危机及其影响》，《哲学动态》，2009 年第 5 期。

［135］［美］约翰·贝拉米·福斯特：《资本的金融化与危机》，《马克思主义与现实》，2008 年第 4 期。

［136］［美］约翰·贝拉米·福斯特：《资本主义的金融化》，《国外理论动态》，2007 年第 7 期。

［137］张雷声：《试论阿明的当代资本主义经济理论》，《马克思主义研究》，1996 年第 3 期。

［138］张彤玉：《两种经济周期理论的比较分析》，《南开经济研究》，1997 年第 5 期。

［139］张宇、孟捷、卢荻：《高级政治经济学》，北京：中国人民大学出版社，2006 年版。

［140］张宇燕、高程：《海外白银、初始制度与东方世界的停滞——关于晚明中国何以错过经济起飞历史机遇的猜想》，《经济学》（季刊），2005 年第 4 卷第 2 期。

［141］张宇燕、高程：《美洲金银和西方世界的兴起》，《社会科学战线》，2004 年第 1 期。

［142］赵伯乐：《从商业公司到殖民政权——英国东印度公司的发展变化》，《华中师范大学学报》（哲学社会科学版），1986 年第 6 期。

［143］赵峰：《经济增长的马克思主义阐释》，张宇、孟捷、卢荻：《高级政治经济学》，北京，中国人民大学出版社，2006 年版。

［144］赵洪：《〈资本论〉第一稿研究》，济南：山东人民出版社，1991 年版。

［145］赵磊：《当代资本主义危机与中国的改革发展》，《国外理论动态》，2011 年第 12 期。

［146］赵自勇：《资本主义与现代世界》，《史学理论研究》，1996年第4期。

［147］中国社会科学院经济学部赴美考察团：《美国次贷危机考察报告》，中国经济研究报告，2008（69），（70）.

［148］钟魏：《战后初期苏联对中国的经济援助》，《法制与社会》，2008年11月（下期）。

［149］周谷城：《中国通史》（上），上海：上海人民出版社，1957年版。

［150］周其仁：《中国农村改革——国家和所有权关系的变化》（上），《管理世界》，1995年第3期。

［151］周其仁：《中国农村改革——国家和所有权关系的变化》（下），《管理世界》，1995年第4期。

［152］周莹：《三种范式还是一种范式？——评沃勒斯坦对帝国主义理论范式的批评与重构》，《社会科学战线》，2004年第6期。

英文部分：

［1］Andrew C. Janos："Politics and Paradigms：Changing Theories of Change in Social Science"，Stanford University Press，1986.

［2］Anthony Brewer. Marxist Theories of Imperialism：A Critical Survey，1980.

［3］Arrighi：Labour Supplies in Historical Perspective：A Study of the Proletarianization of the African Peasantry in Rhodesia，Arrighi and John Saul. *Essays on the Political Economy of Africa.* New York 1973.

［4］Arrighi：The Political Economy of Rhodesia. *New Left Review*，Sep-Oct 1966.

［5］Attewell P：Radical Political Economy Since the Sixties：a Sociology of Knowledge Analysis，New Jersey：Rutgers University Press，1984.

［6］Barry Gills，Andre G.Frank：World System Cycles，Crises，and Hegemonic Shifts，1700BC to 1700AD，*Review*，Vol.15，（4），1992.

［7］Boxer，Charles R，The Dutch Seaborne Empire，1600-1800，New York：Knopf，1965.

［8］Brenner, the Boom and the Bubble.

［9］Bruce Cumings. The Origins and Development of the Northeast Asian

Political Economy : Industrial Sectors, Product Cycles, and Political Con-Sequences [M] // F.C.Deyo(ed.) .The Political Economy of New Asian Industrialism. Ithaca, NY : Cornell University Press.

[10] D.M.Gordon. Stages of Accumulation and Long Economic Cycles// S. Bowels, et al. *Economic and Social Justice*, Cheltenham, UK : Edward Elgar, 1998.

[11] David Harvey. The Condition of Postmodernity : An Enquiry into the Origins of Culture Change, Oxford : Basil Blackwell 1989.

[12] David Landes. The Unbound Prometheus. Technological Change and Industrial Development in Western Europe from 1750 to the Present, Cambridge : Cambridge University Press 1969.

[13] Eric Hobsbawm. The Age of Extremes : A History of the World, 1914-1991, New York : Vintage, 1994.

[14] Eric Wolf. Europe and the People without History, Berkeley, CA : University of California Press 1982.

[15] Fernand Braude. The Mediterranean and the Mediterranean World in the Age of Philip II, vol.1, New York : Harper & Row, 1976.

[16] Fernand Braudel. The Perspective of the World, New York : Harper & Row, 1984.

[17] Franz Schurmann. The Logic of World Power : An Inquiry into the Origins, Currents, and Contradictions of World Politics, New York : Pantheon, 1974.

[18] George Reizer. Sociological Theory, Mc Graw Hill, 1996.

[19] Gillian Hart. Disabling Globalization, Berkeley : University of California Press. 2002.

[20] J.H.Parry. The Age of the Reconnaissance : Discovery, Exploration and Settlement, Berkeley, CA : California University Press, 1981.

[21] James O'Connor. The Meaning of Crisis : a Theoretical Introduction , Oxford : Blackwell, 1987.

[22] Joseph Schumpeter. Capitalism, Socialism, and Democracy , London : George Allen & Unwin, 1954.

[23] Joseph Schumpeter. History of Economic Analysis , New York, Oxford

University Press, 1954.

[24] Joshua S.Goldstein. Long Cycles : Prosperity and War in the Modern Age, New Haven, CT : Yale University Press 1988.

[25] Leslie Sklair. The Transnational Capitalist Class , UK : Blackwell Publishers Ltd, 2001 : 5.

[26] M Cogoy. "The Falling Rate of Profit and the Theory of Accumulation" [J]. International Journal of Political Economy, 1987.

[27] Marjolein T Hart, Joost Jonker, and Jan Luiten Van Zanden. A Financial History of the Netherlands.Cambridge University Press, 1997.

[28] Max Weber. General Economic History, New York : Collier, 1961.

[29] P. Krugman. "The Dutch Tulip Affair and Emerging Capital Markets" . *Foreign Affairs* , 1995.

[30] Robert Brenner. "The economics of global turbulence" [J] .*New Left Review*, 1998.

[31] Rooert Gilpin. The Political Economy of International Relations, Princeton, NJ : Princeton University Press, 1987.

[32] S. L.Engerman. "The Slave Trade and British Capital Formation in the Eighteenth Century : a Comment on the Williams Thesis" [J] . *Business History Revie*.

[33] S.Lohr. " Who's Afraid of China?" [N] . New York Times, July 24, 2005.

[34] Terrence K.Hopkins, Immanuel Wallerstein and Associates, Cyclical Rhythms and Secular Trends of the Capitalist World-Economy : Some Premises, Hypotheses, and Questions, in World-Systems Analysis : Theory and methodology .

[35] Terutomo ozawa. "Foreign Direct Investment and Structural Transformation : Japan as a Recycler of Market and Industry" .*Business and the Contemporary World*. 1993.

[36] Thomas J.McCormick, *American's Half Century* : *United States Foreign Policy in the Cold War*, Baltimore, MD : Johns Hopkins University Press 1989.

后　记

　　1999年，阿瑞吉在为《漫长的20世纪》中文版写的序言中，以这样的一段话结束："中国的历史、地理位置特殊，其有利的形势使得它比别的国家更能争取到平等的世界秩序的力量。因此，我对本书的中译本比其他译本更寄予厚望。即使这个中译本仅仅能对中文读者了解世界经济有些微的帮助，我亦喜出望外。"十多年过去了，作为一位受惠于阿瑞吉杰出著作影响的中国读者，我要说的是，我们很可能辜负了他的厚望。与同作为世界体系学派核心成员的其他三位作者，也就是沃勒斯坦所谓的世界体系"四人帮"中的另外三人——伊曼纽尔·沃勒斯坦、萨米尔·阿明、贡德·弗兰克比较起来，阿瑞吉在中文世界受到了明显的冷落。以至于笔者在写作的准备阶段收集相关文献时才发现，能找到的与阿瑞吉或者体系积累周期理论相关的文献不过寥寥数篇，而在这仅有的几篇中，书评又占去了不少的份额。这迫使笔者不得不一遍又一遍地重回阿瑞吉那厚重而又雄心勃勃的著作中去，以求能在他晓畅然而又费解的论证和宽阔的视野中抓住其核心的思想。这种体验对本书作者而言，既是一种痛苦，也是一种快乐。

　　说是痛苦，原因在于，在学术论文写作已趋流水作业的今天，在浩如烟海的文献资料库中，本书作者竟很难找到可直接加以利用的"零部件"，不得不老老实实地从啃阿瑞吉的著作开始，从做读书笔记开始，一字一句地加工"零部件"，再将之整合连接，总装（但愿不是拼凑）成目前的模样。尽管如此，对阿瑞吉早期的论文也总结得非常不够。阿瑞吉曾自谦，他的体系积累周期理论，不过是从布罗代尔处获得灵感，选择一个狭小的焦点，"把他（指布罗代尔）提供的十分丰富的设想和阐释，整理加工成对资本主义世界体系的崛起和全面扩张的一个简洁的、前后一致的和言之有理的解释"。对于本书作者而言，能够建立起"一个简洁的、前后一致的和言之有理的解释"框架已属奢望。至于这一奢望达成了多少，已经不是作者本人所能评价的了。

　　说是快乐，原因则在于，在失去了可以投机取巧的外在条件之后，笔者可以自由地徜徉于思想的海洋，尽管大多数时候不过仅仅是徜徉在沙滩上，但能够发现几枚精美的贝壳，也足以叫人喜出望外了。正是这种喜悦，让我能安坐于斗室，自外于繁华，为博士生涯的最后阶段划上一个虽非激动人心却余味悠长的句点。

现在回过头来看，论文的诸多缺点是那样的明显，与其说是一篇成熟的论文，毋宁说是搭建起了一个初略的研究框架。对这一框架做更深入细致的分析，显然已经不能在本书中实现了。但作者或许可以这样宽慰自己，通过这一论文的写作，你已不再是一个只能在沙滩上眺望远海的学术门外汉，而是已经站在了浅海里。对于留下来的诸多缺陷和不足，作者愿意而且相信能够在后续的研究中得以改进。

阿瑞吉在研究生涯的后期，将目标投向了东亚，尤其是投向了中国，并将中国的发展视为改变当前不平等的世界体系的关键性力量。对于已经辞世的阿瑞吉而言，如果说其著作在中国的被冷落是一种无法弥补的缺憾的话，那么中国经济之成长及其在国际舞台上所发挥的越来越大的作用，正在逐步地兑现他对中国所给予的厚望。这足以让阿瑞吉感到宽慰。

在英刊《新左翼评论》第60期（2009年11—12月号）刊发的纪念阿瑞吉的评论文章中提到，"未来的人将会把他视作他那个时代最为夺目的光辉之一"，而本书作者也不揣浅陋地将这篇小小的论文视为受阿瑞吉杰出著作启发的产物，并以此纪念这位杰出的思想者。

2015年9月于财大明辨园

致　谢

终于到了可以向那些在我的人生中、学习中给予过无私帮助的人们说一声谢谢的时候了！

我愿将这最先的谢辞献给我的导师蒋南平教授。在财大受教于蒋老师的六年多时间里，我完成了求学生涯中最重要的转变，从一个学术的门外汉转变为一个初窥经济学门径的"圈里人"。"苦心育桃李，妙手著文章"，蒋老师的师者情怀和学人风范，如春风化雨，使我无论在学业上还是思想上都受益匪浅。尤为重要的是，蒋老师给了我充分的选题自由，鼓励我大胆地进行学术创新。蒋老师的这种鼓励和期许，是本论文得以最终完成的主要动力。而在论文的写作过程中，从谋篇布局到文字推敲，也无不凝结着他的心血。

感谢刘灿教授、赵磊教授、李萍教授、王朝明教授、程民选教授、刘方健教授，感谢他们在我求学过程中的悉心教导，知识上的传授，人格上的熏陶。本论文的选题即是在李萍教授的一次课堂讨论中获得启发，这种开放式的教学和思想的碰撞使财大所有的学子受益匪浅；感谢我的同学张谊明博士、鲁保林博士、周毅博士、崔祥龙博士等。正是在与他们的交流和讨论中，论文很多不足的地方得以完善；同时，也对本书所征引过的所有著作的作者们表示衷心的感谢，没有他们的前期研究成果就没有我论文的成形。

最后，我把最诚挚的谢忱甚至是歉意献与我的家人。在财大攻读硕士和博士学位的六年，也是我的人生角色发生重大转变的六年，经历了从为人子到为人夫，再到为人父的重大转变。然而，对于其中的每一个角色，我都是不称职的。作为儿子，父亲多年病患，母亲常年劳作，已届而立的我不能分担半分，却还要让二老牵挂担忧。"不孝有三，读博为大"，这句被篡改过的俗语，在多数人看来，似乎是笑谈，于我而言，却是感同身受，心有戚戚。儿子问心有愧也！作为丈夫，结婚以来，两地奔波，聚少离多。

而在女儿昕忆出生以后，妻子罗辉女士一方面要工作，另一方面还要和岳父母一起承担起照料女儿的重担。在女儿安睡之后，还要扮演我的论文校对员的角色。对于妻子，对于女儿，对于岳父母，亦亏欠良多！谢谢你们！正是你们无私的爱才让我有勇气承受压力，面对挑战，不断前行，永不懈怠。也感谢命运对我的眷顾，给了我一个幸福的家庭，一个可爱的女儿！为了你们，我将再一次勇敢的前行，以回报你们的关爱和期许，回报生养我的这片土地！